Diogenes Taschenbuch 24483

W0039350

# Dein ist mein ganzes Herz

*Geschichten über die Liebe*

Ausgewählt von
Ursula Baumhauer

Diogenes

Covermotiv: © Diogenes Archiv

*Originalausgabe*
Alle Rechte an dieser Ausgabe vorbehalten
Copyright © 2019
Diogenes Verlag AG Zürich
www.diogenes.ch
100/19/36/1
ISBN 978 3 257 24483 0

# Inhalt

RAYMOND CARVER

# Wovon wir reden,
# wenn wir von Liebe reden

Mein Freund Mel McGinnis redete. Mel McGinnis ist Kardiologe, und das gibt ihm manchmal das Recht. Wir saßen zu viert an seinem Küchentisch und tranken Gin. Sonnenlicht kam durch das große Küchenfenster hinter der Spüle und erfüllte die Küche. Da saßen also Mel und ich und seine zweite Frau, Teresa – Terri nannten wir sie –, und Laura, meine Frau. Wir lebten damals in Albuquerque. Aber wir kamen alle von irgendwo anders her.

Ein Eiskübel stand auf dem Tisch. Der Gin und das Tonic Water machten die Runde, und irgendwie kamen wir auf das Thema Liebe zu sprechen. Mel war der Meinung, echte Liebe sei nichts Geringeres als spirituelle Liebe. Er sagte, er habe fünf Jahre in einem Priesterseminar verbracht, ehe er aufgab, um Medizin zu studieren. Er sagte, er blicke auf die Jahre im Seminar noch immer als die wichtigsten seines Lebens zurück.

Terri sagte, der Mann, mit dem sie zusammenlebte, bevor sie mit Mel zusammenlebte, habe sie so sehr geliebt, dass er versucht habe, sie umzubringen. Dann sagte Terri: »Er hat mich eines Abends zusammengeschlagen. Er hat mich an den Fußgelenken durchs Wohnzimmer geschleift. Er sagte immer wieder: ›Ich liebe dich, ich liebe dich, du Dreckstück.‹ Er schleifte mich weiter im Wohnzimmer herum. Mein Kopf schlug dauernd gegen Dinge.« Terri blickte in die Runde am Tisch. »Was machst du mit so einer Liebe?«

Sie war dünn, nur Haut und Knochen, mit einem hübschen Gesicht, dunklen Augen und braunem Haar, das ihr über die Schultern hing. Sie trug gern Halsketten aus Türkis und lange baumelnde Ohrringe.

»Mein Gott, sei nicht albern. Das ist keine Liebe, das weißt du doch«, sagte Mel. »Ich weiß nicht, wie man das nennen soll, aber ich bin mir sicher, man würde es nicht Liebe nennen.«

»Sag, was du willst, aber ich weiß, dass es Liebe war«, sagte Terri. »Für dich mag es verrückt klingen, aber es ist trotzdem wahr. Die Menschen sind verschieden, Mel. Sicher, manchmal hat er sich wie ein Verrückter aufgeführt. Gut, ja. Aber er hat mich geliebt. Auf seine Art vielleicht, aber er hat mich geliebt. In alldem war Liebe, Mel. Das kannst du nicht abstreiten.«

Mel atmete stöhnend aus. Er hielt sein Glas in der Hand und wandte sich an Laura und mich. »Der Mann hat mir gedroht, er würde mich umbringen«, sagte Mel. Er leerte sein Glas und griff nach der Ginflasche. »Terri ist eine Romantikerin. Terri ist eine von der Tritt-mich-dann-weiß-ich-du-liebst-mich-Schule. Terri, Schatz, guck nicht so.« Mel streckte die Hand über den Tisch und strich mit den Fingern über Terris Wange. Er lächelte sie an.

»Jetzt will er's wiedergutmachen«, sagte Terri.

»Wiedergutmachen? Was?«, sagte Mel. »Was gibt's da wiedergutzumachen? Ich weiß, was ich weiß. Das ist alles.«

»Wie sind wir eigentlich auf das Thema gekommen?«, sagte

Terri. Sie hob ihr Glas und trank einen Schluck. »Mel denkt immer an Liebe«, sagte sie. »Stimmt doch, Schatz, oder?« Sie lächelte, und ich dachte, damit sei das Thema beendet.

»Ich würde Eds Verhalten nur nicht Liebe nennen. Das ist alles, was ich sagen will, Schatz«, sagte Mel. »Was meint ihr zwei?«, sagte Mel zu Laura und mir. »Klingt das für euch nach Liebe?«

»Da darfst du mich nicht fragen«, sagte ich. »Ich hab den Mann nicht mal gekannt. Ich habe nur mal gehört, wie irgendwo sein Name fiel. Ich kann dazu nichts sagen. Man müsste nähere Einzelheiten wissen. Aber ich glaube, was du sagen willst, ist, dass Liebe etwas Absolutes ist.«

Mel sagte: »Die Art Liebe, von der ich spreche, ist das. Die Art Liebe, von der ich spreche – da versuchst du nicht, Menschen umzubringen.«

Laura sagte: »Ich weiß überhaupt nichts über Ed oder auch nur über die Situation. Aber wer kann über die Situation, in der jemand anders ist, urteilen?«

Ich streichelte Lauras Handrücken. Sie lächelte mir zu. Ich nahm Lauras Hand. Sie war warm, die Nägel waren lackiert und perfekt maniküert. Ich umschloss das breite Handgelenk mit meinen Fingern, und ich hielt sie.

»Als ich wegging, hat er Rattengift getrunken«, sagte Terri. Sie umfasste ihre Arme mit den Händen. »Sie haben ihn nach Santa Fe ins Krankenhaus gebracht. Da haben wir damals gelebt, ungefähr zehn Meilen außerhalb. Sie haben ihm das Leben gerettet. Aber sein Zahnfleisch ist völlig kaputt gegangen. Ich mein, es hat sich von den Zähnen hochgezogen. Danach haben seine Zähne vorgestanden wie Fangzähne. Mein Gott«, sagte Terri. Sie wartete einen Moment, dann ließ sie ihre Arme los und nahm ihr Glas.

»Was Menschen alles machen!«, sagte Laura.

»Er ist inzwischen außer Gefecht«, sagte Mel. »Er ist tot.«

Mel gab mir die Untertasse mit den Limonen. Ich nahm mir ein Stück, drückte es über meinem Glas aus und rührte die Eiswürfel mit dem Zeigefinger um.

»Es kommt noch schlimmer«, sagte Terri. »Er hat sich in den Mund geschossen. Aber auch das hat er verpfuscht. Armer Ed«, sagte sie. Terri schüttelte den Kopf.

»Nichts armer Ed«, sagte Mel. »Er war gefährlich.«

Mel war fünfundvierzig Jahre alt. Er war hoch gewachsen und straff, mit lockigem weichem Haar. Sein Gesicht und seine Arme waren vom Tennisspielen gebräunt. Wenn er nüchtern war, waren seine Gesten, all seine Bewegungen präzise, sehr bedachtsam.

»Trotzdem, Mel, er hat mich geliebt. Gesteh mir das zu«, sagte Terri. »Das ist alles, was ich will. Er hat mich nicht auf die Art geliebt, wie du mich liebst. Das sage ich ja gar nicht. Aber er hat mich geliebt. Das kannst du mir doch zugestehen, ja?«

»Was meinst du mit verpfuscht?«, sagte ich.

Laura beugte sich mit ihrem Glas vor. Sie stützte die Ellbogen auf den Tisch und hielt das Glas mit beiden Händen. Sie blickte von Mel zu Terri und wartete, mit einem bestürzten Ausdruck in ihrem offenen Gesicht, als erstaunte es sie, dass solche Dinge Menschen passierten, mit denen man freundschaftlich zusammenkam.

»Wieso hat er es verpfuscht, als er sich umgebracht hat?«, fragte ich.

»Ich will dir sagen, was passiert ist«, sagte Mel. »Er nahm seine Pistole, eine Zweiundzwanziger, die er sich gekauft hatte, um Terri und mir zu drohen. Oh, ganz im Ernst, der Mann hat ständig gedroht. Du hättest mal sehen sollen, wie wir damals gelebt haben. Wie Leute auf der Flucht. Ich habe mir sogar selbst eine Kanone gekauft. Kannst du dir das vorstellen? Ein Mann wie ich? Aber ich hab's getan. Ich habe mir eine zur Selbstverteidigung gekauft und sie immer im Handschuhfach gehabt. Manchmal musste ich mitten in der Nacht aus dem Haus. Zum Krankenhaus, verstehst du? Terri und ich waren damals nicht verheiratet, und meine erste Frau hatte das Haus und die Kinder, den Hund, alles, und Terri und ich haben in der Wohnung hier gelebt. Manchmal, wie gesagt, kriegte ich mitten in der Nacht einen Anruf und musste zum Krankenhaus, um zwei oder drei Uhr früh. Draußen auf dem Parkplatz war es dann stockdunkel, und mir brach der Schweiß aus, ehe ich auch nur das Auto erreichte. Ich wusste nie, ob er gleich aus dem Gestrüpp oder hinter einem Auto hervorkommen und anfangen würde zu schießen. Ich meine, der Mann war verrückt. Er war imstande, eine Bombe zu basteln, alles. Zu jeder Tages- und Nachtzeit rief er auf meiner Station an und sagte, er müsse dringend mit dem Doktor sprechen, und wenn ich zurückrief, sagte er: ›Arschloch, deine Tage sind gezählt.‹ Kleine Sachen in der Art. Es war unheimlich, kann ich dir sagen.«

»Trotzdem, er tut mir Leid«, sagte Terri.

»Das alles klingt wie ein Albtraum«, sagte Laura. »Aber was ist nun eigentlich passiert, als er auf sich geschossen hat?«

Laura ist Rechtsanwaltsgehilfin. Wir haben uns in einer

beruflichen Angelegenheit kennengelernt. Und ehe wir's uns versahen, war Liebe daraus geworden. Sie ist fünfunddreißig, drei Jahre jünger als ich. Wir sind nicht nur verliebt, wir mögen uns auch und sind einfach gerne zusammen. Sie ist so unkompliziert.

»Was ist passiert?«, fragte Laura.

Mel sagte: »Er hat sich in seinem Zimmer in den Mund geschossen. Jemand hörte den Schuss und hat dem Geschäftsführer Bescheid gesagt. Sie kamen mit einem Hauptschlüssel ins Zimmer, sahen, was geschehen war, und riefen eine Ambulanz. Ich war zufällig da, als sie ihn reinbrachten, er lebte noch, war aber nicht mehr zu retten. Der Mann lebte noch drei Tage. Sein Kopf schwoll an und war schließlich doppelt so groß wie ein normaler Kopf. Ich hatte so etwas noch nie gesehen, und ich hoffe, ich seh es nie wieder. Terri wollte hin und an seinem Bett sitzen, als sie von der Sache erfuhr. Wir hatten einen Streit deswegen. Ich fand, sie sollte ihn lieber nicht in dem Zustand sehen. Ich war der Meinung, sie sollte ihn nicht sehen, und ich bin immer noch der Meinung.«

»Und wer hat sich durchgesetzt?«, fragte Laura.

»Ich war bei ihm im Zimmer, als er gestorben ist«, sagte Terri. »Er ist gar nicht wieder zu sich gekommen. Aber ich hab bei ihm gesessen. Er hatte sonst niemanden.«

»Er war gefährlich«, sagte Mel. »Wenn du das Liebe nennst, dann kannst du sie dir an den Hut stecken.«

»Es war Liebe«, sagte Terri. »Sicher, in den Augen der meisten Leute ist das nicht normal. Aber er war bereit, dafür zu sterben. Er ist dafür gestorben.«

»Ich würde es nie und nimmer Liebe nennen«, sagte Mel. »Ich meine, keiner weiß, weshalb er es gemacht hat. Ich habe eine Menge Selbstmordfälle gesehen, und ich könnte nicht sagen, dass jemals einer wirklich wusste, weshalb er es getan hat.«

Mel legte die Hände in den Nacken und kippelte mit seinem Stuhl nach hinten. »Nein, an dieser Art Liebe bin ich nicht interessiert«, sagte er. »Wenn das Liebe ist, dann kannst du sie dir an den Hut stecken.«

Terri sagte: »Wir hatten Angst. Mel setzte sogar ein Testament auf und schrieb an seinen Bruder in Kalifornien, der mal Einzelkämpfer bei den Green Berets war. Mel hat ihm geschrieben, nach wem man suchen musste, falls ihm was passierte.«

Terri trank aus ihrem Glas. Sie sagte: »Aber Mel hat Recht, wir haben gelebt wie Leute auf der Flucht. Wir hatten Angst. Mel hatte Angst, stimmt's, Schatz? Einmal war ich so weit, dass ich sogar die Polizei angerufen habe, aber sie waren keine Hilfe. Sie haben gesagt, sie könnten nichts tun, solange Ed nicht wirklich etwas machte. Ist das nicht zum Lachen?«, sagte Terri.

Sie goss sich den Rest Gin ins Glas und schwenkte die Flasche. Mel stand auf und ging ans Regal. Er holte eine neue Flasche herunter.


»Also, Nick und ich, wir wissen, was Liebe ist«, sagte Laura. »Für uns, meine ich«, sagte Laura. Sie stieß mit ihrem Knie gegen mein Knie. »Du solltest jetzt was sagen«, sagte Laura und wandte ihr Lächeln mir zu.

Zur Antwort nahm ich Lauras Hand und hob sie an

meine Lippen. Ich küsste ihre Hand und machte eine große Schau daraus. Alle waren amüsiert.

»Wir sind glücklich«, sagte ich.

»Ihr zwei«, sagte Terri, »hört auf damit. Ihr macht mich ganz krank. Ihr seid noch frisch verliebt, um Gottes willen. Ihr seid noch ganz närrisch, das ist ja nicht zum Aushalten. Wartet's nur ab. Wie lange seid ihr jetzt zusammen? Wie lange ist es her? Ein Jahr? Länger als ein Jahr?«

»Jetzt sind es anderthalb Jahre«, sagte Laura. Sie war errötet und lächelte.

»O Mann«, sagte Terri. »Wartet nur ein Weilchen.«

Sie hielt ihren Drink in der Hand und sah Laura an.

»Ich mache nur Spaß«, sagte Terri.

Mel öffnete die Ginflasche und ging damit um den Tisch.

»Hier, ihr zwei«, sagte er. »Lasst uns anstoßen. Trinken wir auf die Liebe. Auf die wahre Liebe«, sagte Mel.

Wir stießen an.

»Auf die Liebe«, sagten wir.


Draußen im Garten fing einer der Hunde an zu bellen. Die Blätter der Espe, die vorm Fenster stand, schlugen leise gegen die Scheibe. Die Nachmittagssonne war wie etwas Lebendiges im Raum, ein weites Licht von Wohlbehagen und Großmut. Wir hätten überall sein können, an irgendeinem verzauberten Ort. Wir hoben die Gläser wieder und sahen einander lächelnd an wie Kinder, die beschlossen haben, etwas Verbotenes zu tun.

»Ich will euch sagen, was echte Liebe ist«, sagte Mel. »Ich mein, ich erzähle euch ein gutes Beispiel. Und dann könnt ihr eure eigenen Schlüsse daraus ziehen.« Er goss noch mehr Gin in sein Glas. Er tat einen Eiswürfel hinein und ein Stück Limone. Wir warteten und tranken von unseren Drinks. Laura und ich stießen wieder mit den Knien zusammen. Ich legte die Hand auf ihren warmen Oberschenkel und ließ sie dort.

»Was weiß denn einer von uns wirklich über die Liebe?«, sagte Mel. »Mir kommt es so vor, als wären wir in der Liebe alle Anfänger. Wir sagen, wir lieben uns, und wir tun es auch, daran zweifle ich gar nicht. Ich liebe Terri, und Terri liebt mich, und ihr zwei liebt euch auch. Ihr kennt die Art Liebe, von der ich jetzt spreche. Körperliche Liebe, der Impuls, der dich zu einem bestimmten Menschen hinzieht, wie auch Liebe zur Person des anderen, zu seinem oder zu ihrem Wesen, sozusagen. Fleischliche Liebe und, na, nennen wir es sentimentale Liebe, die tägliche Fürsorge für den anderen. Aber manchmal fällt es mir sehr schwer, die Tatsache zu erklären, dass ich meine erste Frau auch geliebt haben muss. Aber es war so, ich weiß, dass ich sie geliebt hab. Deshalb nehme ich an, ich bin in dieser Beziehung wie Terri. Terri und Ed.« Er dachte darüber nach, und dann fuhr er fort. »Es gab eine Zeit, da habe ich geglaubt, ich liebte meine erste Frau mehr als das Leben. Aber jetzt kann ich sie nicht mehr ertragen. Ehrlich. Wie soll man sich das erklären? Was ist aus der Liebe geworden? Was ist daraus geworden – das würde ich gern wissen. Ich wollte, jemand könnte mir das erklären. Dann ist da Ed. Gut, kommen wir noch mal auf Ed zurück. Er liebt Terri so sehr, dass er sie umzubringen versucht, und am Ende bringt er sich selbst um.« Mel hörte auf zu reden und trank einen Schluck. »Ihr zwei seid jetzt achtzehn Monate zusammen, und ihr liebt

15

euch. Man sieht es euch an. Ihr strahlt es förmlich aus. Aber ihr habt beide andere Menschen geliebt, bevor ihr euch begegnet seid. Ihr seid beide schon verheiratet gewesen, genau wie wir. Und davor habt ihr wahrscheinlich auch schon andere Menschen geliebt. Terri und ich sind jetzt fünf Jahre zusammen, vier davon verheiratet. Und das Schreckliche, das Schreckliche ist, aber auch das Gute, das, was uns rettet, könnte man sagen, ist, dass, wenn morgen einem von uns etwas zustieße – nehmt es mir nicht übel, wenn ich das sage –, aber wenn morgen einem von uns etwas zustieße, ich glaube, der andere, die andere Person würde eine Zeit lang trauern, versteht ihr, aber dann würde derjenige, der noch lebt, sich in der Welt umsehen und wieder lieben und sehr bald einen anderen Menschen haben. Und all das, die ganze Liebe, von der wir hier reden, würde nur noch Erinnerung sein. Vielleicht nicht mal Erinnerung. Hab ich Unrecht? Lieg ich ganz falsch? Ich möchte nämlich, dass ihr mich berichtigt, wenn ihr glaubt, ich hätte Unrecht. Ich möchte es wissen. Ich meine, ich weiß nichts, und ich bin der Erste, der es zugibt.«

»Mel, um Gottes willen«, sagte Terri. Sie streckte die Hand aus und fasste ihn am Handgelenk. »Hast du zu viel getrunken? Schätzchen? Bist du betrunken?«

»Schätzchen, ich red nur«, sagte Mel. »In Ordnung? Ich muss nicht betrunken sein, um zu sagen, was ich denke. Ich meine, wir reden doch alle nur, stimmt's?«, sagte Mel. Er sah sie starr an.

»Süßer, ich kritisier dich gar nicht«, sagte Terri.

Sie nahm ihr Glas.

»Ich hab heute keinen Bereitschaftsdienst«, sagte Mel.

»Ich möchte euch nur daran erinnern. Ich hab keinen Be-reitschaftsdienst«, sagte er.

»Mel, wir lieben dich«, sagte Laura.

Mel sah Laura an. Er sah sie an, als könnte er sie nicht unterbringen, als wäre sie nicht die Frau, die sie war.

»Ich liebe dich auch, Laura«, sagte Mel. »Und dich, Nick, liebe ich auch. Wisst ihr was?«, sagte Mel. »Ihr zwei seid unsere Freunde«, sagte Mel.

Er nahm sein Glas.

Mel sagte: »Ich wollte euch was erzählen. Ich mein, ich wollte etwas Bestimmtes beweisen. Also, es ist vor ein paar Monaten passiert, aber es geht immer noch weiter, und im Gedanken daran sollten wir uns schämen, wenn wir so re-den, als wüssten wir, wovon wir reden, wenn wir von Liebe reden.«

»Jetzt komm aber«, sagte Terri. »Red nicht so, als wärst du betrunken, wenn du nicht betrunken bist.«

»Halt nur einmal im Leben den Mund«, sagte Mel mit sehr ruhiger Stimme. »Tust du mir den Gefallen und hältst eine Minute lang den Mund? Also, was ich sagen wollte, da war dieses alte Ehepaar, und das Auto der beiden war ein Schrotthaufen irgendwo auf der Interstate. Ein junger Kerl war ihnen frontal reingefahren, und sie waren total zerfetzt, und keiner gab ihnen große Chancen durchzukommen.«

Terri sah uns an und dann wieder Mel. Sie wirkte besorgt, aber vielleicht ist das ein zu starkes Wort.

Mel reichte die Flasche herum.

»Ich hatte an dem Abend Bereitschaftsdienst«, sagte Mel. »Es war Mai, vielleicht auch Juni. Terri und ich hatten uns gerade hingesetzt zum Abendessen, als das Krankenhaus anrief. Da war dieser Unfall draußen auf der Interstate gewesen. Ein betrunkener Junge, ein Teenager, war mit dem Pickup seines Vaters in den Campingwagen der beiden Alten gepflügt. Sie waren hoch in den Siebzigern, die beiden. Der Junge – achtzehn, neunzehn oder so – war tot, als wir kamen. Die Steuersäule hatte sich ihm durchs Sternum gebohrt. Aber die beiden Alten, die lebten noch, versteht ihr. Ich meine, gerade eben noch. Aber sie hatten alles, was man haben kann: Multiple Frakturen, innere Verletzungen, Blutungen, Schwellungen, Abschürfungen, die ganze Palette, und sie hatten Gehirnerschütterung, alle beide. Sie waren in einem üblen Zustand, glaubt mir. Und natürlich hatten sie ihr Alter gegen sich. Ich würde sagen, sie war noch schlimmer dran als er. Eine Milzruptur zu allem anderen. Beide Kniescheiben gebrochen. Aber sie hatten beide ihre Sicherheitsgurte an, und weiß Gott, das hatte sie gerettet, für den Moment.«

»Leute, dies ist eine Werbung im Auftrag des National Safety Council«, sagte Terri. »Und das ist Ihr Sprecher, Dr. Melvin R. McGinnis, der zu Ihnen spricht.« Terri lachte. »Mel«, sagte sie, »manchmal treibst du's einfach zu weit. Aber ich liebe dich, Schatz«, sagte sie.

»Schätzchen, ich liebe dich«, sagte Mel.

Er beugte sich über den Tisch. Terri neigte sich ihm entgegen. Sie küssten sich.

»Terri hat Recht«, sagte Mel, als er sich wieder gesetzt hatte. »Schnallt euch bloß an. Aber im Ernst, sie waren in einem schlimmen Zustand, die beiden Alterchen. Als ich hinkam, war der Junge, wie gesagt, schon tot. Er lag in einer

Ecke, auf einer Bahre. Ich sah mir die beiden Alten an und sagte der Schwester von der Notaufnahme, sie solle einen Neurologen und einen Orthopäden ranschaffen, und zwei Chirurgen, und zwar auf der Stelle.«

Er trank aus seinem Glas. »Ich will versuchen, mich kurz zu fassen«, sagte er. »Wir haben die beiden also raufgebracht in den OP und fast die ganze Nacht über wie verrückt an ihnen gearbeitet. Sie hatten unglaubliche Reserven, die zwei. Man erlebt das hin und wieder. Also haben wir alles getan, was getan werden konnte, und gegen Morgen gaben wir ihnen eine Chance von fünfzig zu fünfzig, der Frau vielleicht ein bisschen weniger. Da sind sie nun also und leben immer noch am nächsten Morgen. Gut, also haben wir sie auf die Intensivstation gelegt, wo sie beide sich zwei Wochen lang abgerackert haben und ihr Zustand sich in allem immer mehr gebessert hat. Also verlegen wir sie in ein eigenes Zimmer.« Mel hörte auf zu erzählen. »Hier«, sagte er, »lasst uns diesen billigen Gin austrinken, verdammt noch mal. Und dann fahren wir zum Abendessen, einverstanden? Terri und ich kennen ein neues Restaurant. Da gehen wir hin, zu dem neuen Restaurant, das wir kennen. Aber wir fahren erst, wenn wir diesen lausigen Gin ausgetrunken haben.«

Terri sagte: »Wir haben da noch nicht gegessen. Aber es sieht gut aus. Von außen jedenfalls, wisst ihr?«

»Ich mag gutes Essen«, sagte Mel. »Glaubt mir, wenn ich noch mal ganz von vorn anfangen müsste, würde ich Koch werden. Stimmt's, Terri?«, sagte Mel.

Er lachte. Er fingerte an dem Eis in seinem Glas herum.

»Terri weiß es«, sagte er. »Terri kann es euch bestätigen. Aber lasst mich eins sagen. Wenn ich wiederkommen könnte, in ein anderes Leben, in eine andere Zeit und so, wisst ihr was? Ich würde als Ritter wiederkommen. Man war ziemlich sicher, mit so einer Rüstung am Leib. Es war nicht schlecht, als Ritter zu leben, ehe sie das Schießpulver und die Musketen und Pistolen erfunden haben.«

»Mel würde gern ein Pferd reiten und eine Lanze tragen«, sagte Terri.

»Und überall müsstest du den Schal einer Frau mit dir rumtragen«, sagte Laura.

»Oder gleich eine Frau«, sagte Mel.

»Schäm dich«, sagte Laura.

Terri sagte: »Angenommen, du würdest als Leibeigener wiedergeboren. Die Leibeigenen hatten es nicht so gut damals«, sagte Terri.

»Die Leibeigenen hatten es nie gut«, sagte Mel. »Aber ich nehme an, selbst die Ritter standen als Vandalen im Dienst von jemand anders. So war das doch, oder? Aber letzten Endes ist jeder ein Vandale und steht im Dienst von jemand anders. Hab ich nicht Recht? Terri? Aber was mir an den Rittern gefallen hat, außer ihren Damen, war, dass sie diese Rüstung hatten, ihr wisst schon, und nicht so leicht zu verletzen waren. Damals gab's keine Autos, versteht ihr? Keine besoffenen Teenager, die dich über den Haufen gefahren haben.«

»Vasallen«, sagte Terri.

»Was?«, sagte Mel.

»Vasallen«, sagte Terri. »Sie wurden Vasallen genannt, nicht Vandalen.«

»Vasallen, Vandalen«, sagte Mel, »ist doch scheißegal. Ihr habt doch gewusst, was ich gemeint hab. Na gut«, sagte Mel. »Ich bin eben nicht gebildet. Ich hab mein Zeug gelernt. Ich bin Herzchirurg, das ja, aber ich bin bloß Mechaniker. Ich gehe rein und mach rum und reparier ein paar Sachen. Scheiße«, sagte Mel.

»Bescheidenheit steht dir nicht«, sagte Terri.

»Er ist nur ein armseliger Knochenflicker«, sagte ich.

»Aber manchmal sind sie in ihrer Rüstung erstickt, Mel. Sie hatten sogar Herzanfälle, wenn es da drinnen zu heiß wurde und sie zu müde oder zu erschöpft waren. Ich hab irgendwo gelesen, dass sie manchmal vom Pferd gefallen sind und nicht wieder aufstehen konnten, weil sie zu erschöpft waren und sich mit der ganzen Rüstung am Leib nicht mehr aufrecht halten konnten. Ihre eigenen Pferde trampelten manchmal auf ihnen rum.«

»Das ist schrecklich«, sagte Mel. »Das ist eine schreckliche Geschichte, Nicky. Ich vermute, sie haben dagelegen und gewartet, bis einer vorbeikam und Schischkebab aus ihnen gemacht hat.«

»Irgendein Vandale«, sagte Terri.

»Stimmt«, sagte Mel. »Irgendein Vasall kam daher und spießte den Kerl im Namen der Liebe auf. Oder was der Scheiß auch war, um den sie in den damaligen Zeiten gekämpft haben.«

»Das Gleiche, worum wir heute kämpfen«, sagte Terri.

Laura sagte: »Nichts hat sich geändert.«

Das Rot stand noch in Lauras Wangen. Ihre Augen strahlten. Sie hob das Glas an die Lippen.

Mel goss sich noch einen Drink ein. Er betrachtete eingehend das Etikett, als studierte er eine lange Zahlenreihe. Dann stellte er langsam die Flasche auf den Tisch und griff langsam nach dem Tonic Water.

»Was ist mit den beiden Alten?«, fragte Laura. »Du hast die Geschichte, die du angefangen hast, nicht zu Ende erzählt.« Laura hatte Schwierigkeiten damit, sich ihre Zigarette anzuzünden. Die Streichhölzer gingen immer aus.

Das Sonnenlicht im Raum war jetzt anders, es veränderte sich, wurde dünner. Aber die Blätter draußen am Fenster schimmerten immer noch, und ich betrachtete das Muster, das sie an den Fensterscheiben und auf dem Resopal der Arbeitsfläche bildeten. Natürlich waren es nicht die gleichen Muster.

»Was ist mit den beiden Alten?«, sagte ich.

»Sie sind älter, aber weiser«, sagte Terri.

Mel starrte sie an.

Terri sagte: »Erzähl deine Geschichte weiter, Schatz. Ich wollte nur einen kleinen Witz machen. Wie ist es danach weitergegangen?«

»Terri, manchmal …«, sagte Mel.

»Bitte, Mel«, sagte Terri. »Sei nicht immer so ernst, Süßer. Kannst du keinen Spaß verstehen?«

»Wo ist der Spaß?«, sagte Mel.

Er hielt sein Glas umfasst und blickte seine Frau unverwandt an.

»Wie ist es weitergegangen?«, sagte Laura.

Mel richtete die Augen auf Laura. Er sagte: »Laura, wenn ich nicht Terri hätte und wenn ich sie nicht so sehr liebte, und wenn Nick nicht mein bester Freund wäre, dann würde ich mich in dich verlieben. Ich würde dich im Sturm erobern«, sagte er.

»Erzähl jetzt deine Geschichte«, sagte Terri. »Und dann gehen wir in das neue Restaurant, okay?«

»Okay«, sagte Mel. »Wo war ich?«, sagte er. Er starrte auf den Tisch, und dann fing er wieder an.

»Ich bin jeden Tag rein, um nach den beiden zu sehen, manchmal zwei Mal am Tag, wenn ich sowieso andere Krankenbesuche machen musste. Gipsverbände und Bandagen, vom Kopf bis zu den Füßen, und zwar beide. Ihr wisst ja, ihr habt es in Filmen gesehen. Genauso haben sie ausgesehen, genau wie im Film. Kleine Löcher für Augen, Nase, Mund. Und bei ihr waren obendrein die Beine hochgebunden und hingen in einer Schlinge. Ja, und der Mann war die meiste Zeit sehr deprimiert. Selbst nachdem er erfahren hatte, dass seine Frau durchkommen würde, war er noch sehr deprimiert. Allerdings nicht wegen des Unfalls. Ich meine, der Unfall war hart genug, aber das war nicht alles. Ich beugte mich manchmal über das Loch für seinen Mund, versteht ihr, und dann sagte er, es sei nicht unbedingt wegen des Unfalls, sondern weil er sie, seine Frau, durch seine Augenlöcher nicht sehen könne. Er sagte, deshalb fühle er sich so elend. Könnt ihr euch das vorstellen? Ich sage euch, dem Mann brach es das Herz, weil er seinen gottverdammten Kopf nicht drehen und seine gottverdammte Frau nicht *sehen* konnte.«

Mel blickte in die Runde am Tisch und schüttelte den Kopf über das, was er sagen wollte.

»Ich meine, es brachte den alten Sack fast um, dass er die verdammte Frau nicht *angucken* konnte.«

Wir alle sahen Mel an.

»Versteht ihr, was ich sagen will?«, sagte er.

Vielleicht waren wir inzwischen ein bisschen betrunken. Ich weiß noch, es war schwer, sich auf bestimmte Dinge zu konzentrieren. Das Licht sickerte nach und nach aus dem Raum, floss durchs Fenster zurück, woher es gekommen war. Und doch machte keiner Anstalten, vom Tisch aufzustehen und die Deckenlampe anzumachen.

»Hört zu«, sagte Mel. »Lasst uns diesen beschissenen Gin austrinken. Es ist noch genug da, ein Schuss für jeden in der Runde. Und dann gehen wir essen. Dann fahren wir zu dem neuen Restaurant.«

»Er ist deprimiert«, sagte Terri. »Mel, warum nimmst du nicht eine Tablette?«

Mel schüttelte den Kopf. »Ich hab alles genommen, was da ist.«

»Wir alle brauchen hin und wieder eine Tablette«, sagte ich.

»Manche Leute brauchen sie schon von Geburt an«, sagte Terri. Sie rieb mit dem Zeigefinger an einem Fleck auf dem Tisch. Dann hörte sie auf zu reiben.

»Ich glaube, ich möchte meine Kinder anrufen«, sagte Mel. »Ist euch das recht? Ich ruf meine Kinder an«, sagte er.

Terri sagte: »Und wenn Marjorie ans Telefon geht? Haben wir euch beiden mal von Marjorie erzählt? Schätzchen, du weißt, du möchtest nicht mit Marjorie sprechen. Du würdest dich danach nur noch elender fühlen.«

»Ich will nicht mit Marjorie sprechen«, sagte Mel. »Aber ich möchte mit meinen Kindern sprechen.«

»Es vergeht kein Tag, an dem Mel nicht sagt, er wünschte, sie würde wieder heiraten. Oder aber sterben«, sagte Terri. »Abgesehen von allem anderen«, sagte Terri, »ruiniert sie uns. Mel sagt, dass sie nur, um ihn zu ärgern, nicht wieder heiratet. Sie hat einen Freund, der bei ihr und den Kindern lebt, also unterstützt Mel auch noch den Freund.«

»Sie ist allergisch gegen Bienen«, sagte Mel. »Wenn ich nicht gerade bete, dass sie wieder heiratet, bete ich, dass sie von einem verdammten Bienenschwarm zu Tode gestochen wird.«

»Schäm dich«, sagte Laura.

»Bsssssss«, machte Mel und verwandelte seine Finger in Bienen und ließ sie an Terris Hals umherschwirren. Dann ließ er die Hände fallen und die Arme zu beiden Seiten herunterhängen.

»Sie ist bösartig«, sagte Mel. »Manchmal denk ich, ich sollte mich als Imker verkleiden und dort aufkreuzen. Ihr wisst schon, so ein Hut, der wie ein Helm ist, mit dem Visier, das man vorm Gesicht runterzieht, die großen Handschuhe und der wattierte Mantel. Ich klopf an die Tür und lasse einen Bienenschwarm frei. Aber vorher würde ich mich natürlich vergewissern, dass die Kinder nicht zu Hause sind.«

Er schlug die Beine übereinander. Und er brauchte, wie es schien, furchtbar lange dafür. Dann setzte er beide Füße auf den Boden und beugte sich vor, die Ellbogen auf dem Tisch, das Kinn in die Hände gestützt.

»Vielleicht möchte ich die Kinder lieber doch nicht anrufen. Vielleicht ist es keine so tolle Idee. Vielleicht sollten wir einfach nur essen gehen. Was haltet ihr davon?«

»Klingt sehr gut«, sagte ich. »Essen oder nicht essen. Oder weitertrinken. Ich könnte jetzt glatt in den Sonnenuntergang hineinfahren.«

»Was soll das heißen, Schätzchen?«, sagte Laura.

»Es heißt genau das, was ich gesagt hab«, sagte ich. »Es heißt, ich könnte einfach immer weiterfahren. Mehr heißt es nicht.«

»Ich könnte gut etwas essen«, sagte Laura. »Ich glaube, ich bin noch nie im Leben so hungrig gewesen. Ist irgendwas zu knabbern da?«

»Ich stell ein bisschen Käse und ein paar Cracker auf den Tisch«, sagte Terri.

Aber Terri saß nur da. Sie stand nicht auf, um etwas zu holen.

Mel stieß sein Glas um. Der Gin lief über den Tisch.

»Gin ist alle«, sagte Mel.

Terri sagte: »Und jetzt?«

Ich hörte mein Herz schlagen. Ich hörte die Herzen der anderen. Ich hörte das Menschengeräusch, das wir machten, während wir dasaßen, ohne dass sich einer von uns rührte, auch nicht, als der Raum dunkel wurde.

# Dein Liebhaber hat eben angerufen

Das Telefon klingelte, und Richard Maple, der einer Erkältung wegen an diesem Freitag zu Hause geblieben war, nahm den Hörer ab: »Hallo?« Am anderen Ende der Leitung wurde aufgelegt. Richard ging ins Schlafzimmer, wo Joan gerade das Bett machte, und sagte: »Dein Liebhaber hat eben angerufen.«

»Was hat er gesagt?«

»Nichts. Er hat aufgelegt. Er war erstaunt, dass ich zu Hause bin.«

»Vielleicht war es *deine* Geliebte.«

Trotz des Phlegmas, das seinen Kopf umwölkte, wusste er, dass da irgendetwas nicht stimmte, und er fand es heraus. »Wenn es *meine* Geliebte gewesen wäre«, sagte er, »warum sollte sie dann auflegen, wenn ich doch am Apparat war?«

Joan schlug das Laken aus, so dass es ein knallendes Geräusch machte. »Vielleicht liebt sie dich ja nicht mehr.«

»Was für ein lächerliches Gespräch.«

»Du hast angefangen.«

»Und was würdest *du* denn denken, wenn du an einem Wochentag ans Telefon gehst, und der Anrufer legt auf? Er erwartete eindeutig, dass du allein zu Hause bist.«

»Also gut, wenn du jetzt Zigaretten holen gehst, rufe ich ihn an und erkläre ihm, was los ist.«

»Du denkst, dass ich jetzt denke, du willst mich auf den Arm nehmen, aber ich weiß, dass genau das passieren würde.«

»Oha, komm, Dick. Wer sollte es schon sein? Freddie Vetter?«

»Oder Harry Saxon. Oder jemand, den ich gar nicht kenne. Ein alter Freund vom College, der nach Neuengland gezogen ist. Oder vielleicht der Milchmann. Ich höre dich manchmal mit ihm reden, während ich mich rasiere.«

»Wir sind von hungrigen Kindern umgeben. Er ist fünfzig Jahre alt, und Haare sprießen ihm aus den Ohren.«

»Wie bei deinem Vater. Du hast eine Schwäche für ältere Männer. Da war doch dieser Chaucer-Spezialist, als wir uns kennenlernten. Jedenfalls hast du in der letzten Zeit immer furchtbar glücklich getan. Du lächelst vor dich hin, wenn du deine Hausarbeit machst. Siehst du, da ist es wieder, das Lächeln!«

»Ich lächle«, sagte Joan, »weil du so verrückt bist. Ich habe keinen Liebhaber. Ich wüsste nicht, wo ich ihn unterbringen sollte. Meine Tage sind vollständig ausgefüllt damit, dass ich mich hingebungsvoll den Bedürfnissen meines Ehemannes und seiner zahlreichen Kinder widme.«

»Oh, dann bin ich es also, der dir all die Kinder gemacht hat? Während du dich nach einer Karriere als Modeschöpferin oder in der aufregenden Welt der Wirtschaft sehntest. In der Aeronautik vielleicht. Du hättest die erste Frau sein können, die eine Raketenspitze aus Titan entwickelte! Oder die den bisherigen Zyklus beim Weizenanbau sprengte! Joan Maple, Diplom-Landwirtin. Joan Maple, Geopolitikerin. Aber wegen des unzüchtigen Monsters, das sie irrtümlich heiratete, ist diese klarsichtige Bürgerin unserer stets so bedürftigen Republik …«

»Dick, hast du Fieber gemessen? Ich habe dich seit Jahren nicht so faseln hören.«

»Ich bin seit Jahren nicht so hintergegangen worden. Ich fand dieses *Klick* abscheulich. Dieses widerliche kleine Ich-kenne-deine-Frau-besser-als-du-*Klick*.«

»Es war vermutlich ein Kind. Wenn Mack heute Abend zum Essen kommen soll, solltest du besser allmählich wieder gesund werden.«

»Es ist Mack, nicht? Dieser Hurensohn. Die Scheidung ist noch nicht ausgesprochen, und schon ruft er meine Frau an. Und dann schlägt er auch noch vor, sich an meinem Tisch vollzufressen, während ich leide.«

»Ich werde selber leiden. Du machst mich richtig krank.«

»Klar. Zuerst hänge ich dir Kinder an in meinem verrückten Verlangen nach Nachkommen, und dann mache ich dir Monatsbeschwerden.«

»Leg dich ins Bett. Ich bringe dir auch Orangensaft und in Streifen geschnittenen Toast, wie deine Mutter es immer gemacht hat.«

»Du bist süß.«

Während er es sich unter der Decke gemütlich machte, klingelte das Telefon wieder, und Joan nahm oben im Flur den Hörer ab. »Ja … Nein … Nein … gut«, sagte sie und legte auf.

»Wer war es?«, rief er.

»Jemand, der uns die *World Book Encyclopedia* verkaufen wollte«, rief sie zurück.

»Hört sich sehr glaubhaft an«, sagte er mit selbstgefälliger Ironie, und legte sich auf die Kissen zurück – überzeugt, dass er ungerecht war und dass es keinen Liebhaber gab.

Mack Dennis war ein schlichter, angenehmer, schüchterner Mann in ihrem Alter, dessen Ehefrau Eleanor in Wyoming auf Scheidung klagte. Er sprach von ihr mit einer beklemmenden Zärtlichkeit, wie von einer Lieblingstochter, die zum ersten Mal in einem Ferienlager ist, oder wie von einem entschwundenen Engel, der gleichwohl engen elektronischen Kontakt mit der verschmähten Erde hält. »Sie sagt, sie hätten ein paar herrliche Gewitter gehabt. Die Kinder reiten jeden Morgen, abends spielen sie Karten, und um zehn sind sie im Bett. Gesundheitlich geht es allen besser denn je. Ellies Asthma ist verschwunden, und jetzt glaubt sie, die müsse allergisch gegen *mich* gewesen sein.«

»Du hättest dir alle Haare abschneiden lassen sollen und dich in Zellophan verpacken müssen«, sagte Richard zu ihm.

Joan fragte ihn: »Und wie steht es mit *deiner* Gesundheit? Isst du genug? Du siehst dünn aus, Mack.«

»An den Abenden, an denen ich nicht in Boston bleibe«, sagte Mack, während er sich alle Taschen nach einem Päckchen Zigaretten abklopfte, »esse ich jetzt immer in dem Motel an der Route 33. Es ist das beste Essen in der Stadt jetzt, und du kannst den Kindern im Swimmingpool zusehen.« Er betrachtete seine leeren, nach oben gewandten Hände, als hätten sie eben noch eine Überraschung gehalten. Er vermisste seine Kinder – vielleicht war das die Überraschung.

»Ich habe auch keine Zigaretten mehr«, sagte Joan.

»Ich gehe und hole welche«, sagte Richard.

»Und irgendetwas mit Bitter Lemon aus dem Spirituosengeschäft.«

»Ich mixe inzwischen ein paar Martinis«, sagte Mack. »Ist es nicht wunderbar, dass wir wieder Martini-Wetter haben?«

Es war die Jahreszeit, in der es am Tage spätsommerlich und abends frühherbstlich ist. Der Abend senkte sich über die Stadt herab und ließ die Neonreklamen erstrahlen, als Richard sich auf den Weg machte. Sein heiserer Hals fühlte sich an, als wäre er in ihm zusammengefaltet wie ein Geheimnis; es machte ihn irgendwie unbekümmert und fröhlich, auf zu sein und draußen, nachdem er den Nachmittag im Bett verbracht hatte. Wieder zu Hause, parkte er am hinteren Zaun und ging über den Rasen, der von gefallenen Blättern raschelte, obwohl die Bäume über ihm noch dicht belaubt waren. Die erleuchteten Fenster seines Hauses wirkten golden und idyllisch; die Zimmer der Kinder befanden sich oben (das Gesicht Judiths, seiner älteren Tochter, schwebte gedankenverloren vor einem Stück Tapete vorbei, und ihre eckige rosa Hand griff nach oben, um eine Puppe in einem Regal zurechtzusetzen) und die Küche unten. In den Küchenfenstern, deren Licht fluoreszierte, wurde eine Scharade aufgeführt. Mack hielt einen Cocktailshaker in der Hand und goss den Inhalt in ein zum Teil vom Fensterrahmen verdecktes Gefäß, das Joan ihm mit langem weißem Arm hinhielt. Sie neigte anmutig den Kopf und sprach mit dem leicht vorgeschobenen Mund, der in Richards Augen typisch für sie war, wenn sie in den Spiegel sah oder sich mit ihren älteren Verwandten unterhielt oder sonst vorteilhaft zu erscheinen versuchte. Was sie gerade sagte, brachte Mack zum Lachen, so dass seine Hand beim Eingießen zitterte (der silberne Deckel des Shakers glitzerte, ein Tropfen der grünlichen Flüssigkeit wurde verschüttet). Er stellte den Shaker hin und streckte die Hände – dieselben Hände, denen vor einer Weile eine Überraschung entwichen zu sein schien – vor, in Schulterhöhe. Joan ging auf ihn zu, immer noch mit ihrem Glas in der Hand, und ihr Hinterkopf, straff zu einem ovalen Knoten frisiert, mit feinen blonden Härchen im Nacken, verdeckte alles von Macks Gesicht mit Ausnahme der Augen, die sich schlossen. Sie küssten sich. Joans Kopf neigte sich zur einen Seite, Macks zur anderen, damit ihre Münder sich fester aufeinanderpressen konnten. Die anmutige Linie von Joans Schultern wurde weitergeführt durch die Linie ihres Armes, der das Glas sicher in der Luft hielt. Der andere Arm schlang sich um seinen Hals. Die offene Tür eines Schränkchens hinter ihnen ließ eine erstarrte Reihe aufrechter Pappschachteln sichtbar werden, deren Beschriftung Richard nicht lesen konnte, deren Farben jedoch ihren Inhalt verrieten – Cheerios, Wheat Honeys, Röstzwiebeln. Joan trat einen Schritt zurück und fuhr mit dem Zeigefinger Macks ganzen Schlips (ein sommerliches Schottenmuster) hinunter und beendete die Reise in der Nähe des Nabels mit einem leichten Stoß, der Zurückweisung oder auch Bedauern ausdrücken konnte. Sein Gesicht, blass und schwammig im grellen vertikalen Licht, sah leicht amüsiert, aber auch entschlossen aus und bewegte sich zwei, drei Zentimeter auf das ihre zu. Die Szene hatte das faszinierende Zeitlupentempo von Unterwasserbewegungen, und zugleich etwas von der irren stummen Plötzlichkeit einer von der Straße aus wahrgenommenen Fernsehbildfolge. Judith kam ans Fenster oben, ohne ihren Vater zu bemerken, der im tiefen Schatten des Baumes stand. Sie trug ein Nachthemd aus zitronengelbem Tüll und kratzte sich unschuldig die Achselhöhle, während sie einen Nachtfalter beobachtete, der mit den Flügeln gegen ihr Fliegenfenster schlug; und auch das gab Richard das gewichtige, sein Herz bedrängende Gefühl, dass der stumme Akt des Zeugeseins ihn – wie ein Kind, das allein im Kino sitzt – dem verborgenen Wirken der Dinge gefährlich nahe gebracht hatte, In einem anderen Küchenfenster begann ein unbeachteter Teekessel zu dampfen und die Scheiben zu beschlagen. Joan sprach jetzt wieder; ihre vorgeschobenen Lippen schienen rasche kleine Brücken über eine schmaler werdende Kluft zu schlagen. Mack zögerte, zuckte mit den Schultern; sein Gesicht legte sich in Falten, als ob er französisch spräche. Joans Kopf schnellte zurück vor Lachen, und triumphierend warf sie den freien Arm nach vorn und war wieder in seiner Umarmung. Seine Hand, wie ein Stern auf ihrem schmalen Rücken ausgebreitet, schob sich nach unten, verschwand hinter der Kante der Arbeitsfläche aus Kunststoff, und lag nun vermutlich auf ihrem Hintern.

Richard schlurfte so laut wie möglich die Betonstufen hinunter und stieß mit dem Fuß die Küchentür auf, um ihnen Zeit zu geben, auseinanderzugehen, bevor er eintrat. Vom anderen Ende der Küche her, kleiner als Kinder, sahen sie ihn mit verschwommenen, leeren Gesichtern an. Joan stellte den dampfenden Kessel ab, und Mack trottete auf ihn zu, um die Zigaretten zu bezahlen. Nach der dritten Martini-Runde löste sich die Befangenheit, und Richard sagte, die anklagende Heiserkeit seiner Stimme genießend: »Stellt euch mein Unbehagen vor. Krank, wie ich bin, gehe ich in die unfreundliche Nacht hinaus, um für meine Frau und meinen Gast Zigaretten zu besorgen, damit sie die Luft verschmutzen und den ohnehin schon ernsten Zustand meiner Bronchien noch verschlimmern können, und als ich durch den Garten zurückkomme, was sehe ich da? Die beiden inszenieren das *Kamasutra* in meiner eigenen Küche. Es war, als sähe man einen Pornofilm, dessen Darsteller man kennt.«

»Wo siehst du heutzutage Pornofilme?«, fragte Joan.

»Pah, Dick«, sagte Mack einfältig und rieb sich die Hüften in einer schnellen, bügelnden Bewegung. »Bloß ein brüderlicher Kuss. Eine brüderliche Umarmung. Ein uneigennütziger Tribut an den Charme deiner Frau.«

»Wirklich, Dick«, sagte Joan, »ich finde es schockierend und gemein von dir, draußen herumzulungern und in deine eigenen Fenster zu spähen.«

»Herumzulungern! Ich war starr vor Entsetzen. Es war ein regelrechtes Trauma. Meine erste Ur-Szene.« Ein tiefes Glücksgefühl dehnte ihn von innen her; die Reichweite seiner Worte und seines Witzes kam ihm unermesslich vor, und die beiden anderen waren wie Puppen, wie Homunculi, die er fest in seiner Hand hatte.

»Wir haben so gut wie nichts gemacht«, sagte Joan und reckte den Kopf, als sei sie über all das erhaben; die Anspannung ließ die schöne Linie ihres Unterkiefers deutlich hervortreten, ihre Lippen schmollten.

»Oh, ich bin überzeugt, dass ihr nach euren Maßstäben kaum angefangen hattet. Ihr habt den möglichen Reichtum an Koitusstellungen kaum erst ausprobiert. Habt ihr gedacht, ich würde nie zurückkommen? Habt ihr meinen Drink vergiftet, und ich bin zu zäh zum Sterben, wie Rasputin?«

»Dick«, sagte Mack. »Joan liebt dich. Und wenn ich einen Mann liebe, dann dich. Joan und ich haben die Sache schon vor Jahren ausgefochten und beschlossen, nur gute Freunde zu sein.«

»Komm mir nicht irisch, Mack Dennis. ›Wenn ich einen Mann liebe, dann dich!‹ Verschwende keinen Gedanken an mich, Junge. Denk lieber an die arme Eleanor da hinten, wie sie auf die Scheidung von dir wartet und Tag für Tag auf diesen Gäulen rumhopst und Karten spielt, bis sie schwarz und blau wird …«

»Lasst uns essen«, sagte Joan. »Du hast mich so nervös gemacht, dass ich das Roastbeef wahrscheinlich zu lange gebraten habe. Wirklich, Dick, ich finde, du kannst dich nicht damit entschuldigen, dass du jetzt versuchst, es ins Lächerliche zu ziehen.«

Am nächsten Tag wachten die Maples verbittert und verkatert auf. Mack war bis zwei geblieben, um sich zu vergewissern, dass keinerlei Groll mehr bestand. Joan spielte am Sonnabendmorgen gewöhnlich mit anderen Damen Tennis, während Richard sich um die Kinder kümmerte; heute schon in weißen Shorts und Tennisschuhen, zögerte sie ihren Aufbruch hinaus, um zu streiten. »Es ist wirklich schrecklich von dir«, sagte sie zu Richard, »dass du versuchst, Mack und mir etwas anzudichten. Was willst du damit vertuschen?«

»Meine liebe Mrs. Maple, ich *sah* es«, sagte er, »ich *sah* durch meine eigenen Fenster, wie du eine sehr überzeugende Darstellung einer weiblichen Spinne, die sich den Unterleib kitzeln lässt, gabst. Wo hast du gelernt, so mit deinem Kopf zu flirten? Es war besser als Handpuppen.«

»Mack küsst mich immer in der Küche. Es ist eine Angewohnheit, es hat nichts zu bedeuten. Du weißt selbst, wie sehr er Eleanor liebt.«

»So sehr, dass er sich von ihr scheiden lässt. Seine Ergebenheit grenzt an Donquichotterie.«

»Die Scheidung ist ihre Idee, das weißt du. Er ist ein armer Kerl. Er tut mir leid.«

»Ja, das habe ich gesehen. Du warst wie das Rote Kreuz bei Verdun.«

»Ich wüsste ja nur gern, warum du dich so freust.«

»Ich mich freuen? Ich bin vernichtet.«

»Du bist entzückt. Betrachte dir dein Lächeln im Spiegel.«

»Du bist so unglaublich verstockt, dass ich schon annehme, es kann nur Ironie sein.«

Das Telefon klingelte. Joan nahm den Hörer ab und sagte »Hallo«, und Richard hörte das Klicken durch den ganzen Raum. Joan legte den Hörer wieder auf und sagte zu ihm: »Aha. Sie dachte, ich wäre schon fort, zum Tennisspielen.«

»Wer ist sie?«

»Das musst du mir sagen. Deine Geliebte. Deine Liebhaberin.«

»Es war bestimmt dein Liebhaber, und irgendetwas in deiner Stimme hat ihn gewarnt.«

»Geh doch zu ihr!«, schrie Joan plötzlich, in einem Ausbruch der gleichen trotzigen Energie, mit der sie an anderen verkaterten Vormittagen Berge von Hausarbeit bewältigte. »Geh zu ihr wie ein Mann und hör endlich auf, mich in etwas hineinzumanövrieren, was ich nicht verstehe! Ich habe keinen Liebhaber! Ich habe mich von Mack küssen lassen, weil er einsam und betrunken war! Hör endlich auf, mich interessanter zu machen, als ich bin! Ich bin nur eine völlig erledigte Hausfrau, die mit ein paar anderen abgespannten Frauen Tennis spielen möchte!«

Schweigend holte Richard aus dem Sportsachenschrank ihren Tennisschläger, der vor kurzem neu mit Naturdarm bespannt worden war. Er trug ihn mit dem Mund, wie ein Hund, der einen Stock apportiert, und legte ihn vor ihrem Tennisschuh ab. Richard, ihr älterer Sohn, ein sehniger Neunjähriger, der zurzeit wie ein Besessener Batman-Karten sammelte, kam ins Wohnzimmer, wurde Zeuge dieser Pantomime und lachte, um seine Angst zu verbergen. »Dad, kann ich meine fünf Cent fürs Leeren der Papierkörbe haben?«

»Mommy geht Tennisspielen, Dickie«, sagte Richard und leckte den salzigen Geschmack des Tennisschlägers von seinen Lippen. »Wollen wir alle zusammen zum Fünf-Cent-Shop gehen und ein Batmobil kaufen?«

»Yippee«, sagte der kleine Junge mit matter Stimme und sah mit großen Augen zwischen seinen Eltern hin und her, als ob der Abstand zwischen ihnen plötzlich verräterisch geworden wäre.

Richard ging mit den Kindern in den Fünf-Cent-Shop, auf den Spielplatz und mittags zu einem Kiosk, wo es Hamburger gab. Diese unschuldigen Unternehmungen verwandelten die Rückstände von Alkohol und Trägheit in wollige Mattigkeit, so rein wie der Schlaf kleiner Kinder. Höflich nickte er, als sein Sohn ihm eine unendliche Geschichte erzählte: »... und dann, weißt du was, Dad, dann hatte der Pinguin einen Schirm, aus dem Rauch herauskam, das war toll, und dann waren da diese beiden anderen Kerle mit den komischen Masken in der Bank und ließen sie mit Wasser volllaufen, ich weiß nicht warum, damit sie auseinanderplatzte oder so, und Robin kletterte über diese rutschigen Stapel von halben Dollars, oder was das war, um von dem Wasser wegzukommen, und dann, weißt du was, Dad ...«

Wieder zu Hause, zerstreuten sich die Kinder in der Nachbarschaft, wobei sie der gleichen geheimnisvollen Strömung folgten, die an anderen Tagen den Garten hinter dem Haus mit unbekannten Bengeln füllte. Joan kam schweißglänzend und mit staubbedeckten Fußknöcheln vom Tennis zurück. Ihr Körper schwamm im rosigen Nachglühen der Anstrengung. Er schlug vor, sie sollten ein Mittagsschläfchen machen.

»Nur ein Schläfchen«, sagte sie warnend.

»Natürlich«, sagte er. »Ich habe meine Geliebte auf dem Spielplatz getroffen, und wir haben einander auf dem Abenteuerspielplatz befriedigt.«

»Marlene und ich haben Alice und Liz geschlagen. Von den dreien kann es keine gewesen sein, sie haben eine halbe Stunde auf mich gewartet.«

Im Bett – die Jalousien seltsamerweise gegen den hellen

Nachmittag heruntergezogen, in einem Glas abgestandenen Wassers stiegen verstohlen Lichtblasen auf – fragte er sie: »Du glaubst, ich möchte dich interessanter machen, als du bist?«

»Natürlich. Du langweilst dich. Du hast mich und Mack absichtlich allein gelassen. Es war ganz und gar untypisch für dich, mit einer Erkältung rauszugehen.«

»Es ist traurig, dich in Gedanken ohne einen Liebhaber zu sehen.«

»Tut mir leid.«

»Du bist trotzdem ganz schön interessant. Hier, und hier, und hier.«

»Ich sagte doch: nur ein Schläfchen.«

Im oberen Flur, jenseits der geschlossenen Schlafzimmertür, klingelte das Telefon. Nach viermaligem Klingeln – eisige Speere, von fern her geschleudert – hörte es auf; niemand war an den Apparat gegangen. Es entstand eine ratlose Pause. Dann ein zögerndes, fragendes *Ping,* als ob jemand im Vorübergehen an den Tisch gestoßen wäre, dem eine entschlossene Serie folgte, schrille Töne, gebieterisch und klagend, die erst nach dem zwölften Mal aufhörten; dann wurde am anderen Ende der Leitung aufgelegt.

# Der Nomade

Die Dämmergrenze zwischen Schlaf und Wachen lief am heutigen Morgen durch Rom: plätschernde Springbrunnen und überwölbte, enge Straßen, verschwenderische goldene Stadt der Blütenfülle und des altersmilden Steins. Manchmal auch in solchem Dämmerzustand weilte der Nomade wieder in Paris oder in deutschen Kriegsruinen oder beim Schweizer Skilauf und in Schneehotels. Oder auf einem Brachfeld in Georgia, im Morgengrauen vor der Jagd. Rom war's am heutigen Morgen – im jahreszeitlosen Reich der Träume.

John Ferris erwachte in einem Hotelzimmer in New York. Er hatte ein Gefühl, als erwarte ihn etwas Unangenehmes – was, das vermochte er nicht zu sagen. Das Gefühl, das vor den Erfordernissen der Morgentoilette etwas zurücktrat, wirkte noch nach, als er fertig angekleidet nach unten ging. Es war ein wolkenloser Herbsttag, und pastellfarbene Wolkenkratzer zerschnitten das blasse Sonnenlicht. Ferris ging in den Drugstore nebenan und setzte sich in die letzte Nische beim Fenster. Er bestellte ein amerikanisches Frühstück mit Rührei und Würstchen.

Ferris war aus Paris herübergekommen – zur Beerdigung seines Vaters, die vor einer Woche in seiner Vaterstadt in Georgia stattgefunden hatte. Durch die Erschütterung angesichts des Todes war er sich bewusst geworden, dass die Jugendzeit vorbei war. Sein Haar lichtete sich; die hervorstehenden Adern an den jetzt schütteren Schläfen pochten, und sein Körper war bis auf den Ansatz zu einem Bauch ausgesprochen hager. Ferris hatte seinen Vater geliebt, und die zwischen ihnen bestehende Bindung war einst außergewöhnlich eng gewesen; doch irgendwie hatten die Jahre seine Sohnesliebe verkümmern lassen, und nun hatte der Tod – obwohl seit langem erwartet – ihn mit einer unvorhergesehenen Bestürzung erfüllt. Er war so lange wie möglich geblieben, um seiner Mutter und den Brüdern zu Hause nahe zu sein. Sein Flugzeug nach Paris sollte am nächsten Morgen starten.

Ferris holte sein Adressbuch hervor, um eine Nummer festzustellen. Mit zunehmender Aufmerksamkeit blätterte er die Seiten um. Namen und Adressen aus New York, aus den Hauptstädten Europas, ein paar verblasste aus seinem Heimatstaat im Süden. Verblasste Buchstaben in Druckschrift, krakelige, betrunkene. Betty Wills: ein Zufallsliebchen, jetzt verheiratet. Charlie Williams: verwundet im Hürtgenwald, seither nichts mehr von ihm gehört. Der prächtige alte Williams – ob er lebte oder ob er gestorben war? Don Walker: ein Bonze beim Fernsehen, der zu Geld kam. Henry Green: nach dem Krieg auf die schiefe Ebene geraten, soll jetzt in einem Sanatorium sein. Cozie Hall: Die sollte ja tot sein, wie er gehört hatte. Die unbekümmerte, lachende Cozie – seltsamer Gedanke, dass auch sie, eine dumme Kleine, sterben konnte. Als Ferris das Adressbuch zuklappte, wehte es ihn an wie Unbeständigkeit, wie Vergänglichkeit, fast wie Furcht.

Und gerade da fuhr er plötzlich zusammen. Er hatte aus dem Fenster gestarrt, und draußen, auf dem Bürgersteig, kam Elizabeth, seine geschiedene Frau, vorbei. Sie kam ziemlich dicht an ihm vorbei und ging langsam. Er konnte den wilden Aufruhr seines Herzens nicht verstehen, auch nicht das darauffolgende Gefühl von Leichtsinn und Zuneigung, das noch anhielt, nachdem sie fort war.

Rasch zahlte Ferris seine Rechnung und stürzte auf den Bürgersteig hinaus. Elizabeth stand an der Straßenecke und wartete, um die Fith Avenue zu überqueren. Mit der Absicht, sie zu sprechen, eilte er auf sie zu, doch die Lichtsignale wechselten, ehe er sie erreicht hatte, und sie ging über die Straße. Ferris folgte ihr. Auf der andern Seite hätte er sie mühelos einholen können, entdeckte aber, dass er seltsamerweise zauderte. Ihr schönes braunes Haar trug sie schlicht aufgerollt, und während er ihr nachsah, fiel ihm ein, dass sein Vater einst gesagt hatte, Elizabeth ›hielte sich so gut‹. Sie bog um die nächste Straßenecke, und Ferris folgte ihr, obwohl die Absicht, sie einzuholen, inzwischen verflogen war. Die körperliche Erregung, die ihr Anblick in ihm ausgelöst hatte, die feuchten Hände und das starke Herzklopfen stimmten ihn nachdenklich.

Vor acht Jahren hatte Ferris seine einstige Frau zum letzten Mal gesehen. Er wusste, dass sie längst wieder verheiratet war. Und sie hatte Kinder bekommen. Während der letzten Jahre hatte er selten an sie gedacht. Doch zuerst, nach der Scheidung, hatte ihr Verlust ihn fast zugrunde gerichtet. Dann hatte die Zeit seinen Schmerz gestillt, und er hatte wieder geliebt, und dann abermals. Jetzt war es Jeannine. Bestimmt war die Liebe zu seiner einstigen Frau längst erloschen. Warum also die körperliche Erregung, die seelische Erschütterung? Er begriff nur, dass sein umwölktes Herz in einem seltsamen Missklang zu dem sonnigen, klaren Herbsttag stand. Ferris schwenkte jäh um, und mit langen Schritten, ja, beinahe rennend, eilte er in sein Hotel zurück.

Ferris schenkte sich einen Drink ein, obwohl es noch nicht elf Uhr war. Wie ein Erschöpfter lag er hingegossen in einem Sessel und umklammerte sein Glas Bourbon mit Wasser. Er hatte noch einen ganzen Tag vor sich, da er erst am nächsten Morgen mit dem Flugzeug nach Paris zurückkehrte. Er zählte sich auf, was er noch zu tun hatte: das Gepäck zur Air France bringen, mit seinem Chef zu Mittag essen, Schuhe und einen Mantel kaufen. Und noch etwas – war's nicht noch etwas gewesen? Ferris trank sein Glas leer und schlug das Telefonbuch auf.

Der Entschluss, seine einstige Frau anzurufen, kam unvermittelt. Die Nummer stand unter Bailey, dem Namen ihres Mannes, und er rief an, ehe er Zeit hatte, mit sich zu Rate zu gehen. Er und Elizabeth hatten zu Weihnachten Glückwunschkarten ausgetauscht, und als Ferris ihre Vermählungsanzeige erhielt, hatte er ihr ein Tranchierbesteck geschickt. Es bestand kein Grund, sie nicht anzurufen. Aber als er das Läuten am andern Ende der Leitung hörte und wartete, quälten ihn Befürchtungen.

Elizabeth antwortete; ihre vertraute Stimme bedeutete eine neue Erschütterung. Zweimal musste er seinen Namen wiederholen, aber als sie ihn erkannt hatte, schien sie sich zu freuen. Er erklärte ihr, dass er nur den einen Tag in der Stadt sei. Sie hätten Theaterkarten, sagte sie – aber könnte er vielleicht zu einem frühen Abendessen kommen? Ferris sagte mit Freuden zu.

Während er eine Besorgung nach der andern erledigte, bedrückte ihn in ausgefallenen Augenblicken immer wieder das Gefühl, etwas Wesentliches vergessen zu haben. Am Spätnachmittag badete er und zog sich um, wobei er oft an Jeannine dachte: Nächste Nacht würde er bei ihr sein. ›Jeannine‹, würde er sagen, ›in New York habe ich zufällig meine einstige Frau getroffen. Hab mit ihr gegessen. Und mit ihrem Mann, natürlich. Es war eigentümlich, sie nach all den Jahren wiederzusehen.‹

Elizabeth wohnte auf der Ostseite in einer von den Fünfziger Straßen, und als Ferris im Taxi hinfuhr, erhaschte er an den Kreuzungen einen Blick auf die langsam sinkende Sonne; doch bis er sein Ziel erreicht hatte, war es schon herbstlich dunkel. Das Haus war ein Gebäude mit Sonnensegel über der Vorfahrt und mit einem Portier; die Wohnung lag im siebenten Stock.

»Kommen Sie bitte rein, Mr. Ferris!«

Ferris war auf Elizabeth oder sogar auf den ihm unbekannten Ehemann eingestellt und wunderte sich daher über das sommersprossige, rothaarige Kind. Er hatte gewusst, dass Kinder da waren, doch irgendwie hatte er ihnen keinen Platz in seinem Denken gegönnt. Vor Überraschung trat er verlegen einen Schritt zurück.

»Sind Sie nicht Mr. Ferris?«, fragte das Kind höflich. »Ich bin Billy, und hier ist unsere Wohnung. Kommen Sie doch rein!«

Der Ehemann im Wohnzimmer jenseits des Flurs stellte eine zweite Überraschung dar: Auch ihn hatte er noch nicht gefühlsmäßig anerkannt. Bailey wa rein schwerfälliger rothaariger Mann von bedächtigem Wesen. Er erhob sich und hieß ihn mit ausgestreckter Hand willkommen.

»Bill Bailey. Freut mich, Sie kennenzulernen. Elizabeth kommt auch gleich. Sie zieht sich nur fertig an.«

Seine letzten Worte lösten eine Reihe vorbeifließender Bilder aus: Erinnerungen an frühere Jahre. Die hübsche Elizabeth vor ihrem Bad, rosig und nackt. Halb angekleidet vor dem Spiegel ihres Frisiertisches, das schöne kastanienbraune Haar bürstend. Süße, selbstverständliche Vertrautheit, liebliches weiches Fleisch in unangefochtenem Besitz. Ferris schrak zurück vor den unerbetenen Erinnerungen und zwang sich, Bill Baileys Blick zu begegnen.

»Billy, hole doch bitte das Tablett mit den Drinks vom Küchentisch!«

Der Junge gehorchte sofort, und als er gegangen war, bemerkte Ferris im Plauderton: »Sie haben einen netten Jungen!«

»Das finden wir auch.«

Ein flaues Schweigen, bis der Junge ein Tablett mit Gläsern und einen Cocktail-Shaker mit Martinis anbrachte. Unter dem Einfluss des Alkohols belebte sich die Unterhaltung: Sie sprachen von Russland, von der New Yorker Kritik und von der Wohnungsfrage in Manhattan und in Paris.

»Mr. Ferris fliegt morgen die ganze Strecke über den Atlantik«, sagte Bailey zu dem kleinen Jungen, der ruhig und brav auf der Armlehne seines Sessels thronte. »Sicher möchtest du als blinder Passagier in seinem Koffer mitreisen!«

Billy strich sich die schlaffen Haarsträhnen aus der Stirn.

»Ich möchte in einem Flugzeug fliegen und so ein Zeitungsmann wie Mr. Ferris sein.« Und sehr überzeugt schloss er plötzlich: »Ja, das möcht ich, wenn ich groß bin!«

Bailey entgegnete: »Ich dachte, du wolltest Arzt werden?«

»Will ich auch«, sagte Billy. »Ich möchte beides werden. Ich möchte auch Atomforscher werden.«

Elizabeth kam ins Zimmer, auf dem Arm ein kleines Mädchen. »O John!«, rief sie. Das Baby setzte sie dem Vater auf den Schoß. »Es ist fein, dich wiederzusehen! Ich freue mich schrecklich, dass du gekommen bist!«

Das kleine Mädchen saß artig auf Baileys Knien. Es trug ein rosa Crêpe-de-Chine-Kleidchen mit rosenrot gesmoktem Oberteil, dazu ein passendes seidenes Haarband, das die hellen weichen Locken zurückhielt. Die Haut war sommerlich gebräunt, und die braunen Augen waren goldgesprenkelt und lachten. Als es das Ärmchen ausstreckte und seines Vaters Hornbrille betastete, nahm er sie ab und ließ es einen Augenblick hindurchschauen. »Was macht mein Zuckerstengel?«

Elizabeth war wunderschön, vielleicht noch viel schöner, als ihm je zu Bewusstsein gekommen war. Ihr glattes, seidiges Haar schimmerte. Ihr Gesicht war sanfter, leuchtend und gelassen. Es war eine Madonnenschönheit, bedingt durch den häuslichen Kreis. »Du hast dich beinah gar nicht verändert«, sagte Elizabeth, »und doch ist es so lange her!«

»Acht Jahre sind's!« Seine Hand tastete verlegen über sein schütteres Haar, während sie weitere freundliche Redensarten wechselten.

Ferris empfand sich plötzlich als Zuschauer, als Eindringling bei diesen Baileys. Warum war er hergekommen? Er litt. Sein eigenes Leben erschien ihm so einsam, eine letzte morsche Säule inmittten der Trümmer seiner Lebensjahre, die nichts und niemanden stützte. Er glaubte es nicht mehr lange in dem Familienzimmer aushalten zu können.

Er sah auf seine Uhr. »Ihr geht also ins Theater?«

»Ja, es ist zu schade«, sagte Elizabeth, »aber wir hatten es schon vor mehr als einem Monat verabredet. Aber du, John – du wirst doch bestimmt eines Tages mal – in absehbarer Zeit – endgültig heimkommen? Du willst doch nicht ewig ein Heimatloser bleiben, nicht wahr?«

»Ein Heimatloser?«, wiederholte Ferris. »Das Wort gefällt mir nicht sehr.«

»Weißt du ein besseres?«, fragte sie.

Er dachte einen Augenblick nach. »Vielleicht würde ›Nomade‹ besser passen.«

Ferris blickte wieder auf seine Uhr, und Elizabeth entschuldigte sich noch einmal. »Wenn wir's nur rechtzeitig gewusst hätten …«

»Ich hatte nur diesen einen Tag für die Stadt. Ich musste unerwartet heimfahren. Papa ist nämlich vorige Woche gestorben.«

»Papa Ferris ist gestorben?«

»Ja, in der Johns-Hopkins-Klinik. Er hat fast ein Jahr dort gelegen. Die Beerdigung war zu Hause in Georgia.«

»Ach, wie leid mir das tut, John! Papa Ferris stand mir immer ganz besonders nahe.«

Der kleine Junge kam hinter dem Sessel hervor, um seiner Mutter ins Gesicht zu schauen. »Wer ist gestorben?«, fragte er. Ferris vergaß seine Umgebung: Er dachte an seinen toten Vater. Er sah wieder auf der gepolsterten Seide des Sarges den Leichnam liegen. Das Fleisch der Leiche war grotesk rosig geschminkt; die vertrauten Hände lagen gefaltet und wie versteinert auf einer Rosendekoration. Die Erinnerung versank, und Ferris vernahm Elizabeths gelassene Stimme.

»Mr. Ferris' Vater, Billy. Ein wirklich großartiger Mensch. Jemand, den du nicht kennst.«

»Aber warum hast du ihn *Papa* Ferris genannt?«

Bailey und Elizabeth sahen sich ratlos an. Dann antwortete Bailey auf die Frage des Kindes. »Vor langer Zeit waren deine Mutter und Mr. Ferris miteinander verheiratet«, sagte er. »Bevor du geboren wurdest. Es ist sehr lange her.«

»Mr. Ferris?«

Der kleine Junge starrte Ferris betroffen und ungläubig an. Und auch Ferris' Augen waren irgendwie ungläubig, als er den Blicken standhielt. War es wirklich wahr, dass er diese Fremde, Elizabeth, in Liebesnächten einst ›molliges Lämmchen‹ genannt hatte? Dass sie zusammen gelebt und an die tausend Tage und Nächte geteilt hatten, um schließlich im Jammer jäher Einsamkeit mit anzusehen, wie das Gespinst ihrer ehelichen Liebe Faser um Faser durch Eifersucht und Alkohol und Geldstreitigkeiten zerstört wurde?

Bailey sagte zu den Kindern: »Jetzt ist's aber Abendbrotzeit! Los, kommt mit!«

»Aber Daddy! Mama und Mr. Ferris … ich …«

Billys unablässiger Blick – verblüfft und ein wenig feindselig – erinnerte Ferris an die Blicke eines andern Kindes: an den kleinen Sohn von Jeannine, einen siebenjährigen Jungen mit verschattetem Gesicht und höckerigen Knien, den Ferris mied und meistens vergaß.

»Nun aber – marsch!« Bailey schob Billy sanft zur Tür. »Sag jetzt gute Nacht, Jungchen!«

»Gute Nacht, Mr. Ferris!« Schmollend fuhr er fort: »Ich hab gedacht, ich dürfte für den Kuchen aufbleiben?«

»Für den Kuchen darfst du nachher wiederkommen«, sagte Elizabeth. »Lauf jetzt schnell mit Daddy, und iss schön!«

Ferris und Elizabeth waren allein. Die seltsame Situation drückte lähmend auf die ersten stummen Augenblicke. Ferris bat um Erlaubnis, sich noch ein Glas einzuschenken, und Elizabeth stellte den Cocktail-Shaker auf das Tischchen neben Ferris. Er sah auf den Flügel und gewahrte die Noten auf dem Pult.

»Spielst du immer noch so schön wie früher?«

»Noch ebenso gern.«

»Bitte spiel, Elizabeth!«

Elizabeth erhob sich sofort. Ihre Bereitwilligkeit, vorzuspielen, wenn sie darum gebeten wurde, hatte stets zu ihren liebenswertesten Seiten gehört: Nie hatte sie Umstände gemacht, nie Ausreden vorgebracht. Als sie jetzt zum Flügel trat, kam noch der Wunsch hinzu, die Situation zu überbrücken.

Sie begann mit Bach, mit einem Präludium und Fuge. Das Präludium war so heiter irisierend wie ein Prisma in einem morgenhellen Raum. Die erste Stimme der Fuge kündigte sich rein und herausgelöst an, gesellte sich dann zu einer zweiten und wiederholte sich schließlich innerhalb eines kunstvollen Rahmenwerks: Die vielfältige Musik strömte breit und gelassen in ruhevoller Majestät dahin. Das Hauptthema wurde mit zwei andern Stimmen verflochten und durch zahllose Einfälle ausgeschmückt. Bald vorherrschend und bald zurücktretend, besaß es die edle Überlegenheit eines Einzelwesens, das sich vor der Einordnung in ein Ganzes nicht scheut. Vor dem Finale verdichtete sich die Klangfülle zu einer letzten Verherrlichung und Betonung des dominierenden ersten Motivs, und mit Akkorden einer endgültigen Bestätigung schloss die Fuge. Ferris hatte den Kopf gegen die Rückenlehne seines Sessels gelegt und die Augen geschlossen. Durch die folgende Stille tönte eine klare, helle Stimme aus dem Zimmer jenseits des Flurs: »Daddy, wieso konnten Mama und Mr. Ferris …« Eine Tür wurde zugemacht.

Der Flügel begann von neuem: Aber was für eine Musik war das? Beziehungslos und doch vertraut hatte die glasklare Melodie schlafend in seinem Herzen gelegen. Jetzt sprach sie ihm von einer andern Zeit, einem andern Ort: Es war die Musik, die Elizabeth immer gespielt hatte. Die zarte Melodie weckte einen Schwarm von Erinnerungen. Ferris versank in einem Aufruhr vergangener Sehnsüchte, Konflikte und widerspruchsvoller Begierden. Merkwürdig, dass die Musik, der Nährboden dieses zügellosen Tumults, so gelassen und klar war. Die liedhafte Melodie wurde durch das Erscheinen des Hausmädchens unterbrochen.

»Miss Bailey, das Essen steht jetzt auf dem Tisch!«

Selbst nachdem Ferris bei Tisch saß, zwischen Hausherrn und Hausfrau, trübte die unvollendete Musik noch seine Stimmung. Er war nicht mehr ganz nüchtern.

»*L'improvisation de la vie humaine*«, sagte er. »Nichts

bringt einem das Improvisierte des menschlichen Lebens so zu Bewusstsein wie ein unvollendetes Lied. Oder ein altes Adressbuch!«

»Ein Adressbuch?«, wiederholte Bailey, schwieg dann aber taktvoll und höflich.

»Du bist doch immer noch der Alte, Johnny«, sagte Elizabeth mit einem Hauch ihrer einstigen Zärtlichkeit.

Es war ein Südstaatenessen, das es heute Abend gab, und obendrein sein Lieblingsgericht. Zum Brathuhn und dem Maisauflauf gab es lecker braunglasierte Süßkartoffeln. Während der Mahlzeit, wenn die Pausen zu lang wurden, hielt Elizabeth ein Gespräch in Gang. So fügte es sich, dass Ferris etwas von Jeannine erzählte.

»Ich habe Jeannine im vergangenen Herbst – etwa vor einem Jahr – in Italien kennengelernt. Sie ist Sängerin und hatte in Rom ein Engagement. Ich glaube, wir heiraten bald.«

Die Worte schienen so wahr und unvermeidlich, dass Ferris sich die Lüge zuerst gar nicht eingestand. Er und Jeannine hatten überhaupt nicht von Heirat gesprochen. Sie war ja auch noch verheiratet – mit einem weißrussischen Geldwechsler in Paris, von dem sie seit fünf Jahren getrennt lebte. Doch es war zu spät, die Lüge zu berichtigen. Elizabeth rief bereits: »Oh, das freut mich aber! Herzlichen Glückwunsch, Johnny!«

Er versuchte sich der Wahrheit wieder zu nähern. »Der römische Herbst ist so schön. Voller Duft und Blüten!« Er schloss: »Jeannine hat einen kleinen Jungen, einen sechsjährigen. Ein komisch dreisprachiger kleiner Bursche. Manchmal gehen wir zu den Tuilerien.«

Wieder eine Lüge! Er hatte den Jungen ein einziges Mal in den Park mitgenommen. Der bleiche fremdländische Junge in kurzen Hosen, die seine staksigen Beine freiließen, hatte auf dem auszementierten Teich sein Schiffchen schwimmen lassen und war auf einem Pony geritten. Der Kleine wollte auch ins Kasperletheater gehen, doch dafür reichte die Zeit nicht, denn Ferris hatte eine Verabredung im Scribe-Hotel. Er hatte versprochen, an einem andern Nachmittag mit ihm zum Kasperle zu gehen. Nur das eine Mal hatte er Valentin zu den Tuilerien geführt.

Es entstand eine Unruhe. Das Mädchen brachte eine Torte mit weißem Guss und rosa Kerzen. Die Kinder erschienen im Schlafanzug. Ferris war noch immer nicht im Bilde.

»Herzlichen Glückwunsch zum Geburtstag, John!«, sagte Elizabeth. »Du darfst die Kerzen ausblasen!«

Ferris erinnerte sich an sein Geburtsdatum. Die Kerzen erloschen nur schwer, und es roch nach rauchenden Dochten. Ferris war achtunddreißig Jahre alt geworden. Die Adern an seinen Schläfen wurden sichtlich dunkler und pochten.

»Es wird Zeit, dass ihr ins Theater geht!«

Ferris dankte Elizabeth für das Geburtstagsmahl und verabschiedete sich auf die übliche Art. Die ganze Familie begleitete ihn bis an die Tür.

Ein schmaler Mond leuchtete hoch über den zackigen, düsteren Wolkenkratzern. Die Straßen waren zugig und kalt. Ferris eilte zur Third Avenue und winkte ein Taxi heran. Mit einer vorsätzlichen Aufmerksamkeit, wie man sie nur bei der Abreise oder beim endgültigen Abschied aufbringt, betrachtete er die nächtliche Stadt. Er war allein. Er sehnte sich nach der Stunde des Abflugs und nach der bevorstehenden Reise.

Am nächsten Tag blickte er aus der Luft auf die Stadt hinab, die im Sonnenlicht silbrig und spielzeugklein deutlich dalag. Dann blieb Amerika hinter ihm zurück, und nur der Atlantik war da und die ferne europäische Küste. Der Ozean lag milchig blass und still unter der Wolkendecke. Ferris schlummerte den größten Teil des Tages. Als die Dunkelheit anbrach, dachte er an Elizabeth und an den Besuch am Abend vorher. Mit Sehnsucht und leisem Neid und unerklärlicher Reue dachte er an Elizabeth inmitten ihrer Lieben. Er suchte nach der Melodie, nach der unvollendeten Weise, die ihn so aufgewühlt hatte. Der Rhythmus und ein paar unzusammenhängende Töne waren alles, was ihm geblieben war; die eigentliche Melodie entzog sich ihm. Stattdessen fand er die erste Stimme der Fuge, die Elizabeth gespielt hatte: Spöttisch versetzt und in Moll war sie wieder da. Über dem Ozean hangend, vermochten ihn die Ängste vor der Vergänglichkeit und Einsamkeit nicht länger zu beunruhigen, und mit Gleichmut dachte er an seines Vaters Tod. Während der Dinnerstunde erreichte das Flugzeug die französische Küste.

Um Mitternacht saß Ferris in einem Taxi und fuhr durch Paris. Es war eine bewölkte Nacht, und um die Laternen an der Place de la Concorde rankte sich der Nebel. Die mitternächtlichen Bistros glitzerten auf den nassen Bürgersteigen. Wie immer nach einem Transozeanflug, war der Wechsel von einem Kontinent zum andern zu jäh. Am

Morgen in New York, um Mitternacht in Paris. Blitzartig gewahrte Ferris das Ungeordnete seines Lebens; die rasche Folge von Städten, von flüchtigen Liebschaften; und die Zeit, das unheimliche *glissando* der Jahre, immer die Zeit!

»*Vite! Vite!*«, rief er voller Entsetzen. »*Dépêchez-vous!*«

Valentin machte ihm die Tür auf. Der Kleine trug einen Schlafanzug und einen zu klein gewordenen roten Morgenrock. Seine grauen Augen waren verschleiert, und als Ferris die Wohnung betrat, flackerten sie auf.

»*J'attends maman!*«

Jeannine sang in einem Nachtklub. Vor einer Stunde konnte sie nicht zu Hause sein. Valentin kehrte zu seiner Malerei zurück; mit seinen Buntstiften kauerte er über einem Blatt Papier auf dem Fußboden. Ferris sah auf die Zeichnung hinunter; es war ein Banjospieler, und wie auf den Witzstreifen stieg eine Blase mit Noten und Wellenlinien aus seinem Mund.

»Wir wollen wieder in die Tuilerien gehen!«

Der kleine Junge blickte auf, und Ferris zog ihn an sein Knie. Die Melodie, die unvollendete Weise, die Elizabeth gespielt hatte, fiel ihm plötzlich ein. Unvermutet war sie aufgetaucht und brachte ihm diesmal nur Wiedererkennen und Freude, während das Bedrückende der Erinnerung über Bord flog.

»Monsieur Jean«, fragte das Kind, »haben Sie ihn gesehen?«

Verwirrt dachte Ferris nur an das andere Kind – an den sommersprossigen, von seiner Familie geliebten Jungen. »Wen soll ich gesehen haben, Valentin?«

»Ihren toten Papa in Georgia.« Das Kind fügte hinzu: »War er okay?«

Ferris sprach rasch und eindringlich: »Wir wollen oft in die Tuilerien gehen. Ponyreiten und den Kasperle anschauen. Und zum Marionettentheater gehn und immer für alles Zeit haben.«

»Monsieur Jean«, sagte Valentin, »das Kasperletheater ist jetzt geschlossen.«

Wiederum Entsetzen, Erkenntnis vergeudeter Jahre und Tod. Valentin kuschelte sich noch in seine Arme, war anschmiegsam und zutraulich. Seine Wange berührte die weiche Kinderwange, und er spürte das Streicheln der feinen Wimpern. Voll innerer Verzweiflung presste er das Kind an sich – als ob ein so wandelbares Gefühl wie seine Liebe den Pulsschlag der Zeit beeinflussen könnte.

# Honig

Sie fiel mir gleich am ersten Tag auf, wie sie beim Mittagessen allein an einem Tisch saß und gedankenverloren mit beiden Händen darüberwischte, winzigkleine Krümel aufhäufte, sich in die eine Hand schaufelte und unter den Tisch fallen ließ. Wieder und wieder, dabei war bestimmt kein einziges Stäubchen mehr auf der Tischplatte.

Es machte mich nervös, ihr zuzusehen, gleichzeitig konnte ich nicht den Blick von ihr wenden, so fing es an.

Darf ich mich zu Ihnen setzen, oder möchten Sie lieber allein sein?

Sie sah auf. An ihrer Nasenspitze hatte sie einen kleinen Leberfleck. Ihr Mund war groß und weich, ihre Augen dunkel, die Haut darunter trocken.

Sie war älter, als ich aus der Entfernung angenommen hatte. Sie trug ein dunkelrotes, weites Kleid und eine buntbestickte indische Weste mit kleinen eingearbeiteten Spiegeln. Indienfahrerin, Poonapilgerin, Hippietante, dachte ich, eigentlich kann ich diese Sorte nicht ausstehen.

Sie strich sich das nussbraune Haar aus dem Gesicht, sah mich prüfend an.

Aber ich möchte nichts reden.

Gut, sagte ich, gerne. Wir reden ja schließlich den ganzen Tag.

Sie lächelte. Sie wusste bereits einiges über mich und ich nichts über sie. Noch nicht einmal ihren Namen.

Sie hatte sich in der Gruppe noch nicht vorgestellt, ich hatte mich gleich als Zweiter gemeldet, um es hinter mir zu haben. Ich nannte meinen Vornamen, Tomas ohne h, und meinen Beruf, Anästhesist in einem riesigen, städtischen Krankenhaus, das aussah wie ein Raumschiff. Manchmal hatte ich das Gefühl, das Personal, die Kranken und Sterbenden kreuzten durch den Weltraum auf einer absurden, nie enden wollenden Odyssee. In kurzen Zügen und so lakonisch wie möglich erzählte ich von meiner Scheidungsschlacht, dem erbitterten Kampf um meine beiden Kinder, meiner Einsamkeit ohne sie, meiner Angst vor dem Leben allein. Ich erwähnte mein Alkoholproblem, meine Potenzschwierigkeiten seit der Scheidung, ich brachte es sogar fertig, dass die Gruppe zwei-, dreimal lachte.

Mir hat Ihre Vorstellung gut gefallen, sagte sie.

Ich nickte dankend und beugte mich über meine Misosuppe und die Vollkornnudeln.

Sie holte ein Glas Honig aus einem Fellbeutel, schraubte es auf und aß, ohne abzusetzen, Löffel für Löffel, bis das Glas leer war. Sie wandte sich an einen jungen Mann mit Pferdeschwanz, als Angestellter des Therapiezentrums erkennbar an seinem T-Shirt mit großer gelber Sonne auf der Brust. Wo wird bei euch das Glas gesammelt, fragte sie ihn. Als der junge Mann zögerte, sagte sie streng: Wird bei euch der Müll nicht getrennt?

Doch, doch, stammelte er und nahm ihr Honigglas entgegen, um es, davon war ich überzeugt, in die nächstbeste Mülltonne zu werfen.

Italien, seufzte sie, hier sind die Leute der Meinung, dass man der Natur das Recht einräumen sollte, Selbstmord zu begehen, wenn sie es unbedingt will.

Ist das Sprechverbot aufgehoben?, fragte ich.

Sie machte eine vage Handbewegung. Sie wollen wissen, warum ich ein ganzes Glas Honig esse?

Zum Beispiel.

Ich bin sehr nervös, mein Körper verbrennt den Honig im Handumdrehen, ich brauche drei Gläser am Tag.

Das ist ja mehr als ein Pfund!

Ja.

Ein Pfund Honig?

Ja – wenn ich ihn nicht esse, werde ich verrückt.

Sie schaute aus dem kleinen Fenster, auf einen kleinen Ausschnitt toskanischer Landschaft samt Zypresse.

Was machen wir hier?, sagte sie traurig.

Wir lernen, uns selbst zu lieben.

Sie kicherte, ich lachte mit.

Ach ja, sagte sie, das hätte ich fast vergessen.

Ich hätte gern die Hand ausgestreckt und den kleinen Leberfleck an ihrer Nase berührt.


Nach einer Frau, die immer die falschen Männer kennenlernte, die sie dann verprügelten, und einem Mann, der an schwerer Psoriasis litt und sich deshalb nicht unter Menschen traute, kam sie dran.

Sie atmete tief ein und sah mich an.

Ich heiße Celia, sagte sie, ich bin Tiefbauingenieurin, Professorin an der technischen Universität in …, sie unterbrach sich, sah in die Runde, dann wieder zu mir. Nicht wichtig, murmelte sie und fuhr fort. Sie habe, bevor sie heiratete, drei Jahre lang den U-Bahn-Bau in Shanghai überwacht, dort fahre jetzt die gleiche U-Bahn wie in München; wenn nicht alle anderen Menschen im Abteil Chinesen wären, wäre man überzeugt, man sei in München, fügte sie lächelnd hinzu und verstummte.

Luise, die Therapeutin, die ich die gute Luise getauft hatte, weil sie dick und rund war wie die Birne gleichen Namens und gut roch, nickte Celia aufmunternd zu.

Ich bin hier, fuhr Celia leise fort, weil ich, weil ich … Sie gab sich einen Ruck. Ich habe zwei kleine Kinder, zwei und vier Jahre alt, und einen Mann, und ich glaube, ich werde verrückt.

Es entstand eine Pause, alle sahen sie erwartungsvoll an, aber Celia sprach nicht weiter. Als Luise schon einer abgemagerten Frau mit Stoppelhaarschnitt, die neben Celia saß, das Wort erteilen wollte, sagte Celia schnell: Von meiner Katze möchte ich gern noch erzählen. Darf ich?

Ohne eine Antwort abzuwarten, redete sie weiter, jetzt schneller und lauter, als hätte sie Angst, unterbrochen zu werden.

Eine Katze hat mir diesen Sommer das Leben gerettet, sagte sie. Ohne sie wäre ich aus dem Fenster gesprungen. Mein Mann, er ist ebenfalls Tiefbauingenieur, war den ganzen Sommer in Saudiarabien, die Kinder hatten erst Keuchhusten, dann Windpocken, ich hatte keinerlei Hilfe, vor Erschöpfung wurde ich so aggressiv zu den Kindern, dass ich mich im Badezimmer einschloss und auf ein zusammengeknülltes Handtuch einschlug, weil ich sonst die Kinder verprügelt hätte.

Eines Morgens, als ich die Pflanzen im Garten goss, miaute es leise unter einer Phloxstaude. Ein drei Wochen altes Kätzchen, schwarz mit weißen Pfoten. Die Kinder waren natürlich begeistert, aber ich wollte es nicht haben, nicht um alles in der Welt, ich kann den Geruch von Katzenpisse nicht ausstehen, ich mag es nicht, wenn sie einem vor Geilheit um die Beine streichen, ich hasse Katzen. Ich wollte es ins Tierheim bringen, aber dazu hätte ich die Kinder mitnehmen müssen, ich hätte sie ja nicht allein lassen können. Ich weiß nicht, ob Sie wissen, wie das ist, wenn man bei jedem Schritt, den man tut, zwei kleine Kinder mitschleppen muss.

Celia machte eine kleine Pause. Alle in der Gruppe, außer mir, hatten die Augen niedergeschlagen, keiner wollte ihre Katzengeschichte hören, stumm flehten sie Luise an, Celia zu unterbrechen oder wenigstens zu bitten, auf den Punkt zu kommen. Aber Luise tat nichts dergleichen.

Wissen Sie überhaupt, wie das ist?, fragte Celia wütend. Ich nickte ihr zu, aber sie beachtete mich nicht. Niemals allein sein? Keine Sekunde? Es ist, als würde ich von einem Tausend-Kilo-Gewicht zu Boden gezogen, jeden Tag aufs Neue, und ich hasse mich dafür, dass ich es nicht leichter nehmen kann. Ich bin nicht mehr der Mensch, der ich einmal war. Chefin des U-Bahn-Baus in Shanghai, das glaube ich ja selbst kaum mehr.

Sie lachte kurz auf. Ach ja, die Katze. Nur einen Tag behalten wir sie, dachte ich, dann bringe ich sie ins Tierheim. Als ich die Kinder ins Bett gebracht hatte und im Wohnzimmer in den Fernseher starrte – zu mehr ist man nämlich nach zwölf Stunden mit zwei kleinen Kindern nicht mehr imstande –, da kletterte die winzige Katze an meinem Hosenbein herauf in meinen Schoß. Ich hörte ihrem Schnurren zu und streichelte sie, stundenlang, meine Nerven entspannten sich, und ich wurde so ruhig wie schon lang nicht mehr.

Die Kinder nannten sie Leo, obwohl es eine Katze und kein Kater war, aber mit diesem Namen nahm sie unwiderruflich eine männliche Natur an. Leo wurde mein heimlicher Liebhaber. Den ganzen Tag freute ich mich auf unsere Stunden abends allein. Ich war regelrecht in ihn verliebt.

Sie lächelte.

Oh, ich habe über ihn geflucht, noch und noch, er war natürlich nicht stubenrein, er schiss überall hin, ekelhaft. Morgens, wenn ich in die Küche kam, wurde mir von dem Geruch schon übel. Später, als er schon nicht mehr lebte, habe ich noch Haufen unter dem Schrank gefunden.

Celia seufzte, sah auf. Langweile ich Sie?, fragte sie leise in die Runde. Nur ich allein schüttelte den Kopf, Luise sah Celia unbewegt an.

Jeden Morgen, sagte Celia zu mir, wenn ich die Küchentür öffnete, kam Leo angeschossen, trippelte unruhig hin und her, stieß seinen Kopf in die Büchse mit Katzenfutter, dass ich sie kaum auf seinem Teller ausleeren konnte, aber dann fing er nie an zu fressen, ohne sich noch einmal nach mir umzudrehen und seinen Kopf an meinem Bein zu reiben, als wolle er sich bedanken.

Die Kinder behandelten ihn schlecht, sie schleppten ihn an den Hinterbeinen herum, zogen ihm Puppenkleider an, setzten ihn in den Puppenwagen, warfen ihn durch die Luft – alles ließ er gleichmütig über sich ergehen, ganz genauso, wie ich die Kinder über mich ergehen ließ. Manchmal glaubte ich, Leo wechsle Blicke mit mir: Wann sind wir endlich allein?

Man wird ein bisschen verrückt, wenn man den ganzen Tag nur mit kleinen Kindern zusammen ist, ja, das wird man. Oder vielleicht nur ich. Ich sehe all diese anderen Mütter im Supermarkt, im Freibad, auf der Straße – sie wirken tatkräftig, gut organisiert, liebevoll, geduldig, kein bisschen verrückt. Ich bin keine gute Mutter. Wenn ich ehrlich bin, mochte ich Leo mehr als meine Kinder.

Celia sah in meine Richtung, ich erwiderte ihren Blick, aber sie sah durch mich hindurch.

Am 27. September, sprach sie hastig weiter, scheuchte ich ihn aus dem Haus, weil er immer wieder auf den Tisch gesprungen war, wo ich mit den Kindern einen Kuchenteig ausrollte. Beleidigt trollte er sich durch den Garten. Nur wenige Minuten später wurde ich plötzlich unruhig, lief zur Haustür und sah auf die Straße. Er lag in einer großen dunklen Pfütze, die aussah wie ausgelaufener Teer. Kein Tierarzt würde ihm mehr helfen können, das war klar.

Ich sperrte die Kinder ins Badezimmer, wo sie am wenigsten anrichten konnten, wütend kreischten sie hinter mir her.

Als ich mich neben Leo auf die Straße hockte, hob er schwach den Kopf, seine Flanken zitterten, Fliegen hockten bereits in großen Haufen auf seinen Wunden. Leo, verlass mich nicht, heulte ich, du kannst mich doch nicht ganz allein lassen! Wäre ich in dem Augenblick vor die Wahl zwischen Leo oder meinen Kindern gestellt worden, ich hätte mich für Leo entschieden, ob Sie's glauben oder nicht.

Sie lächelte ironisch.

Er konnte nicht sterben, das war das Schlimmste. Mit jedem seiner mühsamen Atemzüge spürte ich seine Qual am eigenen Körper. Ich wollte ihn umbringen, aber wie? Ich dachte daran, ihn mit einer Plastiktüte zu ersticken, mit einer Schaufel zu erschlagen, mit Haushaltschemikalien zu vergiften. Zu allem fehlte mir der Mut.

Aus dem Badezimmerfenster unseres Hauses drang das hysterische Brüllen meiner Kinder.

Stirb, Leo, flehte ich. Er atmete weiter. Immer weiter.

Okay, Leo, hör zu, sagte ich, ich werde etwas tun. Es wird dir weh tun, aber dann wird alles gut. Hörst du? Dann ist alles gut.

Er hob den Kopf, so weit er konnte, und rieb ihn ganz langsam einmal an meinem Arm.

Ich holte das Auto, drehte laut das Radio an – vor dem Geräusch fürchtete ich mich am meisten. Es gab diese Rundfunkwerbung: Gillette – für das Beste im Mann. Habe ich noch nie verstanden. Sie? Im Mann. Was soll das heißen? Jetzt kann ich diese blöde Werbung nie mehr hören, ohne an Leo zu denken. Es gab nur einen kleinen Holperer, sonst nichts. Tränenblind konnte ich kaum die Straße vor mir erkennen.

Ich brachte das Auto in die Garage, sah mich nicht mehr um. Es war Dienstagabend, Mittwoch früh kommt immer die Müllabfuhr.

Als ich die Badezimmertür aufschloss, stürzten sich die Kinder auf mich, tränenüberströmt klammerten sie sich an mich und schrien: Ich will wieder lieb sein! Sie zitterten vor Angst, ihre Gesichter waren puterrot und heiß. Lange,

lange konnten sie sich nicht beruhigen, selbst im Schlaf noch schluchzten sie alle paar Minuten auf.

Vielleicht werden sie eines Tages zu einem Therapeuten gehen, für viel Geld wird er sie nach ihren Kindheitserlebnissen befragen, und irgendwann wird dieser Nachmittag im Badezimmer zur Sprache kommen, dann wird alles klar sein, endlich! Die böse Mutter, die strafende Mutter, deren Zorn man nicht versteht. Und obwohl die Interpretation dieses Nachmittags falsch sein wird, wird die Analyse richtig sein: Ich bin keine gute Mutter. Am liebsten würde ich meine Kinder verlassen, wenn Sie's genau wissen wollen, ja, darauf läuft's hinaus, am liebsten würde ich gehen und wie eine Katze durchs Feld durch die Welt streifen. Allein.

Sie hob das Kinn und verstummte.

Danke, sagte Luise.

Der Mann mit der Hautkrankheit murmelte: Der 27. September dieses Jahres war kein Dienstag. Niemand beachtete ihn.

Niemand glaubt von sich, dass er ein guter Vater oder eine gute Mutter ist, sagte ich zu ihr beim Abendessen, obwohl uns Luise ausdrücklich verboten hatte, außerhalb der Sitzungen Dinge zu erwähnen, die innerhalb der Gruppe zur Sprache gekommen waren.

Celia sah mich zweifelnd an. Wieder löffelte sie ihren Honig und aß sonst nichts.

Oh, ich weiß nicht, sagte sie, ich kenne viele Leute, die sich als Eltern ganz prima finden.

Deren Kinder werden garantiert irgendwann anderer Meinung sein.

Sie lächelte mich an, ein warmes, weiches Lächeln, in

das ich mich gern eingewickelt hätte wie in eine Decke. In letzter Zeit hatten mich nicht gerade viele Frauen so angelächelt.

Wie können Sie nur ausschließlich von Honig leben?, fragte ich sie.

Oh, nein, ich esse auch anderes, ich hasse nur Vollwertküche, dieses germanische Körnerfressen, das ist alles.

Es soll da draußen wunderbare kleine Restaurants geben, sagte ich.

Sie schraubte ihr Honigglas zu.

Gehen wir, sagte sie und stand auf, vergiften wir uns ein bisschen. Sie lachte laut auf.

Die anderen sahen sich vorwurfsvoll nach uns um, als wir gingen, dann beugten sie sich wieder stumm über ihren braunen Reis.

Mir scheint, uns beiden fehlt für diese Therapieveranstaltung der nötige heilige Ernst, kicherte Celia nach wunderbaren hausgemachten Gnocchi, einem hauchzarten, fast papierdünnen Schnitzel, Erdbeeren mit Schlagsahne und zwei Flaschen Chianti Classico. Ihre Wangen waren gerötet, sie wirkte entspannt, ihre Augen leuchteten. Ich hatte das dringende Verlangen, ihr über den kleinen schwarzen Punkt auf der Nasenspitze zu streicheln, streckte schon die Hand aus, nahm aber nur ein paar Brotkrumen vom Tisch und baute aus ihnen eine kleine Mauer.

Das liegt daran, dass wir als Einzige in der Gruppe Kinder haben, sagte ich. Es gibt nur zwei Sorten von Menschen, die mit und die ohne Kinder. Und die einen verstehen die anderen nicht.

Celia nickte. Genau, sagte sie, wischte über den Tisch

und zerstörte meine kleine Mauer, Leute ohne Kinder wissen gar nicht, was wir durchmachen.

Und was wir aber auch alles von unseren Kindern bekommen, ergänzte ich.

Sie sah mich ernsthaft an, fegte die Krümel zu einem kleinen Häufchen in ihrer Hand zusammen. Na ja, murmelte sie.

Sie bestand darauf zu zahlen. Ich wehrte mich nach Kräften, aber ohne Erfolg. Mit kühlem Blick wedelte sie mit einer goldenen Kreditkarte. Ergeben Sie sich, Tomas, sagte sie.

Wir waren schon auf die Zufahrtsstraße zu dem alten Weingut, dem jetzigen Therapiezentrum, eingebogen, da hielt sie plötzlich an. Sie fuhr einen schnittigen kleinen Sportwagen, der, anders als mein Auto, die Spuren von Kindern wohltuend vermissen ließ. Keine zu Stein erstarrten Brezelstücke, verklebte Eistüten, angefressene, braune Apfelstücke auf dem Boden, keine nach verschüttetem Kakao milde vor sich hin stinkenden Kindersitze, nichts davon.

Müssen wir wirklich schon wieder zurück in unser Gefängnis?, fragte sie mich und sah mich dabei nicht an.

Oh, erwiderte ich zögernd, um meine freudige Überraschung nicht zu deutlich zu zeigen, wenn Ihnen noch etwas anderes einfällt, lasse ich vielleicht mit mir reden.

Etwas völlig Verrücktes fällt mir ein, sagte sie, danach werden Sie endgültig denken, ich spinne.

Das denke ich jetzt schon, sagte ich.

Sie lachte. Stimmt. Sonst wären wir nicht hier. Sie wandte sich mir zu. Wollen Sie wirklich sich selbst lieben?, fragte sie und zog angeekelt die Nase kraus, als ginge es darum, eine Ratte zu küssen oder Vanilleeis mit Senf essen zu müssen.

Na ja, sagte ich, wenn es sonst schon keiner tut.

Sie legte mir leicht die Hand auf die Schulter.


Ich sah zuerst überhaupt nichts außer der gigantischen Autobahnbrücke über uns, über die die lkws donnerten wie ein Gewitter. Verhaltenes Gekicher aus dem Gestrüpp vor uns war zu hören, italienisches Stimmengewirr, Wasserplanschen.

Kommen Sie, sagte Celia und nahm mich bei der Hand, kommen Sie. Sie führte mich durch dichtes Gestrüpp, immer noch konnte ich nichts erkennen.

So, sagte sie und blieb stehen, hier ziehen wir uns aus.

Kurz darauf sah ich ihren weißen bh aufscheinen wie einen nahen Mond.

Jetzt machen Sie schon, seien Sie nicht so zimperlich, kicherte sie.

Zögernd schälte ich mich aus Jeans und Hemd.

Beeilen Sie sich, mir wird kalt.

Sie nahm mich wieder bei der Hand, berührte mit ihrem Arm meine Seite.

Hey, Sie haben ja noch die Unterhose an.

Gehorsam zog ich auch die Unterhose aus.

Wir müssen uns gut merken, wo unsere Kleider liegen, sagte sie.

Ja, unter einem Busch irgendwo in Italien.

Sie ging nicht darauf ein, zog mich mit sich, wir tappten einen schmalen, glitschigen Pfad entlang, das Geplansche und Gekicher wurde lauter, undeutlich erkannte ich weiße

Felsen, Wasser, nackte Leiber im Scheinwerferlicht der Autos auf der Autobahn über uns, dann tappte ich bereits in eine Pfütze lauwarmen Wassers.

Vorsicht, sagte Celia, hier kann man leicht ausrutschen.

Sie führte mich weiter in die Pfütze, das Wasser wurde tiefer, sie ließ mich los und tauchte jauchzend hinein.

Ist das nicht herrlich?, rief sie.

Ich folgte ihr, strauchelte, platschte der Länge nach hin. Ein Mann schimpfte auf Italienisch. Scusi, stammelte ich in die Dunkelheit hinein, scusi.

Celia sah ich nicht mehr, dafür schimmerten unzählige Frauenkörper um mich herum auf wie plötzlich angestrahlte Marmorbüsten. Hilflos streckte ich die Hände nach ihnen aus. Celia, wo sind Sie?, rief ich.

Ich bin doch hier, sagte sie leise ganz dicht neben mir, nahm mich erneut an der Hand und watete mit mir bis zu einem Felsen, an den sie sich anlehnte und sich bis zum Hals ins Wasser rutschen ließ.

Ah, seufzte sie genießerisch.

Ich ließ mich neben ihr nieder und fühlte mich in der lauwarmen Brühe wie in einer bereits empfindlich abgekühlten Badewanne.

Woher kennen Sie diesen seltsamen Ort?, fragte ich sie.

Oh, erwiderte sie lapidar, ich war schon mal hier.

Im Therapiezentrum?

Sie schwieg kurz, dann sagte sie: Mit meinem Mann.

Mit Ihrem Mann im Therapiezentrum oder hier? Oder beides?

Mein Mann hasst Psychologen und alles, was damit zusammenhängt, sagte sie und lachte.

Das macht ihn mir sympathisch.

Er hält mich für überspannt.

Vielleicht hat er sich genau deshalb in Sie verliebt.

Sie planschte mit den Füßen.

Ehelicher Hass, sagte sie langsam. Kennen Sie das Gefühl? Es ist eine ganz besondere Art von Hass, die niemand versteht, der nicht verheiratet ist. Ich kann Mord in der Ehe gut verstehen, es wundert mich, dass er nicht öfter vorkommt. Aber das Schlimmste sind nicht die Mordabsichten selbst, sondern dass man Minuten später schon wieder über die Farbe des neuen Autos diskutiert, mit den Kindern streitet, miteinander schläft, fragt: Was möchtest du essen? Diese Inkonsequenz, das finde ich, ist eigentlich das Schlimmste.

Ich lachte. Sie finden, man solle lieber den geplanten Mord ausführen?

Sie seufzte. Man verträgt sich doch nicht wieder, weil man sich nicht mehr hasst, sondern weil einem einfach alles zu anstrengend wird. Geben Sie es doch zu.

Ich schwieg. Ein Lichtschein fiel über ihr Gesicht. Ihre nassen dunklen Haare kringelten sich auf ihrer Stirn, ihre Augen waren groß und schwarz, ihre Lippen halb geöffnet. Sie sah jung und begehrenswert aus.

Erzählen Sie mir von Ihren Potenzschwierigkeiten, flüsterte sie.

Wie bitte?

Ihr Gesicht versank wieder im Dunkel. Ja, Sie haben sie doch heute bei Ihrer Vorstellung erwähnt.

Ach so, sagte ich lahm.

Das interessiert mich sehr.

Warum?

Sie zögerte. Mein Mann, sagte sie schließlich. Es geht schon lange so, aber wir sprechen nicht darüber. Ich habe Angst, wenn ich ausspreche, dass es diese Schwierigkeiten wirklich gibt, werden sie uns nie mehr verlassen.

Der Mann ist ein empfindliches Wesen, sagte ich.

Ach so, sagte sie und lachte laut.

Haben Sie wirklich die U-Bahn in Shanghai gebaut?, fragte ich.

Nicht ich allein.

Aber Sie waren wirklich da?

Bezweifeln Sie das?

Nein, aber es wäre genug, um einem Mann Angst einzujagen.

O ja, die meisten Männer haben Angst vor mir.

Erzählen Sie mir von Shanghai, bat ich.

Es sieht ein bisschen aus wie Paris, sagte sie kurz angebunden.

Mehr, bat ich, erzählen Sie mir mehr.

Ich mag nicht, es macht mich traurig.

Sie schwieg. Ich legte ihr meine schon völlig aufgeweichte Hand auf den Arm, da drehte sie sich blitzschnell zu mir um und küsste mich ins Gesicht.

Sie zielte schlecht und traf mein Auge. Ich griff nach ihrem nassen Haarschwanz, bog ihren Kopf leicht nach hinten und küsste sie richtig. Sie schmeckte gut, frisch und süß wie ein Fruchtbonbon. Der Kuss dauerte lang. Mein Nacken wurde steif. Sie setzte sich auf mich.

Versteh mich nicht falsch, flüsterte sie, ich liebe meinen Mann trotzdem.

Sie presste erneut ihre Lippen auf meine, aber ihr Satz klang in meinem Körper nach wie ein Gong und verdarb mir den Spaß.

Mein Körper begann sich anzufühlen wie ein vollgesaugter Schwamm, und ich begann mir Gedanken zu machen über die Millionen von Bakterien, die sich in diesem warmen Wasser explosionsartig vermehren mussten.

Sie sagte: Schon gut. Ich verstehe. Stand auf und watete davon.

Ich hätte sie in diesem Moment gern gehen lassen, aber sie hatte das Auto, sie wusste hoffentlich, wo unsere Kleider waren, also stand ich ebenfalls auf und ging dicht hinter ihr her.

Sie stieg aus dem Wasser und ging auf schlickigen, rutschigen Pfaden in kleinen Schritten durch das dichte Gebüsch. Die Luft schien nach dem warmen Wasser eiskalt, und ich begann zu zittern, mein Körper schnurrte zusammen, ich fühlte mich mickrig, jämmerlich.

Den Blick auf einen fremden, weißen Frauenhintern geheftet, stolperte ich durch die Landschaft.

Waren wir auf dem Hinweg so lange gegangen? Ich konnte mich nicht mehr erinnern. Es schien mir, als drehten wir uns im Kreis. Wie das Szenario eines schlechten Fernsehfilms schossen mir Bilder durch den Kopf von einer Frau, die einen Mann in die Wildnis führt, um ihn dann grausam abzuschlachten; ich sah meinen erbärmlichen Körper am Boden liegen, sich krümmen wie ein Wurm, noch im Augenblick des Todes peinlich bemüht, mit den Händen seine Scham zu bedecken. Ein lächerlicher Mann, mutterseelenallein. So gefangen war ich in meinem kleinen

Drama, dass ich zusammenzuckte, als Celia plötzlich wütend ausrief: Ich weiß es einfach nicht mehr!

Was?

Du latschst hinter mir her, als wäre es allein meine Angelegenheit, unsere Klamotten wiederzufinden!

Du meinst, du weißt nicht mehr, wo sie sind?

Was soll dieser vorwurfsvolle Ton?

Es sollte nicht vorwurfsvoll klingen.

Ich bin nicht deine Frau.

Nein, sagte ich erschöpft, das bist du nicht.

Ich konnte ihr Gesicht nicht sehen, die Art des Streits, die Ermüdung, der aufkeimende Hass fühlten sich bekannt an, sie hätte genausogut wirklich meine Frau sein können.

Sie drückte ihren kalten Körper gegen meinen. Ich friere, sagte sie.

Wir irrten noch eine Weile umher, ohne unsere Kleider zu finden. Schließlich, als wir bereits mit den Zähnen klapperten, gingen wir zurück ins warme Wasser und legten uns bis zum Hals hinein.

Es war deutlich ruhiger als zuvor, nur noch vereinzelt hörte man Stimmen, Kichern, Planschen. In der Ferne wurden Autos angelassen.

Ich schloss die Augen, mein Körper begann sich aufzulösen wie ein Tropfen Tinte in einem Glas Wasser. Ein angenehmes und zugleich furchterregendes Gefühl wie beim Einsetzen einer Narkose. Ich konnte nicht mehr mit Sicherheit bestimmen, wo sich meine Gliedmaßen befanden, wo mein Körper anfing und endete. Ich fühlte, wie ich hin und her gespült wurde, ohne Willen, ohne Bewusstsein, es gab keinen Unterschied mehr zwischen mir und der einzelnen Zelle meines Körpers. Meine Gedanken waren nur noch Wolken, die am Himmel über mir vorüberzogen, ohne jeden Sinn, ohne Bedeutung. Ich konnte zusehen, wie sich mein Herz, ein samtiger roter Beutel, rhythmisch aufblähte und wieder zusammenfiel wie ein kleiner Blasebalg. Ich war glücklich und unglücklich zugleich. Minus eins plus eins, eine perfekte Gleichung, die mich in einem äußerst empfindlichen Gleichgewicht hielt, so dass ich den Atem anhielt, um es nicht zu stören.

Schsch, sagte sie, schsch. Nicht weinen … Warum weinst du denn so?

Sie bedeckte mein Gesicht mit klitzekleinen Küssen.

Erstaunt stellte ich fest, dass mir Tränen aus den Augen sprudelten wie aus Springbrunnen, tiefe Schluchzer kamen aus meinem Mund, mein Brustkorb hob und senkte sich wie nach einem Hundertmeterlauf.

Sie hielt mich unter Wasser in den Armen wie eine Meerjungfrau.

O Gott, stöhnte ich, ich vermisse meine Kinder.

Das verstehe ich, sagte sie leise, das verstehe ich gut.

Oft habe ich das Gefühl, sie sind noch da und ich bin derselbe Mann, der ich war: Ein hart arbeitender Familienvater, der seine Kinder wenig sieht, aber sie sind da, sie sind einfach immer da. So wie man als Kind wusste, dass die Eltern da sind, auch wenn man den ganzen Tag mit seinen Freunden unterwegs war. Und jetzt bin ich ein alleinstehender Mann. Dabei sehe ich meine Kinder vielleicht öfter als zuvor, ganz geregelt, jedes zweite Wochenende und die Hälfte aller Schulferien. Aber in ihren Augen erkenne ich, dass wir uns verloren haben, weil wir keinen Alltag mehr miteinander haben. Dabei habe ich diesen Alltag nie gemocht, er war wie ein großes Kissen, das ständig drohte, mich zu ersticken … Du hast Kinder, du weißt, was ich meine.

Ja, sagte sie, man sinnt ständig auf Flucht.

Aber dieser Alltag mit brüllenden, quengelnden, streitenden Kindern, fuhr ich fort, die mich von all dem abhalten, was ich lieber tun würde, ist wie ein Phantomschmerz, den ich ständig mit mir herumtrage, wenn ich lese, ins Kino gehe, ins Theater, in Kneipen, wenn ich all das tue, was ich nie tun konnte und jetzt nur deshalb tue, weil ich es nicht ertrage, allein in meiner Wohnung zu sein. Ich schluchzte hemmungslos wie ein kleines Kind, das sich das Knie aufgeschlagen hat.

Sie strich mir mit aufgequollenen Waschfrauenhänden besänftigend über den Rücken, wieder und wieder.

Eine Katze hilft, sagte sie schließlich ironisch.

Hör doch auf mit deiner blöden Katze, schrie ich, du hast doch keine Ahnung, du bist ja nicht allein!

Ich wand mich aus ihren Armen und setzte mich auf. Ich mag es nicht, wie du dich über deine Kinder beklagst, als stählen sie dir etwas, fügte ich leise hinzu. Ich war nicht sicher, ob sie mich gehört hatte.

Ein dünner Streifen Blau lag am Himmel über der Autobahnbrücke. Vage konnte ich jetzt gelbe, ausgewaschene Sandsteinfelsen im Wasser um uns herum erkennen, ein Birkenwäldchen, durch das wir auf der Suche nach unseren Kleidern geirrt waren, ihren Körper, ihr Gesicht. Sie sah müde aus. Vorsichtig berührte sie meinen Arm, und als ich nicht reagierte, stand sie auf und begann sich langsam und elegant vor dem immer heller werdenden Horizont zu bewegen wie in einem avantgardistischen Tanz.

Das machen die Menschen in China, bevor die Sonne aufgeht, sagte sie, sie nennen es Tai chi, es symbolisiert den Lebenskampf. Überall in den Städten stehen sie zu Hunderten auf den großen Plätzen, alte und junge. Im Winter ist es meist noch neblig, und wenn man nicht weiß, was sie dort tun, glaubt man, man träumt. Am Anfang war ich fest entschlossen, jeden Morgen vor Sonnenaufgang mitzuüben, aber ich hatte eine Bettdecke aus goldener Seide …

Ich sah ihr zu, und eine große Sehnsucht wuchs in mir wie eine Pflanze in Zeitrafferaufnahme. Ich wusste, jetzt war der Moment gekommen, Celia an der Hand zu nehmen, um mit ihr all die Dinge zu tun, die ein Mann zu tun hat, wenn eine nackte Frau bei Sonnenaufgang vor ihm tanzt, aber ich rührte mich nicht vom Fleck.

Sie beendete ihren Tanz, dann stieg sie aus dem Wasser und ging das kurze Stück durchs Gebüsch auf unsere Kleider zu, die jetzt deutlich zu sehen waren, und zog sich an.

Sie wartete im Auto auf mich und strich unsichtbare Krümel vom Beifahrersitz.

Ich bin sicher, du bist eine prima Mutter, sagte ich zu ihr, da bin ich ganz sicher. Etwas anderes fiel mir nicht ein. Sie zuckte die Achseln.

Schweigend fuhren wir zurück.


Als wir zusammen den Frühstücksraum betraten, hoben alle die Köpfe und sahen uns kopfschüttelnd an wie Teenager, die mal wieder zu spät nach Hause gekommen sind.

Wir setzten uns nicht zusammen an einen Tisch, aber bevor Celia ihr Honigglas aufschraubte, lächelte sie mir quer durch den Raum zu.

Sie sah übernächtigt aus, tiefe Schatten lagen unter ihren Augen, aber sie erschien mir attraktiver denn je, und ich glaubte sie mit einem Mal zu lieben.

Der schüchterne Mann mit der Hautkrankheit saß neben mir. Er stieß mich mit dem Ellenbogen an und zog vielsagend die Augenbrauen hoch.

Ich grinste blöd und bestätigte damit seine falsche Annahme, senkte den Kopf und löffelte das Müsli in mich hinein.

Obwohl Celia mir am nächsten Tag aus dem Weg ging, wurden wir sowohl von der Gruppe als auch von Luise als Paar behandelt. Wir wurden nebeneinander gesetzt, bei Übungen zu zweit automatisch einander zugeteilt. Celia ließ es reaktionslos über sich ergehen, verhielt sich mir gegenüber freundlich, neutral.

Sie atmete mit mir, sah mir minutenlang in die Augen und schickte mir Liebe und Selbstvertrauen, wie Luise es verlangte, sie fing mich auf, wenn ich mich mit geschlossenen Augen fallen lassen musste, sie spielte in Rollenspielen meine Frau, meine Kinder, meine Mutter, so wie ich ihren Mann, ihren Vater, ihre Kinder spielte, aber alle Versuche meinerseits, dort wieder anzuknüpfen, wo wir uns meiner Meinung nach in unserer Nacht im Wasser befunden hatten, wehrte sie ab.

Seltsam routiniert absolvierte sie alle therapeutischen Übungen. Sie wusste gleich, wie man mit Farbe Wut, Verlassenheit, Liebe, Vertrauen, Neid ausdrückte, während alle anderen noch schüchtern an ihren Stiften kauten, sie stand schon auf, um die Matten für Entspannungsübungen heranzuzerren, bevor Luise es noch ausgesprochen hatte, sie konnte auf Befehl lachen und weinen, während wir anderen stumm wie die Fische zusahen, sie erfand in den Rollenspielen ellenlange, ausgefeilte Hasstiraden gegen ihre Eltern, ihren Mann, sogar ihre Kinder, während wir anderen stotternd Wort an Wort fügten und uns vorkamen wie schlechte Schauspieler.

Ich kann nicht behaupten, dass ich lernte, mich selbst zu lieben.

In der letzten Sitzung, befragt nach unseren Erfahrungen, suchte ich Celias Blick, während ich darauf wartete, an die Reihe zu kommen, aber sie wich mir aus, starrte auf ihre Schuhspitzen.

Die wichtigste Erfahrung an diesem Wochenende fand für mich außerhalb des Therapiezentrums statt, sagte ich laut und klar in Celias Richtung – und mancher in der Gruppe grinste verstohlen –, aber leider war ich nicht imstande, die Gelegenheit beim Schopfe zu packen, von hier zu verschwinden und …

Und was?, fragte Luise spitz. Die Sonne auf ihrem T-Shirt sah zerknittert aus.

Und zu leben, beendete ich meinen Satz schwach.

Aha, sagte Luise trocken.

Celia sah mich nicht an. Als die Reihe an sie kam, sagte sie laut und klar: Ich kehre gestärkt nach Hause zurück, zurück zu meiner Familie, zu meinen Kindern, zu meinem Mann.

Wieder grinsten einige in sich hinein. Na klar, dachten sie, gestresste Hausfrau geht auf eine Therapiewoche in die Toskana, hat Affäre, prompt fühlt sie sich besser.

Ich habe hier gelernt, dass der Alltag, der mich manchmal droht zu ersticken wie ein dickes Kissen und vor dem ich mich fürchte, gleichzeitig auch das ist, was ich liebe.

Jetzt müsste Celia mich doch ansehen, mir ein Zeichen geben, schließlich benutzte sie meine eigenen Worte, aber als sie aufblickte, wanderte ihr Blick zu Luise, nicht zu mir. Mir ist hier bewusst geworden, dass ich ohne diesen Alltag nicht sein mag, fügte sie hinzu. Danke, Luise, danke.

Beim abschließenden Abendessen fehlte sie. Als ich schließlich Luise fragte, ob sie wisse, wo Celia sei, sah sie mich spöttisch an und sagte vieldeutig: Hat sie Ihnen denn nichts gesagt?

Die gute Luise war sie nicht, sichtlich genoss sie meine Verwirrung. Schließlich fuhr sie fort: Sie musste frühzeitig abreisen – wegen der Kinder.

Ich bedankte mich mit einem knappen Kopfnicken für die Auskunft, wollte mich abwenden, da griff Luise nach meinem Arm.

Es tut mir leid, sagte sie, dass dieses Wochenende Ihnen so wenig gebracht hat – aber Sie wollten sich ja partout nicht öffnen. Sie tätschelte meinen Arm, wie man einen Hund tätschelt. Das ist Ihr Problem. Das ist Ihr großes Problem. Sie sah mich bedauernd an.

Ich hatte große Lust, sie zu würgen.

Gut, sagte ich mit zusammengebissenen Zähnen, dann öffne ich mich jetzt.

Luise zog erstaunt die Augenbrauen hoch.

Können Sie mir Celias Adresse geben?

Sie schüttelte den Kopf. Tut mir leid, sagte sie, das fällt unter meine Schweigepflicht.

Bitte. Es könnte lebenswichtig für mich sein. Bitte.

Ich sah sie so offen an, wie ich nur konnte, fasste ihre leicht feuchte Hand, um meiner Bitte Nachdruck zu verleihen, aber abermals schüttelte sie den Kopf.

Celia hat mich ausdrücklich gebeten, weder ihre Adresse noch Telefonnummer weiterzugeben.

Ich ließ ihre Hand fallen wie einen Waschlappen, ging auf mein Zimmer, packte meine Tasche, setzte mich ins Auto, schob die Talking Heads in den Kassettenrekorder und fuhr zur Autostrada.

Als ich mit einhundertachtzig über eine der vielen Autobahnbrücken raste, hatte ich das sichere Gefühl, Celia schwimme unter mir im warmen Wasser der Quellen und das Licht der Scheinwerfer meines Autos husche hell über ihr Gesicht, so dass ich für den Bruchteil einer Sekunde den kleinen Leberfleck auf ihrer Nase erkennen konnte.

Meine Recherchen gaben mir etwas zu tun, sie wurden zu meiner ausschließlichen Freizeitbeschäftigung an den vielen Tagen, an denen ich meine Kinder nicht hatte. Ich telefonierte, schrieb Briefe, schließlich fuhr ich sogar nach München und sprach mit dem Leiter des Münchner U-Bahn-Referats, einem dicken, gemütlichen Mann mit schwarzgefärbten Haaren. Ja, das Münchner U-Bahn-Konzept sei zwar nach Shanghai verkauft worden, erzählte er mir, aber noch lange nicht im Bau. Eine Tiefbauingenieurin namens

Celia wollte ihm beim besten Willen nicht einfallen, das täte ihm leid. Erst als ich den Honig erwähnte, leuchteten seine Augen auf.

Das muss unsere Biene Maja sein, lachte er, Frau Professor Neumann von der TU. Sie wird die Biene Maja genannt, weil sie ständig Honig isst, selbst in den Vorlesungen.

Im Vorlesungssaal setzte ich mich in die allerletzte Reihe und erkannte sie kaum, als sie hereinkam. Sie trug ein strenges Schneiderkostüm in Dunkelblau, die Haare kunstvoll hoch auf dem Kopf aufgetürmt wie ein kompliziert gebautes Nest. Sie sprach schnell, laut und selbstbewusst, während sie lange Formeln an die Tafel kritzelte.

Ich saß so weit weg, dass ich mir nicht sicher war, ob sie tatsächlich dieselbe Frau war, die ich meinte zu kennen, bis sie einen Studenten für eine Übung an die Tafel rief, zu ihrer Tasche ging, hineingriff und ein Honigglas und einen Löffel herausholte.

Die Studenten begannen zu summen, bis man das Gefühl hatte, ein wütender Bienenschwarm ziehe durch den Raum. Sie grinste, schraubte das Glas auf und begann in aller Ruhe zu essen. Löffel für Löffel.

In einigem Abstand folgte ich ihr nach Hause. Ich hatte Angst, sie anzusprechen, weil ich fürchtete, sie würde sich einfach umdrehen und in die Menschenmenge flüchten wie ein Reh in den Wald. Ihr weißes Hinterteil fiel mir ein, während ich ihrem straffen blauen Rock folgte, ihren energischen Beinen in glänzenden Seidenstrümpfen, ihren Pumps, klack, klack, klack, bis zu einem eleganten Altbau mitten in Schwabing, vor dem sie stehen blieb, in ihrer Handtasche wühlte, den Schlüssel herauszog.

Es wunderte mich, dass sie hier offensichtlich wohnte, hatte sie nicht etwas von einem Garten erzählt, in dem sie Leo, die Katze, gefunden hatte?

Als sie sich umdrehte, um aufzuschließen, fiel ihr Blick über mich, aber sie erkannte mich nicht. Auch ich sah anders aus als in der Toskana, in Anzug und Mantel, mit geputzten Schuhen, seriös, effektiv, stabil.

Ich wartete, bis eine alte Frau mit Dackel aufschloss, tat so, als hätte ich gerade geklingelt, ging mit ihr hinein, hielt ihr noch die Tür auf.

Sie sah mich wohlgefällig an, später, als sie mich dabei beobachtete, wie ich dicht an alle Namensschilder an den Türen herantrat, um sie lesen zu können, wurde ihre Miene misstrauisch.

Wohin wollen Sie denn?, fragte sie schließlich scharf. Der Hund sah mich aufmerksam an.

Zu Frau Neumann.

Frau Professor Neumann, verbesserte sie mich. Vierter Stock, links.

Frau und Hund verschwanden in ihrer Wohnung, nicht ohne mich vorher beide noch einmal streng von Kopf bis Fuß zu mustern.

Vor Celias Wohnung setzte ich mich auf die Treppe und wartete auf einen mutigen Moment. Aus einer Wohnung drang leise klassische Musik. Irgendwo heulte ein kleines Kind. Ein ganz bestimmter Muskel in meinem Inneren, ich nenne ihn den Elternmuskel, zog sich reflexartig und schmerzhaft zusammen und entspannte sich erst wieder, als mein Gehirn ihm die Botschaft übermittelte, es sei nicht mein Kind, das da heulte.

Ich stellte mir Celia hinter der Tür vor, wie sie gerade in Windeseile aus ihrem Kostüm in alte Hosen und ein T-Shirt schlüpfte, gleichzeitig ihren Mann und die Kinder küsste, mit einer Hand schon das Abendessen vorbereitete, mit der anderen Spielzeug aus der Küche räumte, mit der dritten telefonierte, mit der vierten einer Puppe einen Schuh anzog, mit der fünften sich die braunen Haare aus der Stirn strich und mit der sechsten schließlich Krümel vom Tisch fegte.

Ich musste lächeln, gleichzeitig spürte ich mit nie zuvor dagewesener Klarheit, was mir in jeder Faser meines Körpers fehlte, seit ich ein Mann ohne Familie war: das Chaos. Das ständige, überwältigende Chaos eines Familienlebens, das einen so wunderbar-schrecklich von sich selbst ablenkt. Schließlich freute ich mich auf dieses unvermeidliche Chaos in Celias Wohnung so sehr, dass es mir gleichgültig war, wie ihr Mann reagieren würde, ich war bereits davon überzeugt, dass er öffnen und mich stumm anstarren würde.

Sie hatte sich die Haare gewaschen, trug einen schneeweißen Bademantel und ein Handtuch auf dem Kopf, wie Frauen in amerikanischen Filmen. Sie sah mich misstrauisch an, kniff die Augen zusammen, aber noch bevor ich etwas sagen konnte, winkte sie mich wortlos herein.

Ihre Wohnung roch schwach nach Rosen. Sie ging voran ins Wohnzimmer, einen mit Antiquitäten elegant eingerichteten Salon mit cremefarbenen Stofftapeten. Nirgendwo verstreute Legosteine, keine Sticker und Buntstiftkritzeleien an den Wänden, keine Spur von Chaos, noch nicht einmal das kleinste Staubkörnchen auf den glänzend polierten Möbeln. In einem Käfig saßen zwei exotisch aussehende Vögel.

Setz dich, sagte sie und deutete auf einen mit weißem Chintz bezogenen Sessel.

Stille umgab uns wie dichter Nebel. Warum war mir nicht aufgefallen, dass aus ihrer Wohnung nicht das kleinste Geräusch gedrungen war?

Kaffee? Tee?

Ich nickte verwirrt.

Was denn nun? Ihre Stimme klang ungeduldig.

Hast du etwas Alkoholisches?, fragte ich. Sie gab mir einen Cognac in einem edlen Glas, warf ein großes Samtkissen auf den hellbeigen Teppichboden und setzte sich im Schneidersitz drauf. Tja, sagte sie und spielte mit dem Gürtel ihres Bademantels.

Heißt du vielleicht auch noch anders?, fragte ich.

Cornelia, sagte sie schnell.

Cornelia, wiederholte ich, aha.

Wir schwiegen. Ich schwenkte mein Cognacglas. Eine graue Katze kam um die Ecke, sah mich missbilligend an, ging dann auf Celia zu – für mich war sie noch Celia und nicht Cornelia – und stieg in ihren Schoß.

Leo?, fragte ich.

Nein, sagte sie, *die* Geschichte stimmt. Bis auf die Kinder im Badezimmer natürlich.

Natürlich, sagte ich.

Ja, sagte sie. Böse?

Böse? Nein.

Enttäuscht?

Ich weiß nicht, sagte ich. Ich wusste es wirklich nicht. Kein U-Bahn-Bau in Shanghai, sagte ich.

Doch, wahrscheinlich in drei Jahren. Sie streckte ihren Arm aus und berührte mein Knie.

Hey, sagte sie, jetzt guck doch nicht so.

Sie sah mich forschend an. Der kleine Leberfleck auf ihrer Nase war immerhin noch da, das empfand ich als beruhigend. Sie lachte.

Ich mache das oft. Ich war schon auf Therapiewochenenden in Portugal, in der Karibik, in Spanien, im Allgäu.

Immer als verheiratete Frau mit zwei Kindern?

Sie zuckte die Achseln und wischte ein paar Flusen vom Samtkissen.

Manchmal bin ich auch geschieden, oder mein Mann ist gerade gestorben. Wenn ich dann nach Hause komme, bin ich heilfroh, dass die Geschichte nicht meine Geschichte ist. All der Schmerz …

Sie lächelte mich an.

Ich wollte auch, meine Geschichte wäre nicht meine, sagte ich, und obwohl ich mich bemüht hatte, meiner Stimme einen ironischen Anstrich zu geben, klang sie bitter und voller Selbstmitleid.

Tja, sagte sie abermals und schlang die Arme um die Knie.

Es gab nichts mehr zu sagen. Einer der beiden Vögel gab einen kurzen, unangenehm schrillen Schrei von sich. Sie stand auf und steckte ihren Finger durch die Käfigstäbe, der Vogel hackte auf ihren Finger ein, sie murmelte Koseworte wie zu einem Baby.

Ich stellte das Cognacglas ab und richtete mich auf, um

aufzustehen und zu gehen, da drehte sie sich zu mir um, nahm das Handtuch vom Kopf, ihre nassen Haare fielen wie kleine schwarze Schlangen heraus und über ihr Gesicht. Sie öffnete den Bademantel.

Ich erkannte ihren Körper wieder wie ein verlorengeglaubtes Souvenir an glückliche Tage, und wie ein Schlafwandler bewegte ich mich jetzt auf sie zu und küsste ihre Brüste.

Nur wenige Sekunden später sah ich mir zu, wie ich mit ihr auf dem beigefarbenen teuren Teppichboden lag, mein nackter Hintern sich rhythmisch hob und senkte, die Hose in den Kniekehlen, die Schuhe eilig abgestreift, die Socken verrutscht. Mitleidig betrachtete ich von oben meine Anstrengungen, die Vögel legten die Köpfe schief, die Katze blinzelte und gähnte.

Celia biss die Zähne zusammen und knurrte, als versuche sie, ein großes Möbelstück zu bewegen, jeden Muskel ihres Körpers spannte sie an, schließlich schrie sie auf wie der Vogel zuvor, hoch und kurz, dann erschlaffte ihr Körper unter mir wie eine Luftmatratze, aus der die Luft gelassen wird.

Sie richtete sich auf. Sorry, sagte sie, ich war vielleicht ein bisschen schnell. Sie lächelte, zog die Nase kraus, dass der Punkt an ihrer Nasenspitze sich bewegte.

Macht nichts, sagte ich schwach und zog meine Hose hoch. Sie band ihren Bademantel wieder zu, stand auf und ging aus dem Zimmer.

Ich ließ mich in den Sessel fallen, er stöhnte unter mir auf, der Stoff meiner Hose raschelte, dann war wieder alles still. Die Vögel sahen mich streng an.

Nichts als ein paar Druckspuren im Teppich deutete auf

die Geschehnisse vor wenigen Minuten hin. Ich sah zu, wie sich die Teppichhaare langsam wieder aufrichteten, und dann war alles bereits Erinnerung.

Sie kam mit einem Honigglas und einem Löffel in der Hand zurück.

Mund auf, sagte sie, und bevor ich noch recht drauf gefasst war, füllte die zähe, gelbe Flüssigkeit bereits meinen Gaumen, drang in jeden Spalt, jeden Winkel meines Inneren und überdeckte jede andere Wahrnehmung mit einer überwältigenden, entsetzlichen Süße.

# Wie ich eines schönen Morgens im April das 100%ige Mädchen sah

Eines schönen Morgens im April komme ich auf einer kleinen Seitenstraße in Harajuku an dem 100%igen Mädchen vorbei.

Ehrlich gesagt, ist sie nicht besonders hübsch. Sie ist weder besonders auffällig, noch ist sie schick gekleidet. Ihre Haare sind hinten vom Schlaf verlegen. Sie ist nicht mehr jung. So an die dreißig wird sie sein, nicht eigentlich ein Mädchen. Aber trotzdem weiß ich schon aus fünfzig Meter Entfernung: Sie ist für mich das 100%ige Mädchen. Bei ihrem Anblick dröhnt es in meiner Brust, und mein Mund ist trocken wie eine Wüste.

Vielleicht gibt es einen bestimmten Typ Mädchen, der dir gefällt, mit schmalen Fesseln zum Beispiel oder großen Augen, vielleicht stehst du auf schöne Finger oder fühlst dich, warum auch immer, von Mädchen angezogen, die sich beim Essen viel Zeit lassen. Dieses Gefühl meine ich. Auch ich habe natürlich meine Vorlieben. Manchmal ertappe ich mich dabei, wie ich im Restaurant gebannt auf die Nase des Mädchens am Nachbartisch starre.

Aber den Typ des 100%igen Mädchens kann keiner definieren. An die Form ihrer Nase kann ich mich gar nicht erinnern. Ich weiß noch nicht einmal mehr, ob sie überhaupt eine hatte. Ich weiß nur, dass sie keine nennenswerte Schönheit war. Irgendwie seltsam.

»Gestern kam ich an dem 100%igen Mädchen vorbei«, erzähle ich jemandem.

»Hm«, antwortet er, »war sie hübsch?«

»Nein, das nicht.«

»Also dein Typ.«

»Ich weiß es nicht mehr. Ich erinnere mich an nichts. Weder an die Form ihrer Augen noch daran, ob sie große oder kleine Brüste hatte.«

»Das ist sonderbar.«

»Ja, es ist sonderbar.«

»Na und«, sagt er scheinbar gelangweilt, »hast du was gemacht? Hast du sie angesprochen, oder bist du ihr nachgelaufen?«

»Nein, nichts. Ich bin einfach an ihr vorbeigegangen.«

Sie ging von Osten nach Westen, ich von Westen nach Osten. An einem besonders schönen Morgen im April.

Ich möchte mit ihr sprechen, und wenn nur für eine halbe Stunde. Ich möchte von ihrem Leben erfahren und ihr von meinem erzählen. Mehr als alles andere aber möchte ich die Umstände des Schicksals klären, das uns an einem schönen Morgen im April neunzehnhunderteinundachtzig in einer kleinen Seitenstraße in Harajuku aneinander vorbeigeführt hat. Bestimmt birgt es wohlige Geheimnisse, so wie eine alte Maschine aus friedlichen Zeiten.

Nachdem wir uns unterhalten hätten, würden wir irgendwo zu Mittag essen, einen Woody-Allen-Film sehen oder an einer Hotelbar einen Cocktail trinken. Wenn alles gut ginge, würde ich später vielleicht mit ihr schlafen.

Die Chance pocht an die Tür meines Herzens.

Nur noch 15 Meter liegen zwischen ihr und mir.

Also, wie soll ich sie ansprechen?

»Guten Tag. Würdest du dich kurz mit mir unterhalten? Nur eine halbe Stunde.«

Das klingt ziemlich albern. Wie ein Versicherungsvertreter. »Entschuldigung, gibt es hier in der Nähe eine 24-Stunden-Reinigung?«

Das ist genauso albern. Ich habe noch nicht einmal einen Wäschesack. Wer würde mir so etwas abnehmen?

Vielleicht sollte ich sie ganz offen ansprechen. »Hallo. Du bist für mich das 100%ige Mädchen.«

Nein, Quatsch. Das wird sie bestimmt nicht glauben. Und wenn, wird sie sich kaum mit mir unterhalten wollen. Ich mag für dich das 100%ige Mädchen sein, wird sie vielleicht antworten, aber du bist für mich leider nicht der 100%ige Mann. Das ist ziemlich wahrscheinlich. Und in einer solchen Situation käme ich bestimmt furchtbar durcheinander. Von einem solchen Schock würde ich mich vielleicht nie wieder erholen. Ich bin schon zweiunddreißig. So also fühlt es sich an, alt zu werden.

Vor dem Blumenladen gehe ich an ihr vorbei. Ein warmer Luftzug streift meine Haut. Der Asphalt ist mit Wasser besprengt, und ringsum verbreitet sich Rosenduft. Ich kann sie nicht ansprechen. Sie trägt einen weißen Pullover und hält einen weißen Umschlag in der rechten Hand, noch ohne Briefmarken. Sie hat jemandem einen Brief geschrieben. Ihre Augen wirken sehr müde, vielleicht hat sie die ganze Nacht geschrieben. Und vielleicht enthält dieser Umschlag alle ihre Geheimnisse. Als ich mich nach einigen Schritten umdrehe, ist ihre Gestalt bereits in der Menschenmenge verschwunden.

Jetzt weiß ich natürlich genau, wie ich sie damals hätte ansprechen müssen. Es wäre bestimmt lang geworden, und ich hätte nicht die richtigen Worte gefunden. Mir fällt nie etwas Brauchbares ein.

Jedenfalls beginnt es mit »vor langer, langer Zeit« und endet mit »eine traurige Geschichte, findest du nicht?«.

Vor langer, langer Zeit waren einmal ein Junge und ein Mädchen. Der Junge war achtzehn, das Mädchen sechzehn Jahre alt. Der Junge sieht nicht besonders gut aus, und auch das Mädchen ist nicht besonders hübsch. Ein einsamer und gewöhnlicher Junge und ein einsames und gewöhnliches Mädchen, wie man sie überall findet. Doch glauben sie fest daran, dass es irgendwo auf dieser Welt ein Mädchen oder einen Jungen gibt, der 100%ig zu ihnen passt. Ja, sie glaubten an ein Wunder. Und dieses Wunder geschah.

Eines Tages begegnen sich die beiden zufällig an einer Straßenecke.

»Unglaublich«, sagt der Junge zu dem Mädchen, »ich habe dich schon die ganze Zeit gesucht! Ob du's glaubst oder nicht, du bist für mich das 100%ige Mädchen.«

Und das Mädchen erwidert: »Und du bist für mich der 100%ige Junge. Genau wie ich ihn mir vorgestellt habe. Es ist wie im Traum.«

Die beiden setzen sich auf eine Parkbank, halten sich an den Händen und reden in einem fort, ohne dass ihnen langweilig wird. Sie sind nicht mehr einsam. Sie haben ihren

100%igen Partner gefunden und sind von ihm gefunden worden. Seinen 100%igen Partner zu finden und von ihm gefunden zu werden ist etwas ganz Außerordentliches. Ein Wunder des Kosmos.

Aber ihre Herzen durchfährt ein kleiner, ganz kleiner Zweifel. Durfte ihr Traum so einfach in Erfüllung gehen?

Als das Gespräch einmal abbricht, sagt der Junge:

»Wir wollen uns nur einmal noch auf die Probe stellen. Wenn wir wirklich 100%ig füreinander geschaffen sind, werden wir uns bestimmt irgendwann irgendwo wiederbegegnen. Beim nächsten Mal wissen wir, dass wir 100%ig füreinander bestimmt sind, und wollen sofort heiraten. Einverstanden?«

»Einverstanden«, antwortet das Mädchen.

Und so trennten sie sich. Nach Westen und nach Osten.

Doch es war in Wirklichkeit vollkommen unnötig, das Schicksal auf die Probe zu stellen. Sie hätten es nicht tun dürfen. Sie waren wirklich 100%ig füreinander bestimmt. Ihre Liebe war ein Wunder. Da sie aber noch zu jung waren, konnten sie es nicht wissen. Und so wurden sie von der immerwährenden, unbarmherzigen Welle des Schicksals fortgerissen.

Eines Tages im Winter erkrankten beide an einer in jenem Jahr grassierenden schweren Grippe. Wochenlang schwebten sie zwischen Leben und Tod, und als sie wieder genesen waren, war ihr Gedächtnis an ihr früheres Leben ausgelöscht. Wie soll ich es sagen, als sie wieder aufwachten, waren ihre Köpfe so leergefegt wie die Spardose des jungen D. H. Lawrence.

Aber da er ein intelligenter und ausdauernder Junge und

sie ein intelligentes und ausdauerndes Mädchen war, scheuten sie keine Mühe, erwarben von neuem Bewusstsein und Gefühle und kehrten erfolgreich in die Gesellschaft zurück. Ja, bei Gott, sie waren richtig ordentliche Bürger. Sie wussten, wie man in der U-Bahn korrekt umsteigt und wie man bei der Post einen Eilbrief aufgibt. Sie liebten auch, mal 75 %, mal 85 %.

Der Junge war zweiunddreißig, das Mädchen war dreißig geworden. Die Zeit war im Fluge vergangen.

Und eines schönen Morgens im April geht der Junge von Westen nach Osten durch eine kleine Seitenstraße in Harajuku, um einen Kaffee zu trinken, und das Mädchen geht, um Briefmarken für einen Eilbrief zu kaufen, dieselbe Straße von Osten nach Westen. In der Mitte der Straße kommen sie aneinander vorbei. Für einen Moment blitzt der schwache Schein verlorener Erinnerung in ihren Herzen auf. Es dröhnt in ihrer Brust. Und sie wissen.

Sie ist für mich das 100%ige Mädchen. Er ist für mich der 100%ige Junge.

Aber der Schein ihrer Erinnerung ist zu schwach, ihre Sprache besitzt nicht mehr die gleiche Klarheit wie vor vierzehn Jahren. Beide gehen, ohne ein Wort zu sagen, aneinander vorbei und verschwinden in der Menge. Auf immer. Eine traurige Geschichte, findest du nicht?

Ich weiß, so hätte ich sie ansprechen müssen.

# Im Frühling

Wenn die ersten schönen Tage kommen und die Erde zu neuem Leben erwacht, wenn die laue Luft unser Gesicht streift, in die Lungen eindringt und bis an das Herz zu rühren scheint, keimt in uns die Hoffnung auf ein nie gekanntes Glück: Wir möchten die Tage durchschwärmen, die Fernen erwandern, Abenteuer erleben und dabei den ganzen Frühling in uns einsaugen.

Da der Winter streng und lang gewesen war, bis gegen Mitte Mai, so brach dieser Rausch umso plötzlicher und heftiger aus mir hervor.

Eines Morgens, beim Aufwachen, erblickte ich durch mein Fenster, über die Nachbarhäuser hinweg, das weite blaue Feld des sonndurchstrahlten Himmels. Vor den Fenstern sangen die Kanarienvögel wie besessen; in allen Etagen trällerten die Kindermädchen, und von der Straße drang ein fröhlicher Lärm herauf. Festlich gestimmt verließ ich das Haus, um wohin zu kommen? und was zu erleben?

Alle Menschen, die mir begegneten, sahen fröhlich aus; einen Freudenschrei, ein heißes Himmelslicht hatte der wiedererwachte Frühling der Welt gebracht. Die Stadt lag wie von Liebe überflossen; und die jungen Frauen, die in ihren Morgenkleidern vorübergingen, Zärtlichkeit in den Augen, Anmut im Gang, machten mir heftiges Herzklopfen.

Ohne Ziel streifte ich umher und stand plötzlich am Seineufer. Dampfboote fuhren nach Suresnes hinunter. Kaum sah ich sie, so packte mich eine unbändige Lust, draußen in den Wäldern herumzustreifen.

Das Deck der »Mouche« wimmelte von Ausflüglern. Die erste Sonne hatte sie hervorgelockt. Nun schauten sie in die Runde, gingen auf und ab oder plauderten mit den Nachbarn.

Neben mir saß ein junges Mädchen; es war offenbar eine kleine Arbeiterin, von echt Pariser Anmut, mit einem reizenden blonden Köpfchen und Locken an den Schläfen; ihr Blondhaar floss wie gekraustes Licht zu den Ohren hin, lief, dort vom Luftzug berührt, auf den Nacken hinunter und endete in einen Flaum, so blond, so fein, so verschwebend leicht – dass ein Kuss auf diese Stelle – tausend Küsse auf diese Stelle nicht genügt haben würden, um mein Verlangen zu stillen.

Da ich sie beharrlich ansah, wandte sie den Kopf her, senkte aber sogleich die Augen, wobei ein kaum sichtbares Grübchen, ein Lächeln, das entstehen will und noch nicht entsteht, in ihren Mundwinkeln erschien. Und auch das Grübchen am Munde hatte jenen feinen und seidigen Flaum, und ein Sonnenschimmer von Goldstaub lag darauf.

Der Fluss wurde breiter. Eine heiße Freude hing in der Luft, ein pulsendes Leben füllte den Raum.

Meine Nachbarin hob die Augen, und diesmal, da ich sie lange ansah, lächelte sie deutlich. Sie war so reizend, und in ihrem flüchtigen Blick wurden mir tausend Geheimnisse offenbar, die mir bislang verborgen gewesen waren. Ich sah in unerschlossene Gründe der Seele, in den dichten Zauberwald der Leidenschaften und der Poesie, von denen wir immer träumen, und erkannte das Glück, nach dem ich so lange ohne Unterlass gesucht hatte. Und mich ergriff das unbezwingbare Verlangen, sie in meine Arme zu nehmen, sie irgendwohin zu tragen und ihr die zartesten und köstlichsten Liebesworte ins Ohr zu hauchen.

Eben war ich im Begriff, sie anzusprechen, als jemand meine Schulter berührte. Ich drehte mich überrascht um; vor mir stand ein alltäglich aussehender Mann, weder jung noch alt, und sah mich mit trübseliger Miene an.

»Ich muss Sie sprechen«, murmelte er.

Da ich ein abweisendes Gesicht machte, fügte er hinzu: »Es ist wichtig.«

Ich erhob mich und folgte ihm an die andere Bordseite.

»Mein Herr«, begann er, »wenn der Winter mit seiner Kälte herannaht und Regen und Schnee bringt, dann sagt Ihnen Ihr Arzt Tag für Tag: ›Halten Sie die Füße warm, denken Sie an Erkältungen, an Schnupfen, an Hals- und Brustfellentzündungen.‹ Darauf suchen Sie vorzubeugen, Sie ziehen Flanellwäsche an, dickes Unterzeug, hohe Stiefel, was Sie indessen nicht unbedingt davor schützt, dass Sie zwei Monate im Bett verbringen müssen. Aber wenn der Frühling mit Laub und Blumen wiederkehrt, mit seinen warmen und erschlaffenden Düften, dem Atem der Wiesen, der Ihnen eine leicht zu übersehende Unruhe, eine völlig grundlose Rührung zuträgt, dann ist niemand da, der zu Ihnen kommt und Ihnen sagt: ›Mein Herr, nehmen Sie sich vor der Liebe in Acht! Sie liegt jetzt überall im Hinterhalt; sie lauert in allen Winkeln; ihre Arglist stellt Ihnen Fallen; ihre Messer sind schon gewetzt; ihre ganze teuflische Ge-

meinheit ist im Anzuge! Hüten Sie sich vor der Liebe! ...
Hüten Sie sich vor ihr! Sie ist gefährlicher als ein Schnupfen
und als eine Hals- und Brustfellentzündung! In der warmen Jahreszeit verführt sie alle Welt zu Streichen, die in
der kälteren nicht wiedergutzumachen sind. Sie gibt keinen
Pardon!‹ Mein Herr, ich bin der Meinung, dass die Regierung in jedem Jahr weit sichtbare Aufrufe an den Mauern
anbringen lassen sollte, die so lauten: ›Der Frühling ist da.
Bürger Frankreichs, hütet euch vor der Liebe‹; genauso,
wie man an die Haustüren schreibt: ›Achtung, frisch gestrichen!‹ – Da nun aber die Regierung versagt, trete ich an
ihre Stelle und rufe Ihnen zu: Hüten Sie sich vor der Liebe;
da sie im Begriff ist, Sie zu packen, so sehe ich es als meine
Pflicht an, Sie im letzten Augenblick zu warnen; vielleicht
wissen Sie, dass man in Russland dazu verpflichtet ist, einen
Begegnenden darauf aufmerksam zu machen, dass ihm die
Nase zu erfrieren beginnt.«

Ich stand höchst erstaunt vor diesem seltsamen Fremden und sagte dann von oben herab zu ihm: »Mein Herr,
es kommt mir so vor, als mischten Sie sich in Dinge, die Sie
nichts angehen.«

Er machte eine heftige Bewegung und antwortete: »O
mein Herr! Mein Herr! Wenn Sie bemerken, dass ein
Mensch an einer gefährlichen Stelle schwimmt – dürfen Sie
schweigen? Dürfen Sie ihn zugrunde gehen lassen? Geben
Sie acht, und hören Sie meine Geschichte; Sie werden alsdann begreifen, warum ich gewagt habe, so zu Ihnen zu
sprechen.

Es war vor einem Jahre, um diese Zeit. Vielleicht darf
ich Ihnen vorher noch mitteilen, dass ich Beamter im Ma-

rineministerium bin, in dem unsre Vorgesetzten, die Kommissare, sich von ihren Federfuchser-Offizierstressen so verblenden lassen, dass sie uns wie Kulis behandeln. – Ach, dass doch alle Vorgesetzten Zivilisten wären! Nun, ich schweife ab. – Also ich entdeckte eines Tages von meinem Büro aus einen kleinen tiefblauen Zipfel vom Himmel, über den die Schwalben dahinflogen; und mich ergriff die Lust, mitten zwischen meinen traurigen Mappen einen Tanz aufzuführen.

Mein Freiheitsdrang wuchs derartig, dass ich trotz des Widerwillens, den ich gegen ihn hege, zum Alten ging. Es ist ein kleiner, allzeit aufgebrachter Brummbär. Ich meldete mich bei ihm krank. Er fühlte mir auf den Zahn und knurrte dann: ›Ich glaube Ihnen nicht, mein Herr. Scheren Sie sich weg! Bilden Sie sich aber nicht ein, dass sich ein Büro mit solchen Beamten in Ordnung halten lässt!‹

Ich drückte mich also und lief zur Seine hinunter. Es war ein Wetter wie heute. Ich bestieg die ›Mouche‹, um eine Fahrt nach Saint-Cloud zu machen.

O mein Herr, dass mir der Vorgesetzte damals den Urlaub doch verweigert hätte!

Mir war, als ob sich mein Herz unter der Sonne weitete. Alles begeisterte mich, das Dampfboot, die Ufer, die Bäume, die Häuser, die Mitfahrenden ringsum, alles. Ich hätte etwas umarmen mögen und wusste nicht was: Das war die Liebe, die bereits ihre Schlingen aufgestellt hatte.

Am Trocadéro stieg also eine junge Dame zu; sie trug ein Päckchen in der Hand und nahm mir gegenüber Platz.

Sie war reizend, o ja, mein Herr; es ist unbegreiflich, wie die Frauen sich beim guten Wetter, im ersten Frühling verschönern! Sie bekommen dann etwas Berauschendes, ja Bestrickendes, mit einem Wort: ein ganz besonderes Etwas. Als ob Sie Wein auf Käse trinken, nebenbei gesagt.

Ich sah sie an, sie erwiderte meine Blicke – aber nur von Zeit zu Zeit, genau wie die Ihre es vorhin gemacht hat. Dann, nach einer gehörigen Anstandspause, war ich der Meinung, dass wir uns genug kannten, um eine Unterhaltung zu beginnen; kurz, ich sprach sie an. Sie plauderte mit mir. Sie war nett in allem, o ja! Sie brachte mich bald in Hitze, mein werter Herr! In Saint-Cloud stieg sie aus – und ich ihr nach. – Sie hatte eine Bestellung zu machen. Als sie zurückkam, war das Boot abgefahren. Ich begleitete sie, und die würzige Luft nahm uns so mit, dass wir zu seufzen anfingen.

›Im Wald wird es am schönsten sein‹, sagte ich zu ihr.

Sie antwortete: ›O ja!‹

›Wollen wir dorthin einen Spaziergang machen, mein Fräulein?‹

Sie blitzte mich von unten herauf mit einem raschen Blick an, als wollte sie abschätzen, was ich mit ihr vorhätte; dann, nach kurzem Zaudern, nahm sie an. Und nun ging es nebeneinander unter den Bäumen hin. Unter dem noch nicht geschlossenen Laubdach stand das hohe, dichte, leuchtend grüne, wie vom Grün gefirniste Gras vom Sonnenschein übergossen da. Lauter verliebte Lebewesen schwebten umher, und von überall erklang das Gezwitscher der Vögel. Meine Begleiterin ließ sich von dem Duft des Waldes berauschen, bald begann sie zu rennen und zu springen. Und ich, ich rannte hinter ihr drein und machte Sprünge wie sie. Wie ist man doch manchmal blöd, mein Herr!

Darauf sang sie allerlei Lieder, Opernarien, das Lied der Musette! Das Lied der Musette!, wie poetisch fand ich es damals! ... Ich weinte beinah. Lauter Narrenpossen, die uns den Verstand vernebeln; heiraten Sie um Gottes willen nie eine Frau, die da draußen auf dem Lande zu singen anfängt, und auf keinen Fall eine, die das Lied der Musette singt!

Später wurde sie müde und setzte sich an eine Grasböschung. Und ich ließ mich zu ihren Füßen nieder und nahm ihre Hände in die meinen, die schmalen Fingerchen, die von Nadelstichen gesprenkelt waren; und diese Stiche rührten mich tief. Ich dachte: ›Dies sind die heiligen Male der Arbeit.‹ – Ha, mein Herr, ahnen Sie auch nur, was diese ›heiligen Male der Arbeit‹ Ihnen erzählen könnten? – Klatsch der Werkstätten, getuschelte Zoten, verlorene Reinheit, gemeines Geschwätz, erbärmliche Angewohnheiten, Beschränktheit und Einbildung in einem – das alles bringt Ihnen eine zu, die an ihren Fingerspitzen die ›heiligen Male der Arbeit‹ trägt.

Alsdann sahen wir einander lange in die Augen.

Oh, das Frauenauge, welch eine Zaubergewalt liegt darin! Wie es einen verwirrt, an sich zieht, in Besitz nimmt und beherrscht! Wie es weltenweit erscheint, voll von Versprechungen, voll von Unendlichem! Man nennt das: sich bis auf den Grund der Seele schauen! O mein Herr, welch eine Aufschneiderei! Wenn man nur zeitig genug in diese sogenannte Seele schauen könnte, man würde geheilt sein, wahrhaftig.

Schließlich war ich so weit, nämlich verrückt. Ich wollte sie in meine Arme ziehen. Sie aber rief: ›Weg die Pfoten!‹

Darauf kniete ich vor ihr nieder und öffnete ihr mein

Herz; ich breitete vor ihren Knien mein ganzes Sehnen aus, all das da drinnen, an dem ich fast erstickt war. Sie schien sich über mein verändertes Verhalten zu wundern und betrachtete mich mit einem Seitenblick, als ob sie zu sich selber sagte: Aha, so muss man also mit dir umspringen; schön, wir werden weitersehen.

In der Liebe, mein Herr, sind wir immer die Verschwender, und die Frauen die Händlerinnen.

Ich hätte sie besitzen können, ohne Zweifel; ich habe meine Dummheit später begriffen, aber was ich damals begehrte, das war ja gar nicht das; es war die ideale Liebe; ich hatte in Empfindungen geschwelgt, wo ich meine Zeit besser hätte ausnutzen sollen.

Als sie dann von meinen Beteuerungen genug hatte, stand sie auf; wir kehrten nach Saint-Cloud zurück. Wir haben uns erst in Paris getrennt. Auf der Heimfahrt machte sie ein niedergeschlagenes Gesicht. Ich fragte sie, was ihr fehlte. Sie antwortete: ›Ich denke daran, dass es Tage gibt, von denen man nicht viele in seinem Leben geschenkt bekommt.‹ – Mein Herz schlug mir bei dem Sprüchlein, als wollte es zerspringen.

Wir trafen uns am folgenden Sonntag wieder, auch den Sonntag danach, und dann alle weiteren Sonntage. Ich führte sie nach Bougival, Saint-Germain, Maisons-Laffitte, Poissy – überallhin, wo die Liebespaare der Bannmeile auftauchen.

Das kleine Weibsbild war jetzt ›auf Draht‹ und machte in ›leidenschaftlich‹.

Ich verlor schließlich vollständig den Kopf. Drei Monate später heiratete ich sie.

Was wollen Sie, mein Herr, man ist Beamter, steht allein, ohne Familie, ohne jemand, der einem einen Rat gibt! Man stellt sich vor, dass das Leben mit einer Frau wunderbar sein wird! Und also heiratet man diese Frau da!

Dann aber schimpft sie vom Morgen bis zum Abend, versteht nichts, kann nichts, schwätzt fortwährend, singt aus vollem Halse das Lied der Musette (oh, das Lied der Musette, ein unausstehlicher Schmarren!), schlägt sich mit dem Kohlenträger, erzählt den Pförtnersleuten vertrauliche Familienangelegenheiten, vertraut dem Kindermädchen des Nachbarn Bettgeheimnisse an, reißt ihren Mann vor den Lieferanten herunter und hat, mein Herr, dabei den Kopf gespickt voll von so stupiden Geschichten, von so blödsinnigen Einbildungen, von so lächerlichen Ansichten, von so ungeheuerlichen Vorurteilen, dass ich vor Kleinmut anfange zu heulen, sobald sie nur den Mund aufmacht.«

Er verstummte, etwas außer Atem und sehr erregt. Ich sah ihn an. Da sich in mir das Mitleid mit diesem armen Einfaltspinsel rührte, sagte ich ihm noch rasch ein paar nette Worte. Gleich darauf legte das Boot an. Wir waren in Saint-Cloud.

Das junge Mädchen, das mein Herz in Flammen gesetzt hatte, erhob sich, um an Land zu gehen. Sie kam dicht an mir vorbei und blitzte mich mit einem verstohlenen Lächeln an, einem Lächeln, zum Verrücktwerden herrlich; dann sprang sie auf den Anleger hinüber.

Ich stürzte vor, um ihr zu folgen, aber mein Nachbar hielt mich am Ärmel fest. Ich riss mich mit einem kräftigen Ruck los; er packte mich an den Schößen meines Überrockes und zog mich rückwärts, wobei er fortwährend wiederholte:

»Sie sollen ihr nicht folgen! Sie sollen ihr nicht folgen!«, und zwar mit so lauter Stimme, dass alle Leute herschauten. Ringsum brach ein Gelächter los, und ich stand starr, rasend vor Wut, von dem lächerlichen Auftritt wie gelähmt da und rührte mich nicht vom Fleck.

Das Dampfboot fuhr wieder ab.

Das junge Mädchen, das auf dem Anleger stehen geblieben war, sah mich mit einer enttäuschten Miene davonfahren, während der Kerl hinter mir sich die Hände rieb und mir ins Ohr flüsterte:

»Lassen Sie es gut sein. Ich habe Ihnen soeben einen ganz gewaltigen Dienst erwiesen.«

# Liebe in der Nacht

I

Die Worte erregten Val. Sie waren ihm irgendwann während des frischen, goldenen Aprilnachmittags in den Sinn gekommen, und in Gedanken wiederholte er sie immer wieder: »Liebe in der Nacht; Liebe in der Nacht.« Er probierte sie in drei Sprachen aus – Russisch, Englisch und Französisch – und entschied sich für Englisch. In jeder Sprache bedeuteten die Worte eine andere Art von Liebe und eine andere Art von Nacht, und die englische Nacht kam ihm am wärmsten und weichsten vor, mit dem dünnsten und kristallensten Sternenschimmer. Die englische Liebe kam ihm am zerbrechlichsten und romantischsten vor – ein weißes Kleid und darüber ein verwischtes Gesicht mit Augen wie Brunnen aus Licht. Und wenn ich hinzufüge, dass die Nacht, die ihm solche Gedanken eingab, schließlich und endlich eine französische Nacht war, wird mir klar, dass ich weiter ausholen und mit dem Anfang beginnen muss.

Val war halb Russe und halb Amerikaner. Seine Mutter war die Tochter jenes Morris Hasylton, der 1892 die Weltausstellung in Chicago mitfinanziert hatte, und sein Vater war – sehen Sie ruhig im Gotha von 1910 nach – Fürst Paul Sergej Boris Rostow, Sohn des Fürsten Vladimir Rostow,

Enkel eines Großherzogs – genannt Sergej mit dem kantigen Kinn – und Cousin des Zaren um drei Ecken. Man sieht, auf dieser Seite war alles ziemlich eindrucksvoll, Stadtpalais in Sankt Petersburg, Jagdhütte in der Nähe von Riga und eine dicke, fette Villa, fast schon ein Palast, mit Blick auf das Mittelmeer. In dieser Villa in Cannes verbrachten die Rostows den Winter, und Fürstin Rostow hätte es nicht besonders amüsant gefunden, daran erinnert zu werden, dass diese Villa an der Riviera, vom Marmorspringbrunnen – nach Bernini – bis zu den vergoldeten Likörgläsern – nach dem Abendessen – mit amerikanischem Geld gekauft worden war.

Die Russen waren in der ausgelassenen Zeit vor dem Krieg besonders fröhlich. Von den drei Völkern, denen Südfrankreich als Lustgarten diente, waren sie dasjenige, dessen hochherrschaftliches Auftreten am natürlichsten wirkte. Die Engländer waren zu pragmatisch, die Amerikaner waren zwar freigebig, besaßen aber keine romantische Tradition. Die Russen hingegen – ein Volk, das sich so ritterlich benahm wie die Südländer und außerdem noch reich war! Wenn die Rostows gegen Ende Januar in Cannes eintrafen, bestellten die Restaurants telegraphisch in nördlicheren Regionen die Lieblingsetiketten des Fürsten, um sie auf ihre Champagnerflaschen zu kleben, und die Juweliere legten unvorstellbar prachtvolle Schmuckstücke beiseite, um sie ihm zu zeigen (aber nicht der Fürstin), und die russisch-orthodoxe Kirche wurde für die Feiertage gekehrt und geschmückt, damit der Fürst orthodoxe Vergebung für seine Sünden erbitten konnte. Sogar das Mittelmeer war so entgegenkommend, an den Frühlingsabenden die Farbe dunklen Weins anzunehmen, und Fischerboote mit rot-kehlchenfarbenen Segeln schaukelten entzückend vor dem Ufer.

Undeutlich war Val bewusst, dass all das für ihn und seine Familie geschah. Die kleine weiße Stadt am Wasser, in der er die Freiheit hatte, zu tun, was ihm gefiel, weil er reich und jung war und das Blut Peters des Großen indigoblau in seinen Adern rann, war das Paradies der Privilegierten. Im Jahr 1914, in dem diese Geschichte beginnt, war er erst siebzehn Jahre alt, doch er hatte bereits ein Duell mit einem vier Jahre älteren jungen Mann ausgetragen und besaß als Beweis eine kleine haarlose Narbe oben auf seinem schönen Kopf.

Doch Liebe in der Nacht war das, was ihm am Herzen lag. Es war ein schemenhafter schöner Traum, etwas, was ihm eines Tages widerfahren würde, einzigartig und un-vergleichlich. Er hätte nicht mehr darüber sagen können, als dass ein bezauberndes, unbekanntes Mädchen darin vorkam und dass sich alles unter dem Mond der Riviera abzuspielen hatte.

Das Merkwürdige an dem Ganzen war nicht, dass er in der erregten und zugleich beinahe spirituellen Hoffnung auf eine Romanze lebte, denn solche Hoffnungen unter-halten alle Knaben, die nur eine Spur Phantasie besitzen, sondern dass sie ihm tatsächlich widerfuhr. Und als es ge-schah, war es so unerwartet, so ein Gewirr aus Eindrücken und Gefühlen und eigenartigen Wendungen, die ihm auf die Lippen gerieten, aus Anblicken und Tönen und Au-genblicken, die sich ereigneten und im nächsten Moment vorbei waren, vergangen waren, dass er kaum begriff, wie ihm geschah. Vielleicht war es gerade das Unfassbare, das die Begebenheit in sein Herz einprägte, so dass er sie nie vergessen konnte.

In jenem Frühling sprach alles um ihn herum von Liebe; da waren die zahlreichen und indiskreten Liebschaften seines Vaters, die Val partiell zu Ohren kamen, wenn er zufällig das Gerede der Dienstboten hörte, und definitiv, als er eines Nachmittags seine amerikanische Mutter dabei überraschte, dass sie dem Porträt seines Vaters an der Wand des Salons eine hysterische Szene machte. Auf dem Porträt trug sein Vater eine weiße Uniform mit einem pelzbesetzten Dolman und erwiderte den Blick seiner Frau unbeeindruckt, als wollte er sagen: »Meine Liebe, hattest du dir etwa eingebildet, in eine Familie von Betbrüdern eingeheiratet zu haben?«

Val entfernte sich auf Zehenspitzen, überrascht, verwirrt – und erregt. Es hatte ihn nicht schockiert, wie es einen amerikanischen Jungen seines Alters schockiert hätte. Seit Jahren wusste er, wie das Leben der Reichen in Europa beschaffen war, und seinem Vater warf er nur vor, dass er seine Mutter zum Weinen gebracht hatte.

Um ihn herum war alles Liebe, vorwurfslose Liebe genauso wie verbotene Liebe. Als er um neun Uhr die Seepromenade entlangspazierte und die Sterne so hell strahlten, dass sie mit den hellen Lampen wetteiferten, spürte er die Liebe ringsum. Von den Caféterrassen mit den fröhlichen Kleidern frisch aus Paris drang der würzige Geruch von Blumen, Chartreuse, frischem schwarzem Kaffee und Zigaretten, und damit vermischt nahm er einen anderen Duft wahr, den rätselhaften Duft der Liebe. Hände berührten juwelenblitzende Hände auf weißen Tischen. Fröhliche Kleider und weiße Hemdbrüste wogten, und Streichhölzer wurden ein wenig zittrig an langsam Feuer fangende Zigaretten gehalten. Jenseits des Boulevards schlenderten unter den schattigen Bäumen weniger vornehme Liebende, junge Franzosen, die in den Läden von Cannes arbeiteten, mit ihren Bräuten, doch in diese Richtung blickten Vals junge Augen seltener. Der Luxus der Musik, der bunten Farben und leisen Stimmen, all das gehörte zu seinem Traum. All das war der unerlässliche Dekor der Liebe in der Nacht.

Doch Val begann sich allmählich unglücklich zu fühlen, auch wenn er sich größte Mühe gab, das großspurige Gehabe zur Schau zu stellen, das von einem jungen russischen Adeligen erwartet wurde, der allein unterwegs war. Die Aprildämmerung hatte die Märzdämmerung abgelöst, die Saison war fast vorbei, und er hatte bisher keine Verwendung für die warmen Frühlingsabende gefunden. Die Sechzehn- und Siebzehnjährigen aus seinem Bekanntenkreis wurden von der Dämmerung bis zum Schlafengehen streng beaufsichtigt – vergessen wir nicht, es war die Zeit vor dem Krieg –, und die anderen Mädchen, die ihn gerne begleitet hätten, sprachen seiner romantischen Sehnsucht Hohn. So verging der April – eine Woche, zwei Wochen, drei Wochen …

Er hatte bis um sieben Uhr Tennis gespielt und eine weitere Stunde auf dem Tennisplatz vertrödelt, und es war halb neun geworden, als ein müder Droschkengaul den Hügel meisterte, auf dem die Fassade der Rostow-Villa leuchtete. In der Auffahrt funkelten die gelben Scheinwerfer der Limousine seiner Mutter; die Fürstin trat aus der hell erleuchteten Haustür und knöpfte ihre Handschuhe zu. Val warf dem Droschkenkutscher zwei Franc zu und ging zu seiner Mutter, um sie auf die Wange zu küssen.

»Berühr mich nicht«, sagte sie abwehrend. »Du hast Geld angefasst.«

»Aber nicht mit dem Mund, Mutter«, wandte er scherzhaft ein.

Die Fürstin sah ihn ungehalten an.

»Ich bin verärgert«, sagte sie. »Warum musst du dich ausgerechnet heute so verspäten? Wir sind zum Abendessen auf eine Yacht eingeladen, und die Einladung galt auch für dich.«

»Was für eine Yacht?«

»Amerikaner.« Ihre Stimme klang immer leicht ironisch, wenn sie ihr Herkunftsland erwähnte. Ihr Amerika war das Chicago der neunziger Jahre, und in ihrer Vorstellung war es noch immer eine riesige Wohnung über einem Metzgerladen. Selbst die Verfehlungen Fürst Pauls waren kein zu hoher Preis für ihr Entkommen.

»Zwei Yachten«, fuhr sie fort, »und wir wissen nicht, welche die richtige ist. Die Einladung war sehr ungenau. Ausgesprochen schlechte Manieren.«

Amerikaner. Vals Mutter hatte ihrem Sohn beigebracht, Amerikaner mit Geringschätzung zu betrachten, aber es war ihr nicht gelungen, ihn davon zu überzeugen. Amerikanische Männer behandelten einen nicht wie Luft, auch wenn man erst siebzehn war. Val mochte Amerikaner. Er fühlte sich zwar durchaus als Russe, aber nicht lupenrein; das genaue Mengenverhältnis betrug wie das einer berühmten Seife neunundneunzig drei viertel Prozent.

»Ich komme mit«, sagte er. »Ich beeile mich, Mutter. Ich –«

»Wir sind jetzt schon zu spät dran.« Die Fürstin drehte sich um, als ihr Ehemann in der Tür erschien. »Jetzt sagt Val, dass er mitkommen will.«

»Das kommt nicht in Frage«, sagte Fürst Paul schroff. »Er hat sich scheußlich betragen.«

Val nickte. Russische Aristokraten erzogen ihre Kinder ausnahmslos mit bewundernswerter Strenge, auch wenn sie selbst gern über die Stränge schlugen. Widerspruch wurde nicht geduldet.

»Es tut mir leid«, sagte Val.

Fürst Paul begnügte sich mit einem Schnauben. Der Lakai in rot-silberner Livree öffnete die Wagentür. Doch das Schnauben entschied die Sache, denn Fürstin Rostow hegte zufällig einen nicht grundlosen Groll gegen ihren Mann, und das verschaffte ihr die Oberhand.

»Wenn ich es recht überlege, kommst du doch besser mit, Val«, verkündete sie ungerührt. »Nicht zum Essen, dafür ist es zu spät, aber danach. Die Yacht ist entweder die *Minnehaha* oder die *Privateer.*« Sie stieg in die Limousine. »Die, auf die wir eingeladen sind, ist wahrscheinlich die, auf der mehr los ist, die Yacht der Jacksons –«

»Nur Grips«, brummte der Fürst rätselhaft, womit er ausdrücken wollte, dass Val die Yacht finden würde, wenn er nur die geringste Spur Grips besaß. »Zeig dich meinem Diener, bevor du gehst. Nimm eine von meinen Krawatten und nicht den scheußlichen Bindfaden, auf den du dich in Wien kapriziert hast. Werd erwachsen. Höchste Zeit.«

Die Limousine entfernte sich knirschend aus der gekiesten Einfahrt, und Val blieb mit vor Scham brennendem Gesicht zurück.

## II

Im Hafen von Cannes war es dunkel, besser gesagt: Es wirkte dunkel nach der Helligkeit der Promenade, die Val gerade verlassen hatte. Im trüben Lichtschein dreier schwacher Hafenlaternen lagen zahllose Fischerboote wie leere Muschelschalen am Strand. Weiter draußen, wo eine Flotte schlanker Yachten bedächtig und würdevoll auf dem Meer schaukelte, waren Lichter zu sehen, und noch weiter draußen rundete der Vollmond das Wasser zu einem blankgewienerten Tanzparkett. Hin und wieder ertönte ein Klatschen, Knarren und Glucksen, wenn ein Ruderboot sich im seichten Wasser bewegte und sein schattenhafter Umriss sich durch das Labyrinth enggedrängter Fischerkähne und Barkassen schlängelte. Val stieg das samtige Sanddufer hinunter, stolperte über einen schlafenden Schiffer und atmete den ranzigen Geruch von Knoblauch und billigem Wein ein. Er schüttelte den Mann an den Schultern, bis dieser ihn erschrocken ansah.

»Wissen Sie, wo die *Minnehaha* und die *Privateer* ankern?«

Als sie in die Bucht hinausglitten, lehnte er sich im Bootsheck zurück und blickte mit leisem Missbehagen zu dem Mond über der Riviera hinauf. Es war der richtige Mond, keine Frage. Oft genug, in fünf von sieben Nächten, war es der richtige Mond. Und da waren die warme Luft mit ihrem beinahe schmerzlichen Zauber und die Musik, viele Melodien, von vielen Kapellen gespielt, die vom Ufer herüberklang. Im Osten lag das dunkle Kap von Antibes und dahinter Nizza und dahinter Monte Carlo, wo Klang und Klirren von Geld die Nacht erfüllte. Eines Tages würde auch er all das erleben, alle Freuden und alles Glück – dann, wenn er zu alt und vernünftig wäre, um Wert darauf zu legen.

Doch diese Nacht, diese Nacht, dieser Silberstrom, der wie eine breite Strähne lockigen Haars zum Mond hinaufwehte, diese warmen, romantischen Lichter von Cannes hinter ihm und die unwiderstehliche und unbeschreibliche Liebe in dieser Luft – blieben für immer vergeudet.

»Welches?«, fragte der Schiffer unerwartet.

»Welches was?«, fragte Val, der sich aufrichtete.

»Welches Schiff?«

Er zeigte hin. Val drehte sich um; über ihnen erhob sich der graue, wie ein Schwert vorspringende Bug einer Yacht. Während der anhaltenden Sehnsucht seines Verlangens hatten sie eine halbe Meile zurückgelegt.

Er las die Messingbuchstaben über seinem Kopf. *Privateer* stand da, doch das Licht an Bord war gedämpft, und keine Musik war zu hören, kein Stimmengewirr, sondern nur das murmelnde Plätschern der Wellen, die das Schiff berührten.

»Das andere«, sagte Val. »Die *Minnehaha.*«

»Warten Sie.«

Val schrak zusammen. Die Stimme war leise und sanft aus der Dunkelheit über ihm gekommen.

»Warum so eilig?«, sagte die sanfte Stimme. »Ich dachte, es wäre vielleicht jemand zu Besuch gekommen, und jetzt bin ich schrecklich enttäuscht.«

Der Schiffer hob die Ruder aus dem Wasser und sah Val unsicher an. Val aber schwieg, und der Schiffer senkte die Ruderblätter ins Wasser und führte das Boot in das Mondlicht hinaus.

»Augenblick!«, rief Val laut.

»Ade«, sagte die Stimme. »Kommen Sie wieder, wenn Sie bleiben können.«

»Aber ich bleibe jetzt«, sagte er aufgeregt.

Er gab die entsprechende Anweisung, und das Ruderboot wendete zum Fuß des kleinen Fallreeps zurück. Jemand, der jung war, jemand in einem wolkigen weißen Kleid, jemand mit einer bezaubernden leisen Stimme hatte ihn tatsächlich aus der samtenen Dunkelheit angerufen. »Wenn sie Augen hat!«, murmelte Val im Selbstgespräch. Der romantische Klang seiner Worte gefiel ihm, und er wiederholte flüsternd: »Wenn sie Augen hat.«

»Wer sind Sie?« Sie stand unmittelbar über ihm; sie blickte herunter, und er blickte hinauf, als er die Leiter hochkletterte, und als ihre Blicke sich begegneten, mussten beide lachen.

Sie war sehr jung, zierlich, fast zerbrechlich, in einem Kleid, dessen fahle Schlichtheit ihre Jugend betonte. Zwei flache dunkle Flecken auf ihren Wangen zeigten an, wo sich tagsüber die Farbe befand.

»Wer sind Sie?«, fragte sie wieder, trat einen Schritt zurück und lachte erneut, als sein Kopf über der Reling auftauchte. »Jetzt fürchte ich mich und will Auskunft.«

»Ich bin ein Gentleman«, sagte Val und verneigte sich.

»Was für ein Gentleman? Es gibt alle möglichen Arten. In Paris gab es einen – einen farbigen Gentleman am Nebentisch, und deshalb –« Sie verstummte. »Sie sind kein Amerikaner, oder?«

»Ich bin Russe«, sagte er in einem Ton, als wäre er ein Erzengel. Er dachte kurz nach und sagte: »Und ich bin der glücklichste aller Russen. Den ganzen Tag, das ganze Frühjahr habe ich davon geträumt, mich in einer solchen Nacht zu verlieben, und jetzt hat mir der Himmel Sie geschickt.«

»Einen Augenblick bitte!«, sagte sie und holte schnell Luft. »Jetzt weiß ich mit Sicherheit, dass Ihr Besuch hier ein Irrtum ist. Für so etwas bin ich nicht zu haben. Bitte!«

»Verzeihen Sie.« Er sah sie verwirrt an; ihm war nicht klar, dass er sich zu weit vorgewagt hatte. Dann nahm er Haltung an.

»Ich habe mich geirrt. Wenn Sie mich bitte entschuldigen wollen, verabschiede ich mich jetzt.«

Er wendete sich ab. Seine Hand lag auf der Reling.

»Gehen Sie nicht«, sagte sie und strich sich eine Haarsträhne von undefinierbarer Farbe aus den Augen. »Ich habe es mir überlegt; Sie können so viel Unsinn reden, wie Sie wollen, wenn Sie nur bleiben. Ich bin todunglücklich, und ich will nicht allein sein.«

Val zögerte; irgendetwas entzog sich seinem Verständnis. Er hatte angenommen, dass ein Mädchen, das nachts einen Fremden anspricht, sogar vom Deck einer Yacht aus, eine Romanze im Sinn haben müsse. Und er wollte unbedingt bleiben. Dann fiel ihm ein, dass dieses Schiff eine der zwei Yachten war, nach denen er gesucht hatte.

»Ich nehme an, dass das Essen auf dem anderen Schiff stattfindet«, sagte er.

»Das Essen? Ach ja, das ist auf der *Minnehaha*. Waren Sie auf dem Weg dorthin?«

»Das war ich – vor langer Zeit.«

»Wie heißen Sie?«

Er war im Begriff, es zu sagen, als ihn etwas veranlasste, stattdessen eine Frage zu stellen.

»Und Sie? Warum sind Sie nicht auf der Party?«

»Weil ich lieber hierbleiben wollte. Mrs. Jackson hat gesagt, dass Russen kommen würden – vermutlich Sie.« Sie sah ihn aufmerksam an. »Sie sind jung, oder?«

»Ich bin wesentlich älter, als ich aussehe«, sagte Val steif. »Das fällt allen auf. Jeder wundert sich darüber.«

»Wie alt sind Sie?«

»Einundzwanzig«, log er.

Sie lachte.

»So ein Unsinn! Sie sind höchstens neunzehn.«

Er war so sichtlich verärgert, dass sie sich beeilte, ihn zu besänftigen. »Nur Mut! Ich bin selbst erst siebzehn. Ich hätte die Party besucht, wenn ich gewusst hätte, dass Gäste unter fünfzig dort sein würden.«

Den Themenwechsel nahm er freudig auf.

»Und Sie wollten lieber hier sitzen und im Mondlicht träumen.«

»Ich habe über Irrtümer nachgedacht.« Sie setzten sich in zwei benachbarte Liegestühle. »Ein ausgesprochen fesselndes Thema: Irrtümer. Frauen grübeln fast nie über Irrtümer – sie sind viel eher bereit zu vergessen als Männer. Aber wenn sie es tun –«

»Sie haben einen Irrtum begangen?«, fragte Val.

Sie nickte.

»Etwas, was man nicht rückgängig machen kann?«

»Ich fürchte, ja«, antwortete sie. »Ich weiß es nicht. Darüber dachte ich nach, als Sie herkamen.«

»Vielleicht kann ich irgendwie nützlich sein«, sagte Val. »Vielleicht lässt sich Ihr Irrtum doch noch rückgängig machen.«

»Das können Sie nicht«, sagte sie traurig. »Denken wir nicht mehr daran. Ich bin meinen Irrtum schrecklich leid und fände es viel schöner, von Ihnen zu hören, was für fröhliche und heitere Dinge heute Abend in Cannes vor sich gehen.«

Sie blickten uferwärts zu der geheimnisvollen und verlockenden Lichterkette, zu den großen Spielzeugkisten, in denen Kerzen leuchteten und die in Wirklichkeit elegante Grandhotels waren, zu der beleuchteten Uhr in der Altstadt, zu dem verschwommenen Widerschein des Café de Paris und zu den ausgestanzten Punkten der Villenfenster, die sich auf den sacht ansteigenden Bergen zum Himmel reckten.

»Was tun die Leute dort?«, fragte sie flüsternd. »Es sieht aus, als wäre es etwas Herrliches, aber was es ist, kann ich nicht erkennen.«

»Sie sind alle verliebt«, sagte Val ruhig.

»Wirklich?« Mit einem eigenartigen Ausdruck in ihren Augen sah sie lange hin. »Dann will ich lieber nach Amerika zurückfahren«, sagte sie. »Hier ist mir zu viel Liebe. Am liebsten führe ich schon morgen.«

»Fürchten Sie sich denn davor, sich zu verlieben?«

Sie schüttelte den Kopf.

»Das ist es nicht. Es ist nur, dass – für mich gibt es hier keine Liebe.«

»Für mich auch nicht«, fügte Val ruhig hinzu. »Wie traurig, dass wir beide in einer so schönen Nacht an einem so schönen Ort sind und nichts davon haben.«

Er neigte sich eindringlich zu ihr, mit einem Blick voll inniger und keuscher Romantik – und sie wich zurück.

»Erzählen Sie mir von sich«, sagte sie schnell. »Wenn Sie Russe sind, wo haben Sie dann so gut Englisch gelernt?«

»Meine Mutter ist Amerikanerin«, räumte er ein. »Mein Großvater auch, so dass sie keine andere Wahl hatte.«

»Dann sind Sie auch Amerikaner!«

»Ich bin Russe«, sagte Val würdevoll.

Sie sah ihn aufmerksam an, lächelte und gab nach. »Nun gut«, sagte sie diplomatisch, »dann haben Sie sicher einen russischen Namen.«

Er wollte ihr seinen Namen jedoch nicht jetzt sagen. Ein Name, selbst der Name Rostow, wäre eine Entweihung dieser Nacht gewesen. Sie waren ihre leisen Stimmen, ihre zwei bleichen Gesichter, und das war genug. Ohne zu wissen, warum, aber mit einem Instinkt, der triumphierend in seinem Geist vibrierte, war er überzeugt, dass er binnen kurzem, in einer Minute oder Stunde, in die romantische Liebe eingeweiht werden würde. Sein Name war bedeutungslos neben dem, was sich in seinem Herzen regte.

»Sie sind wunderschön«, sagte er plötzlich.

»Wie wollen Sie das wissen?«

»Weil das Mondlicht das gefährlichste Licht für eine Frau ist.«

»Sehe ich im Mondlicht nett aus?«

»Sie sind das Bezauberndste, was mir je vor Augen gekommen ist.«

»Oh.« Sie dachte darüber nach. »Ich hätte Sie natürlich nie an Bord kommen lassen dürfen. Ich hätte wissen müssen, dass es zu diesem Thema kommen würde – in diesem Mondlicht. Aber ich kann mich nicht damit abfinden, hier zu sitzen und zum Ufer zu sehen, Tag für Tag. Dafür bin ich zu jung. Finden Sie nicht auch, dass ich dafür zu jung bin?«

»Viel zu jung«, pflichtete er ihr in tiefem Ernst bei.

Unversehens wurden sie auf eine neue Musik aufmerksam, die aus nächster Nähe erklang, als stiege sie keine hundert Meter entfernt aus dem Wasser auf.

»Hören Sie nur!«, rief sie. »Das kommt von der *Minnehaha*. Das Essen ist vorbei.«

Einen Augenblick lang lauschten sie schweigend.

»Danke«, sagte Val plötzlich.

»Wofür?«

Er hatte fast nicht gemerkt, dass er etwas gesagt hatte. Er dankte den tiefen und leisen Blasinstrumenten für ihren Gesang in der Brise, dem Meer für seine warmen, geflüsterten Klagelaute, die den Bug berührten, dem milchigen Sternenlicht dafür, dass es sich über sie ergoss, bis er sich von einer Substanz getragen fühlte, die dichter war als Luft.

»So bezaubernd«, flüsterte sie.

»Was wollen wir damit anfangen?«

»Müssen wir etwas damit anfangen? Ich dachte, wir könnten einfach dasitzen und …«

»Das dachten Sie nicht«, fiel er ihr unaufgeregt ins Wort. »Sie wissen, dass wir etwas damit anfangen müssen. Ich werde Ihnen den Hof machen – und Sie werden sich darüber freuen.«

»Das kann ich nicht«, sagte sie sehr leise. Sie hätte gern gelacht, irgendeine leichtfertige, knappe Bemerkung gemacht, die das Ganze in das sichere Fahrwasser einer harmlosen Liebelei zurückbugsiert hätte. Doch dafür war es zu spät. Val wusste, dass die Musik vollendet hatte, was der Mond begonnen hatte.

»Ich will Ihnen die Wahrheit sagen«, sagte er. »Sie sind meine erste Liebe. Ich bin siebzehn, genauso alt wie Sie, und nicht mehr.«

Dass sie gleichaltrig waren, hatte etwas ganz und gar Entwaffnendes. Es machte sie schwach vor dem Geschick, das sie zusammengebracht hatte. Die Liegestühle quietschten, und er war sich eines schwachen und trügerischen Dufts bewusst, als sie sich plötzlich kindlich aneinanderschmiegten.

### III

Ob er sie einmal oder mehrmals geküsst hatte, hätte er später nicht zu sagen gewusst, obwohl sie sicherlich eine Stunde in enger Nähe verbrachten und er ihre Hand hielt. Was ihn am meisten verblüffte, war der Umstand, dass das keimende Liebesglück frei von wilder Leidenschaft war – kein Kummer, kein Begehren, keine Verzweiflung –, sondern eine so berauschende Vorahnung auf ein Glück, wie er es in der Welt und im Leben noch nie gekannt hatte. Die erste Liebe – denn das war nichts als die erste Liebe! Was war dann erst die Liebe in ihrer Gänze, in ihrer Blüte? Er konnte nicht wissen, dass das, was er empfand, dieses unwirkliche, wunschlose Gemisch aus Ekstase und Frieden, nie wieder erreichbar sein würde.

Die Musik war seit einiger Zeit verstummt, als das Geräusch eines Ruderboots, das die Wellen bewegte, die flüsternde Stille unterbrach. Sie sprang auf, und ihre Augen suchten die Bucht ab.

»Hören Sie!«, sagte sie schnell. »Sagen Sie mir Ihren Namen.«

»Nein.«

»Bitte!«, sagte sie flehend. »Ich reise morgen ab.«

Er schwieg.

»Ich will nicht, dass Sie mich vergessen«, sagte sie. »Ich heiße –«

»Ich werde Sie nicht vergessen. Ich verspreche Ihnen, immer an Sie zu denken. Jede Frau, die ich vielleicht einmal lieben werde, werde ich immer an Ihnen messen, an meiner ersten Liebe. Solange ich lebe, werden Sie immer der erste Eindruck in meinem Herzen bleiben.«

»Ich will, dass Sie sich erinnern«, flüsterte sie stammelnd. »Oh, es hat mir mehr bedeutet als Ihnen, viel mehr.«

Sie stand so nahe neben ihm, dass er ihren warmen jungen Atem auf seinem Gesicht spürte. Wieder schmiegten sie sich aneinander. Er drückte ihre Hände und Handgelenke, denn so schien es ihm geboten, und küsste ihren Mund. Es war, wie er dachte, der richtige Kuss – nicht zu viel, nicht zu wenig. Doch der Kuss war wie ein Versprechen weiterer Küsse, die möglich gewesen wären, und ein wenig enttäuscht hörte er, wie das Ruderboot sich der Yacht näherte, und begriff, dass ihre Familie zurückgekommen war. Der Abend war vorbei.

›Aber das ist nur der Anfang‹, sagte er sich. ›Mein ganzes Leben wird so sein wie diese Nacht.‹

Sie sprach leise und schnell, und er hörte ihr aufmerksam zu.

»Eines müssen Sie wissen: Ich bin verheiratet. Seit drei Monaten. Das ist der Irrtum, über den ich nachdachte, als der Mond Sie herbrachte. Gleich werden Sie es verstehen.«

Sie verstummte, als das Boot am Fallreep anlegte und eine Männerstimme aus der Dunkelheit aufstieg.

»Bist du es, meine Liebe?«

»Ja.«

»Was ist das hier für ein Ruderboot?«

»Einer von Mrs. Jacksons Gästen ist aus Versehen hierhergekommen, und ich habe ihn gebeten, für eine Stunde dazubleiben und mir etwas zu erzählen.«

Im nächsten Augenblick zeigten sich über der Reling das dünne weiße Haar und die müden Gesichtszüge eines Sechzigjährigen. Und zu spät erkannte und begriff Val, wie viel es ihm ausmachte.

IV

Als die Saison an der Riviera im Mai endete, schlossen die Rostows und alle anderen Russen ihre Villen und begaben sich in nördlichere Regionen, um dort den Sommer zu verbringen. Die russisch-orthodoxe Kirche wurde zugesperrt, das Gleiche geschah mit den Fässern teurer Weine, und das elegante Frühlingsmondlicht wurde bis zu ihrer Rückkehr weggeräumt.

»Zur nächsten Saison kommen wir wieder«, sagten sie wie gewohnt.

Doch das war voreilig, denn sie sollten nie wiederkommen. Die wenigen, die nach fünf schrecklichen Jahren den Weg in den Süden wiederfanden, waren froh, als Zimmermädchen oder *valets de chambre* in den Grandhotels, in denen sie einst diniert hatten, Arbeit zu finden. Viele von ihnen waren im Krieg und in der Revolution umgekommen, viele dämmerten als Schmarotzer und kleine Gauner in den Metropolen Europas dahin, und nicht wenige beendeten ihr Leben in ratloser Verzweiflung.

Als die Kerenskij-Regierung 1917 gestürzt wurde, war Val Leutnant an der Front im Osten und versuchte verzweifelt, in seiner Truppe Autorität durchzusetzen, nachdem es längst keine Autorität mehr gab, und er versuchte es immer noch, als Fürst Paul Rostow und seine Frau an einem verregneten Vormittag aus dem Leben schieden, um für die Verfehlungen des Hauses Romanow zu sühnen, so dass die beneidenswerte Laufbahn der Tochter Morris Hasyltons in einer Stadt endete, die weit mehr Ähnlichkeit mit einem Metzgerladen hatte als das Chicago des Jahres 1892.

Danach kämpfte Val eine Zeitlang in Denikins Armee, bis ihm klar wurde, dass er in einer lächerlichen Farce mitwirkte und dass der Glanz des Russischen Kaiserreichs vergangen war. Dann ging er nach Frankreich und sah sich dort zu seiner Überraschung mit der verblüffenden Frage konfrontiert, wie er überleben sollte.

Natürlich erwog er, nach Amerika zu gehen. Zwei entfernte Tanten, mit denen seine Mutter sich vor vielen Jahren zerstritten hatte, lebten dort in verhältnismäßigem Wohlstand. Doch diese Vorstellung widersprach den Vorurteilen, die seine Mutter ihm eingeimpft hatte, und außerdem konnte er die Überfahrt nicht bezahlen. Bis eine eventuelle Konterrevolution ihn wieder in den Besitz der Rostow'schen Ländereien in Russland brachte, musste er sich in Frankreich irgendwie über Wasser halten.

Deshalb suchte er die kleine Stadt auf, die er am besten kannte. Er ging nach Cannes. Mit seinen letzten zweihundert Franc kaufte er eine Fahrkarte dritter Klasse, und als er ankam, überließ er seinen Abendanzug einem entgegenkommenden Zeitgenossen, der mit solchen Dingen handelte, und erhielt Geld für Nahrung und Unterkunft. Im Nachhinein bedauerte er, dass er den Abendanzug verkauft hatte, denn der Anzug hätte ihm zu einer Anstellung als Kellner verhelfen können. Stattdessen fand er Arbeit als Taxifahrer, und in dieser Funktion war er genauso glücklich oder elend.

Manchmal fuhr er Amerikaner zu Villenbesichtigungen, und wenn die Trennscheibe geschlossen war, drangen seltsame Gesprächsfetzen aus dem Fond zu ihm.

»… gehört, dass dieser Bursche ein russischer Fürst sein soll.« – »Psst!« – »Nein, der hier.« – »Esther, halt den Mund!« – und dann unterdrücktes Kichern.

Wenn der Wagen anhielt, drängelten sich die Passagiere, um den Fahrer zu beäugen. Zuerst hatte es Val schrecklich unglücklich gemacht, wenn Mädchen sich so benahmen, aber nach einer Weile machte es ihm nichts mehr aus. Einmal fragte ihn ein angeheiterter Amerikaner, ob er echt sei, und lud ihn zum Lunch ein, und ein andermal ergriff eine ältere Frau, als sie ausstieg, seine Hand, schüttelte sie heftig und drückte ihm dann einen Hundertfrancschein in die Hand.

»So, Florence, jetzt kann ich zu Hause sagen, dass ich einem russischen Fürsten die Hand geschüttelt habe.«

Der beduselte Amerikaner, der ihn zum Lunch eingeladen hatte, war zuerst der Ansicht gewesen, Val sei ein Zarensohn, und Val hatte ihm erklären müssen, dass ein russischer Fürst nichts weiter war als ein x-beliebiger englischer Lord. Doch er hatte nicht verstehen können, warum jemand wie Val nicht einfach hinging und richtig Geld machte.

»Das ist Europa«, hatte Val ernst erklärt. »Hier macht man nicht einfach Geld. Geld wird entweder vererbt oder langsam über viele Jahre verdient, bis eine Familie nach drei Generationen in eine andere Klasse aufsteigt.«

»Erfinden Sie etwas, worauf die Leute fliegen, so wie wir es machen.«

»Das liegt daran, dass es in Amerika mehr Geld gibt, mit dem man sich einen Wunsch erfüllen kann. Was die Leute sich hier wünschen können, ist schon vor langer Zeit erfunden worden.«

Doch ein Jahr später und mit Hilfe eines jungen Engländers, mit dem er vor dem Krieg Tennis gespielt hatte, fand Val den Weg in die örtliche Niederlassung einer englischen Bank. Er leitete Briefe weiter, besorgte Zugfahrkarten und arrangierte Ausflüge für ungeduldige Touristen. Ab und zu erschien ein vertrautes Gesicht an seinem Schalter; wenn

Val erkannt wurde, gab er dem Kunden die Hand, wenn nicht, gab er sich nicht zu erkennen. Nach zwei Jahren wurde er nicht mehr als früherer Fürst oder Prinz herumgezeigt, denn mittlerweile waren die Russen Schnee von gestern, und der Glanz der Rostows und ihrer Freunde war vergessen.

Er ging selten unter Menschen. Abends ging er eine Weile auf der Promenade spazieren, trank in einem Café langsam ein Bier und ging früh zu Bett. Man lud ihn selten ein, weil man seine traurige, angespannte Miene deprimierend fand, doch er sagte sowieso nie zu. Inzwischen trug er billige französische Kleidung statt der teuren Tweed- und Flanellanzüge, die zusammen mit der Garderobe seines Vaters in England bestellt worden waren. Mit Frauen verkehrte er überhaupt nicht. Dabei war er als Siebzehnjähriger mehr als alles andere absolut davon überzeugt gewesen, dass sein Leben ein Leben voll romantischer Liebe sein würde. Acht Jahre später wusste er, dass es darauf keine Hoffnung mehr gab. Er hatte einfach nie Zeit für die Liebe gehabt – Krieg, Revolution und nun seine Armut hatten sich gegen sein erwartungsvolles Herz verschworen. Die Quellen seines Gefühls, die sich zum ersten Mal in einer Aprilnacht ergossen hatten, waren im nächsten Moment versiegt und hatten nur ein dünnes Rinnsal hinterlassen.

Seine glückliche Jugend war beendet gewesen, kaum dass sie begonnen hatte. Er sah sich älter und abgerissener werden und sich immer mehr in die Erinnerungen an seine goldene Kindheit zurückziehen. Am Ende würde man ihn belächeln, wenn er ein altes Erbstück in Form einer Uhr aus der Tasche zog und es amüsierten jungen Mitangestellten zeigte, die sich augenzwinkernd seine Rostow-Anekdoten anhörten.

Diesen trübsinnigen Gedanken hing er eines Aprilabends 1922 nach, als er am Meer entlangwanderte und den unveränderlichen Zauber der Lichter betrachtete, die nacheinander aufleuchteten. Der Zauber wurde nicht mehr für ihn veranstaltet, doch er fand immer noch statt, und das stimmte ihn auf diffuse Weise froh. Am nächsten Tag würde er in Urlaub fahren, zu einem billigen Hotel weiter unten an der Küste, wo er baden, ausruhen und lesen konnte; dann würde er zurückkommen und weiterarbeiten. Seit drei Jahren hatte er jedes Jahr diesen Urlaub in den letzten zwei Aprilwochen genommen, vielleicht weil dies die Zeit war, zu der er das größte Bedürfnis hatte, sich zu erinnern. Im April hatte das, was sich als das Schönste an seinem Leben erweisen sollte, in romantischem Mondlicht seinen Höhepunkt gefunden. Es war ihm seitdem heilig; was er für eine Initiation gehalten hatte, für einen Anfang, war das Ende gewesen.

Nun blieb er vor dem Café des Étrangers stehen; nach einigen Sekunden überquerte er aus einem Impuls heraus die Straße und schlenderte zum Ufer hinunter. Ein Dutzend Yachten in frischer Silberfarbe schaukelten ankernd in der Bucht. Er hatte sie schon am Nachmittag gesehen und hatte nur aus Gewohnheit die am Bug aufgemalten Namen gelesen. Seit drei Jahren tat er das, und inzwischen war es fast ein Reflex.

»*Un beau soir*«, bemerkte eine französische Stimme neben ihm. Es war ein Schiffer, dem Val schon öfter aufgefallen war. »Monsieur findet das Meer schön?«

»Wunderschön.«

»Ich auch. Aber ein schlechter Broterwerb außerhalb der Saison. Nächste Woche allerdings verdiene ich ein Extrageld. Ich werde gut dafür bezahlt, hier nur zu warten und nichts zu tun von acht Uhr morgens bis Mitternacht.«

»Das ist sehr schön«, sagte Val aus Höflichkeit.

»Eine verwitwete Dame, sehr schön, aus Amerika, deren Yacht jeden April die letzten zwei Wochen hier vor Anker geht. Wenn die *Privateer* morgen einläuft, werden es drei Jahre sein.«

v

Val fand die ganze Nacht keinen Schlaf, nicht weil er sich darüber unsicher gewesen wäre, was er tun sollte, sondern weil seine Gefühle aus ihrer langwährenden Betäubung erwacht und lebendig geworden waren. Natürlich kam es für einen armseligen Versager wie ihn, dessen Name ein bloßer Schatten war, nicht in Frage, sie zu sehen, doch es würde ihn ein wenig glücklicher machen, zu wissen, dass sie nichts vergessen hatte. Es verlieh seiner eigenen Erinnerung eine neue Dimension, wie eine jener stereoskopischen Brillen, die ein flaches Papierbild räumlich werden lassen. Es überzeugte ihn davon, dass er sich nichts eingebildet hatte – vor langer Zeit hatte er eine bezaubernde Frau bezaubert, und sie hatte es nicht vergessen.

Am nächsten Tag war er eine Stunde vor Abfahrt seines Zugs mit seiner Reisetasche am Bahnhof, um eine zufällige

Begegnung auf der Straße zu vermeiden. Im wartenden Zug suchte er sich einen Platz in der dritten Klasse.

Und als er dort saß, sah er das Leben plötzlich anders, mit einer schwachen und trügerischen Hoffnung, die er vierundzwanzig Stunden zuvor nicht gekannt hatte. Vielleicht gab es in den nächsten Jahren irgendeine Möglichkeit, sie wiederzusehen – wenn er schwer arbeitete, sich mit aller Kraft jeder Aufgabe widmete, die er finden konnte. Er hatte von mindestens zwei Russen in Cannes gehört, die sich mit nichts als guten Manieren und Einfallsreichtum hochgearbeitet hatten und erstaunlich erfolgreich waren. Morris Hasyltons Blut begann in Vals Schläfen leise zu pochen, und es erinnerte ihn an etwas, woran er früher keinen Gedanken verschwendet hatte: daran, dass Morris Hasylton, der seiner Tochter ein Stadtpalais in Sankt Petersburg erbaut hatte, sich ebenfalls hochgearbeitet hatte.

Gleichzeitig ergriff ihn ein anderes Gefühl, weniger befremdlich, weniger aufwühlend, doch keineswegs weniger amerikanisch: das Gefühl der Neugier. Falls es ihm gelänge – falls das Leben ihm jemals ermöglichen sollte, sie wiederzufinden –, dann würde er endlich ihren Namen erfahren.

Er sprang auf, hantierte aufgeregt am Griff der Waggontür und sprang aus dem Zug. Er warf seinen Koffer in die Gepäckaufbewahrung und lief im Eilschritt zum amerikanischen Konsulat.

»Heute Morgen ist eine Yacht angekommen«, sagte er hastig zu einem Angestellten, »eine amerikanische Yacht, die *Privateer*. Ich will wissen, wer der Besitzer ist.«

»Einen Augenblick, bitte«, sagte der Angestellte, der Val

mit einem sonderbaren Blick musterte. »Ich werde versuchen, es herauszufinden.«

»Ist die Yacht eingelaufen?«

»O ja, sie ist angekommen. Ich denke es wenigstens. Wenn Sie bitte auf dem Stuhl dort drüben Platz nehmen würden.«

Nach weiteren zehn Minuten sah Val ungeduldig auf seine Uhr. Wenn sie sich nicht beeilten, war zu befürchten, dass er den Zug verpasste. Er machte eine nervöse Bewegung, als wollte er aufstehen.

»Bleiben Sie bitte sitzen«, sagte der Angestellte, der sofort von seinem Schreibtisch zu ihm hersah. »Bitte. Setzen Sie sich wieder.«

Val starrte ihn an. Warum sollte es diesen Mann interessieren, ob er blieb oder ging?

»Ich verpasse noch meinen Zug«, sagte er verärgert. »Ich bedaure, Ihnen so viel Mühe gemacht zu haben –«

»Bleiben Sie bitte sitzen! Wir sind froh, dass wir die Sache endlich abwickeln können. Auf Ihre Anfrage warten wir seit – warten Sie – genau, seit drei Jahren.«

Val sprang auf und setzte hastig seinen Hut auf.

»Warum haben Sie mir das nicht gleich gesagt?«, fragte er zornentbrannt.

»Weil wir unsere – äh, unseren Klienten zuerst informieren mussten. Bitte gehen Sie nicht! Es ist – äh, sowieso zu spät.«

Val drehte sich um. Eine schlanke, strahlende Erscheinung mit erschrockenen dunklen Augen stand hinter ihm und hob sich von dem Sonnenlicht aus der Tür ab.

»Oh –«

Val öffnete die Lippen, doch kein Laut kam aus seinem Mund. Sie trat einen Schritt auf ihn zu.

»Ich –« Sie sah ihn hilflos an, ihre Augen füllten sich mit Tränen. »Ich wollte nur guten Tag sagen«, murmelte sie.

»Ich komme seit drei Jahren zurück, nur um guten Tag zu sagen.«

Val schwieg noch immer.

»Sie könnten wenigstens antworten«, sagte sie ungehalten. »Sie könnten wenigstens antworten, wenn ich – wenn ich langsam glauben musste, Sie wären im Krieg umgekommen.« Sie wandte sich an den Angestellten. »Machen Sie uns bitte miteinander bekannt!«, rief sie. »Ich kann ihm schließlich nicht guten Tag sagen, wenn wir nicht einmal den Namen des anderen kennen.«

Normalerweise hält man ja nicht viel von diesen internationalen Heiraten. Es ist eine tief eingewurzelte amerikanische Überzeugung, dass sie immer schiefgehen, und wir sind Schlagzeilen gewohnt, die da lauten: »Herzogin würde Krone jederzeit gegen wahre amerikanische Liebe eintauschen« oder: »Bettelgraf soll Ehefrau aus Messerdynastie gequält haben«. Die anderen Schlagzeilen gelangen nie an die Öffentlichkeit, denn wer wollte schon lesen: »Frühere Georgia-Schönheit schwärmt von Liebesnest« oder: »Herzog und Fabrikarbeitertochter feiern Goldene Flitterwochen«.

Bisher hat es überhaupt keine Schlagzeilen über die jungen Rostows gegeben. Fürst Val ist viel zu beschäftigt mit der Kette mitternachtsblauer Taxis, die er so außergewöhnlich tüchtig leitet, um Interviews zu geben. Er und seine

Frau verlassen New York nur einmal im Jahr, doch es gibt einen Schiffer, der sich jedes Mal freut, wenn die *Privateer* eines Abends Mitte April in den Hafen von Cannes einläuft.

# Füreinander geboren
## (Aus: I. M.)

Jahre später wird Leonie mir sagen, dass es mehr als offensichtlich gewesen sei. Die Produktionsassistentin und sie hätten einander einen verwunderten Blick zugeworfen, weil sie kaum glauben konnten, was sie da sahen.

»Was geht denn hier ab?«, hätte die Produktionsassistentin zu ihr gesagt.

»Ihr wart füreinander geboren«, wird Leonie mir sagen, »und das war uns vom ersten Moment an klar.«

Er sitzt bereits da. Ich sehe ihn durchs Fenster. Kaum dass ich die Tür geöffnet habe, hat er sich schon erhoben und nimmt noch rasch einen Schluck Mineralwasser. Ohne mich zu begrüßen, sagt er, wir gingen gleich, reicht mir aber zunächst noch das Glas, aus dem er gerade getrunken hat. Ob ich vielleicht einen Schluck möchte.

»Weißt du, wo wir essen gehen?«

»Nein.«

»Hab ich das nicht gesagt? Ha, gut. Es ist fünf Minuten von hier.«

Pier 10, denke ich, sage es aber nicht.

Wir brauchen gut eine Viertelstunde, weil wir andauernd stehen bleiben, um zu lachen. Das eine Mal kann ich nicht weiter, weil ich so furchtbar über das lachen muss, was er sagt, das andere Mal bleibt er stehen und hält sich den Bauch. Engumschlungen, den Arm um den Nacken des anderen, betreten wir das Restaurant. An der Garderobe wird er von der Besitzerin des Lokals begrüßt.

»Das hier ist meine Frau, Connie Palmen«, sagt er zu ihr.

Es geht auf Mitternacht zu, als wir wieder draußen stehen. Wir sind den ganzen Abend fröhlich, aufgedreht und ausgelassen gewesen, so dass es komisch ist, mal für einen Moment keinen Laut von sich zu geben, als wir uns küssen.

»Kommst du mit zu mir?«, fragt er.

»Nein.«

»Warum nicht?«, fragt er erstaunt und empört sich gleich darauf: »Das viele Geld!«, so dass ich wieder lospruste und ihm nicht gleich eine Erklärung zu liefern brauche.

Wir gehen zum Taxistand vor dem Hauptbahnhof. Auf seine erneute Frage, warum ich denn nicht mit zu ihm käme, antworte ich, dass ich immer sieben Tage keusch bliebe, ehe ich mit jemandem, den ich ernst nähme, ins Bett ginge. Ich habe meine Tage.

»Sieben Männer, sieben Tage keusch, du bist mir ja eine sehr katholische Frau«, sagt er. »Aber ich bin doch Nummer acht, oder nicht?«

»Ja«, sage ich.

Bis zu dem Tag, da wir einander gegenüberstehen und uns in die Hosen machen, sehen wir einander täglich, aber ich schlafe in meiner eigenen Wohnung. Danach so gut wie nie mehr.

Ich habe elf Jahre lang in der Palmstraat, im Norden des Jordaan-Viertels, gewohnt und wohne jetzt seit zwei Jahren in der Allard Piersonstraat in Oud-West, ganz in der Nähe des Platzes, den er den Platz des Getauften Dichters nennt. Die Wohnung liegt im dritten Stock und hat einen Balkon mit Ausblick auf ein großes Quadrat verwilderter Gärten, deren Mittelpunkt ein knorriger Kastanienbaum bildet. Wie die Wohnungen meiner drei Brüder trägt auch die meine die Handschrift meines Vaters. Er ist mit meiner Mutter zusammen von Limburg in die Stadt gekommen, um hier wochenlang Wände durchzubrechen, zu mauern, zu verputzen, zu tischlern und zu streichen. Er hat die Bücherregale, die Einbauschränke und die Tische gebaut und für alles, was mir unmöglich erschien, eine einfache Lösung gefunden.

Am Morgen nach unserem Treffen steht Ischa unten vor der Haustür. Bei mir oben angelangt, ist er befangen und schaut sich flüchtig um.

»Genau so hatte ich es mir von dir auch vorgestellt«, sagt er. »Du wirst dich noch wundern, wenn du meine Wohnung siehst, da weht derselbe Geist.«

Ich erzähle ihm von meinem Vater, dass der alles gemacht habe, was er hier sehe.

»So was kann mich nun wirklich neidisch machen«, sagt er. »Wann kriege ich meine Schwiegereltern zu sehen?«

Er küsst mich, rupft an meinen Kleidern, bekommt daraufhin die Wahrheit von mir zu hören, trinkt eine Tasse Kaffee und geht wieder.

»Besucht, aber nicht beschlafen«, ruft er, als ich ihm die Treppe hinunter nachschaue. Er sieht, dass das bei mir unbändiges Lachen auslöst, kommt wieder heraufgerannt, umarmt mich und hüpft mit drolligen Sprüngen nach unten. Eine halbe Stunde später ruft er mich an und wiederum eine halbe Stunde später erneut:

»Wenn man ihn fragte
wie's denn begonn
hauchte er immer nur:
›Tampon‹.«

Nachdem ich kurz zum Einkaufen außer Haus war, finde ich ihn auf dem Anrufbeantworter vor.

»Suche, so wirst du, sonst tu ich's.«

Bis spät in den Abend hinein klingelt das Telefon ein paarmal pro Stunde. Ich denke, es hätte damit zu tun, dass wir einander gerade erst kennengelernt haben, doch auch in den folgenden Jahren wird sich daran nichts ändern, er wird mich anrufen, sobald ich aus der Reestraat weggegangen bin, jede Stunde, manchmal öfter.

Am Abend des Tages, an dem wir einander gegenüberstehen und uns in die Hosen machen, feiern wir im Erster-Klasse-Restaurant auf Bahnsteig 2 b des Hauptbahnhofs das Erscheinen des ersten Sammelbands von *Der Dicke Mann*. Unser Verleger, Mai Spijkers, ist da, und mit ihm einige Lektoren. Ischa ist stolz und fröhlich. Er isst mit der rechten Hand und lässt den linken Arm auf meiner Schulter oder die linke Hand auf meinem Kopf ruhen. Die Runde am Tisch schüchtert mich ein, und ich schenke ihm daher offenbar nicht genügend Aufmerksamkeit.

»Wenn du jetzt nicht mal für einen Moment zeigst, wie sehr du mir zugetan bist, fange ich ganz laut an zu schreien, und das ist äußerst unangenehm«, sagt er daraufhin irgendwann.

Ich bin froh, dass er alles ausspricht, was ihn beunruhigt oder stört, und sage ihm, dass ich hoffte, er werde das auch weiterhin immer tun.

»Das hoffe ich auch«, erwidert er unerwartet ernst.

Mai erzählt an diesem Abend etwas, dessentwegen Ischa sich geniert, auch wenn er laut darüber lacht. Es geht um Widmungen in Büchern, und ich erzähle, ich hätte noch gezögert, ob ich mein Buch jemandem widmen sollte, bis mir bewusst geworden sei, dass ich etwas gegen solche Widmungen hätte und sie mich bei anderen irritierten. Mal davon abgesehen, dass ich Widmungen für Eltern oder Ehegatten, denen der Autor, wie er behaupte, alles zu verdanken habe, ungeheuer sentimental fände, sei ich, wenn ich auf der ersten Seite eines Romans »Für Soundso« stehen sähe, auch stark geneigt, zu denken, das Buch sei demnach für Soundso bestimmt und nicht für mich, es daraufhin gleich wieder zuzuschlagen und ungelesen zu lassen. Ich sage das ironisch und ohne zu wissen, dass Ischa jedes Buch, das er geschrieben hat, mit einer Widmung versehen hat, doch er kontert darauf mit einer zynischen Bemerkung. Um mich zu verteidigen, erinnert Mai ihn lachend an die Widmung, die in *Der Dicke Mann* stehe, und dass er noch vor einer Woche alles dafür gegeben hätte, diese Widmung wieder entfernen zu lassen.

In das Exemplar, das er mir vor ein paar Tagen geschenkt

hat, hat er hineingeschrieben: Für Meinefrau Palmen. Ischa. Februar 1991.

Das Gerücht verbreitet sich schnell. In manchen Schaufenstern liegen unsere Bücher suggestiv nebeneinander. *Der Dicke Mann* neben *Die Gesetze*. Da ich nicht Zeitung lese, kenne ich seine Kolumne im NRC *Handelsblad* nicht und erschrecke daher, als ich sie mir jetzt in gebündelter Form zuführe, darüber, wie traurig, düster, einsam und selbstzerstörerisch sein Dicker Mann ist.

»Bist du so?«, frage ich abends im Bett.

»Manchmal. Ich habe so viel mitgemacht in meinem Leben. Ich bin ein unglücklicher Knabe – und irgendwie auch nicht.«

»Du bist ein ängstlicher Mann«, sage ich und füge hinzu, dass mir das Vertrauen zu ihm einflöße.

Ich lese es von seinem Gesicht ab, wenn ich einige Stunden von ihm weg gewesen bin und wieder zu ihm zurückkomme, ihn festhalte und anschaue. Die kleinen Muskeln in seiner rechten Gesichtshälfte ziehen sich zusammen, sobald er mich sieht, und die kleinen Muskeln um sein rechtes Auge herum lassen sich in der nächsten Stunde schon gleich gar nicht mehr unter Kontrolle bringen, sie ziehen sein Lid herunter, wenn er den Mut findet, meinem Blick ein wenig länger standzuhalten oder mir in die Augen zu sehen, wenn er etwas zu mir sagt. Und im Bett merke ich es, an der Bravour und der aufgesetzten Schamlosigkeit, womit diese ganze Angst und Verlegenheit übertönt werden müssen. Doch ich bin selbst noch viel zu verdattert, verlegen und ängstlich, als dass ich alles aussprechen könnte, was ich denke.

Am Valentinstag 1991 feiern wir seinen achtundvierzigsten Geburtstag mit einem gemeinsamen Mittagessen in dem Restaurant, über dem er wohnt. Danach gehen wir ins Bett. Wir liegen kaum, als es an der Tür klingelt. Er läuft nackt zum Fenster und schiebt es hoch. Ich höre ihn jemandem zurufen, das ginge nicht, ihn so einfach zu Hause zu überfallen.

»Nein, ich mach nicht auf. Geh weg!«, höre ich.

Als er wieder zu mir zurückkommt, frage ich ihn nicht, wer das war, doch ich sehe die Frau vor mir, die im Eik en Linde in der ersten Reihe saß und nun vielleicht mit einem Strauß Blumen da unten vor der verschlossenen Haustür steht und so grausam von ihm weggeschickt wird.

»Du hast schon sehr vielen Frauen weh getan«, sage ich, als er zu mir unter die Bettdecke schlüpft.

Es ist mir schon fast zu viel. Jeden Tag muss ich mich übergeben und breche unvermittelt in Weinen aus. Wenn ich die Wohnung in der Reestraat verlasse und, durch die Rozengracht gehend, das kleine Stück zu meiner Wohnung überbrücke, wird der Verlust seiner Nähe mit jedem Schritt, der mich weiter von ihm entfernt, unerträglicher. Zu Hause in der Allard Piersonstraat angelangt, muss ich dann manchmal im Laufschritt die Treppe hinaufspurten, weil ich schon auf halbem Wege nach oben das Telefon läuten höre und weiß, dass er es ist. Er sagt dann, dass er mich schon jetzt vermisse, und dann sage ich, dass es mir genauso gehe. Jede Minute ohne ihn ist eine Strafe.

Unterdessen gebe ich weiterhin Interviews. Ich habe mir nun mal vorgenommen, jedem Rede und Antwort zu stehen und dabei keine Selektion unter den verschiedenen Zeitungen und Zeitschriften zu treffen. Wenn ich mich in der Innenstadt, im ›Luxembourg‹ oder ›Americain‹, mit einem Journalisten verabredet habe, kann es passieren, dass Ischa während so eines Interviews hereingestürmt kommt und zu einem verdutzten Interviewer sagt, er habe unbedingt mal eben seine Frau sehen müssen. Daher blicke ich immer zur Tür, anstatt mein Gegenüber anzuschauen.

Ich komme erst wieder zur Ruhe, wenn ich bei ihm bin. Manchmal breche ich in der Reestraat schon in der Türöffnung in Tränen der Erleichterung und Rührung aus, weil er dort in seinen Boxershorts steht und mich in einer Wohnung erwartet, in der es immer warm ist, in der die Musik von Adamo erklingt und in der es nach Suppe duftet.

»Ich hab mit meiner Suppe ja schon manches bewirkt«, sagt er, »aber noch nie habe ich eine Frau damit zum Weinen gebracht.«

# Erste Liebe

Der Garten stand in voller Blüte und duftete so verschwenderisch im dunstigen Licht, bevor die Nebel aufrissen und die Sonne durchbrach, dass Anna es kaum ertragen konnte. Das Gras hing voller Tautropfen, durch die sie mit ihren nackten, jetzt nassen Füßen bis zu den am Rand gelegenen Beeten ging, wo die weißen Pfingstrosen wie große Popcornblüten explodierten, wo Mohn wie Feuer aufflammte und die Schwertlilien in samtig blauen Büscheln zitterten.

Nichts sonst war so majestätisch, so überwältigend. Anna konnte kaum fassen, dass die Blumen so plötzlich in einer solchen Schönheit erblühten. Sie wollte sich nicht damit abfinden, dass die Sonne sich zeigen, die Tautropfen auftrinken, den heißen Tag bringen und ganz unmerklich die kühle Perfektion der unzähligen Blütenblätter trocknen und trüben würde.

Alles ist perfekt eingerichtet, dachte sie, nur heute, an diesem einen Morgen, ist alles perfekt. Ein Schatten überzog ihre Gedanken, und ein grauer Vogel, ein scheuer Gelbschnabelkuckuck, schwebte über den Garten und breitete seinen Schwanz und seine Flügel weit aus, um seinen Flug zu bremsen. Einen Augenblick lang, ehe seine Füße aufsetzten und sich festklammerten, blitzten die Unterfedern der Flügel weiß auf, dann landete er, legte die Flügel an und saß, den Kopf ein wenig geneigt, auf der Lehne eines Gartenstuhls. Ein grauer Vogel in grauem Licht.

Nichts, was weiß und perfekt ist, ist von Dauer, dachte sie, und ein wilder Kummer überfiel sie bei diesem Gedanken. Solche Vorahnungen waren ihr in ihrer Jugend neu, dieses Bewusstsein von Trübung und Veränderung.

»Ich will es bewahren«, sagte sie laut und nachdrücklich, sie wollte die Zeit davon abhalten, jemals weiter voranzuschreiten, und betrachtete das wallende Gefieder der weißen, mit silbernen Tautropfen überzogenen Pfingstrosen.

Eine Stimme in ihrem Kopf sagte: »Das ist der Tag meiner Entzauberung, der Tag, der meinen endgültigen Kummer mit sich bringt, der Tag, bevor die letzten Schatten kommen, das weiß ich sicher.«

Sie blinzelte Tränen weg, und da standen die Blumen, weiß, gleißend golden und blau. Es kann sich nicht verändern, es darf sich nicht verändern, dachte sie, das ertrage ich nicht.

Vom Haus rief ihre Mutter nach ihr: »Anna«, und ihre Einsamkeit war zerstört. Die Stimme ihrer Mutter klang niemals ungeduldig, sondern immer auf eine gelassene Art ihrer selbst sicher, immer kontrolliert. »Anna, Liebes«, mit einem liebevollen, fast gesungenen Tadel, »hältst du das denn für klug?«

Damit meinte sie natürlich, dass Anna barfuß durch den Garten ging und zu wenig auf ihre Gesundheit achtete, auf dieses große Geschenk, das die jungen Menschen als Selbstverständlichkeit betrachteten. Und sie hatte natürlich recht, aber gleichzeitig hatte sie damit auch fürchterlich und unabwendbar unrecht. Anna senkte mit einer entschuldigenden Geste den Kopf und kam über das Gras zurückgeschlendert in den Morgensalon, wo die Familie beim Frühstück saß. Bei jedem Gedeck stand ein schlankes Glas Tomatensaft, und Anna sah, dass ihre Mutter die tulpenroten Untersetzer und die blauen getöpferten Schüsseln aufgedeckt hatte, die ihr so gefielen. Das war der Grund, warum sie Tomatensaft trinken musste: Orangensaft hätte die Farbkombination verdorben.

Anna schmunzelte darüber, dass sie ihre Mutter in diesen Dingen durchschaute, dass sie erkennen konnte, auf welch reizende Art ihre Mutter ihr Leben manipulierte, wie sie diese großzügige, schöne Oberfläche gestaltete. Aber darunter lauerte immer der Tomatensaft, die Tatsache, dass der Orangensaft, den sie alle lieber mochten, geopfert wurde zu Gunsten der Anordnung, die sie vor ihnen arrangierte. Wie ein Geschenk, dachte Anna.

Mrs. Jaines begann sofort mit ihrer gewinnenden und überzeugenden Art, Pläne für ein Abendbuffet im Garten zu schmieden. Sie hatte sich für jeden etwas Besonderes ausgedacht, etwas, das der bevorstehenden Party Glanz verleihen sollte: für Anna, dass sie mit den jungen McCrearys vor dem Essen Tennis spielen sollte – für die Kleinen, Paul und Frederick, Hotdogs, die sie selber grillen durften; und um ihren Mann zu erfreuen, hatte sie eine alte Schulfreundin, Fran Adams, jetzt Fran Carruthers, eingeladen. (Dass die Carruthers in die Stadt gezogen waren, war der eigentliche Anlass für Mrs. Jaines Party.)

Fran war früher ein sehr hübsches Mädchen gewesen, und Mr. Jaines würde sich sicher an ihrem Anblick erfreuen, wenn sie ihr Äußeres über die Jahre hatte retten können. Mrs. Jaines pflegte sich, sorgfältig – wie das leise Rauschen eines Schmetterlingsflügels –, niemand außer Anna merkte das. Mrs. Jaines mit ihrer makellosen Haut hatte ihr Äußeres bestens über die Jahre gerettet, sodass die Menschen immer überrascht waren: »Es kann doch unmöglich sein, dass Sie eine 17-jährige Tochter haben?« Jedenfalls glaubte Mr. Jaines, dass das Fest und die Vorbereitungen nur für ihn stattfanden. Anna verstand nicht, dass er so blind sein konnte und nicht bemerkte, wie geschickt er um den Finger gewickelt wurde. Aber er ahnte tatsächlich nichts.

Anna war gereizt: »Wie um alles in der Welt soll ich nur mit Rob und Olive Tennis spielen?«

Ihre Mutter warf ihr einen kurzen, klugen Blick zu, mit dem sie direkt die Ursache ihrer Wut erfasste und ihre Hintergedanken entlarvte. Sie sagte nur: »Oh, ich habe ganz vergessen zu erwähnen, dass die Carruthers auch einen Sohn haben. Sicherlich kann er das Spiel komplettieren.« Sie erhob sich und sagte zu Anna, in der es immer noch brodelte: »Hilf mir beim Abräumen, Liebling, und komm dann mit nach oben. Ich habe dir gestern eine Kleinigkeit mitgebracht.«

Die Kleinigkeit erwies sich, nachdem der flache Karton geöffnet war, als ein Tenniskleid – ganz einfach und schlicht, genau wie Anna es mochte, in einem zarten Blassgelb, das hervorragend zu ihrem schulterlangen dunklen Haar passte. Anna keuchte und vergrub ihren Kopf an der Schulter ihrer Mutter. »Mami, ich bin eine fürchterliche Ziege.«

»Warum probierst du es nicht an?«, fragte Mrs. Jaines fast schon beiläufig. »Aber zerknittre es nicht. Ich dachte, vielleicht willst du es heute Nachmittag tragen«, sagte sie ohne den Hauch einer verborgenen Absicht.

»Es ist wunderbar«, sagte Anna. »Einfach nur wunderbar!« Sie küsste ihre Mutter und ging, wobei sie den Karton wie eine Schmuckschatulle vor sich trug und summte, befriedigt und wieder versöhnt den Flur hinab.

Ihre Mutter war sehr scharfsinnig, erkannte sofort, was zu ihr passte. Anna dachte: Ich verdiene keine Mutter wie sie. Sie ist wirklich zu nachsichtig mit mir, und als Dank werde ich zur verwöhnten Nörglerin.

Die Stimme ihrer Mutter drang durch den Flur zu ihr: »Vergiss nicht, deine Schuhe anzuziehen, ehe du runtergehst.«

Und mit einem Schlag war ihre euphorische Dankbarkeit wieder verflogen: Wenn ich doch nur ein Mal, zehn Minuten lang, ich selbst sein dürfte! Denn das war doch das eigentliche Problem. Mutter organisierte zu viel. Sie ließ die Dinge nicht einfach mal ihren Lauf nehmen, sondern brachte immer alles in eine hübsche, praktische Ordnung. Ich frage mich, ob sie jemals in die weiten, dunklen Abgründe schaut, ob sie die Angst und den Schrecken und das unerträgliche Ende der Dinge sieht. Sie wird nie verstehen, wie es schmerzt, dass das Weiß der Pfingstrosen welken muss. Etwas läuft ganz und gar falsch mit der Welt. Sieh dir die Dinge an, die von Dauer sind, wie Grabsteine – immer vergehen nur die schönen Dinge zu schnell, ein Morgen wie dieser oder die Schwertlilienblüten mit ihren pelzigen und gesprenkelten Höhlen in den Blütenblättern.

Als Anna um vier Uhr nachmittags nach einer ausgiebigen Dusche hübsch zurechtgemacht in ihrem gelben

Tennisdress die Treppenstufen heruntergehüpft kam, war der Junge der Carruthers spazieren gegangen und nicht im Garten. Sie traf nur seine Eltern, die eher eine Enttäuschung waren. Anna ging zum Tennisplatz hinüber, wo Rob Mc-Creary und seine Schwester Olive sich über das Netz Bälle zupassten, aber nicht spielten.

Rob kam sofort zu Anna herüber, während Olive einen wütenden Ball an ihm vorbeizischen ließ, weil er, sobald Anna erschien, seine Schwester immer auf der Stelle vergaß. Auch jetzt wurde sein freundliches, gutaussehendes Gesicht weich und demütig mit einer sanften, kindlichen Hingabe. Anna schenkte ihm ein kurzes Lächeln.

»Macht nur weiter!«, rief sie ihm zu, um Olive einen Gefallen zu tun. »Ich schaue einfach zu, bis unser verlorener Gast zurückkehrt, wohin auch immer er verschwunden ist.«

Rob sah sie an, obwohl deutlich war, dass er es eigentlich nicht wollte.

Ich sollte wirklich nicht so hart mit ihm sein, dachte sie, als sie sah, wie geknickt er war und wie er auf dem Platz nur herummurkste. Aber es gibt einfach Zeiten, in denen ich ihn nicht ertrage, vor allem nicht an so blauen, sauberen Tagen wie heute, Tagen zum Fahnenschwenken, Tagen, an denen alle Blumen erblüht sind.

Rob und Olive waren mit dem ersten Satz noch nicht fertig, als Mrs. Jaines sie rief, um ihnen den Jungen der Carruthers vorzustellen. Beim Pfingstrosenbeet sah Anna einen dünnen Burschen mit sandfarbenem Haar, nicht viel größer als sie selbst, mit ausdruckslosem, abwartendem Gesicht. Er sah ein wenig älter aus, vielleicht zwanzig, und wirkte ziemlich herablassend. Während Mrs. Jaines Olive und Rob vorstellte, sah der junge Mann Anna an, und sein Blick dabei war viel zu frech.

»Das ist Derek«, sagte ihre Mutter, »und das ist Anna«, wobei sie sie nach vorne zog, fast wie ein Henne, die einen Flügel hebt, ein wenig schelmisch, aber auch ein wenig vorsichtig, um der Welt ihr Küken zu zeigen. Nur unter den Augen der Mutter, verhieß ihr Blick. Mein kostbares Kind, sagte der Tonfall ihrer Stimme.

»Ich werde sie Ann nennen«, sagte der junge Mann mit kühler Stimme.

Sein Blick war auf Annas Augen haften geblieben, und die Frechheit und Unverschämtheit in seinen war überwältigend. Seine braunen Augen sahen direkt in ihr Innerstes, so bohrend, so gnadenlos und gleichzeitig so persönlich, dass sie ganz ergriffen war und nur denken konnte: Mein Gott, er kennt mich. Er erkennt mich auf der Stelle, im Geheimen, in meinem verborgenen Leben. Sein kühler Blick war so grausam intim. Ich bin allein, signalisierte er. Ich erlaube niemandem, sich mir zu nähern. Ich bin ungnädig und allein. Aber ich kenne dich, ich habe dich sofort erkannt. Wir beide gleichen uns, wir, die Jugend, die auf der dunklen Seite des Mondes lebt.

Seine Einsamkeit und sein Wagemut hoben sie beide von der selbstvergessen plappernden Gruppe ab, die um sie herumstand, sie waren allein an einem heiligen, ehrlichen und erbarmungslosen Ort. Und ihr zitterndes Herz sagte, von dieser Entdeckung erschüttert: Das ist es also, was Leben bedeutet, diese erste Erkenntnis des anderen. Mit einem scheuen und anerkennenden Blick gab sie ihm, ehe sie wieder die Augen senkte, ihr ganzes Herz und stand wehrlos in einer Flut der Freude, die sie gleichzeitig erschreckte.

Olive sagte gereizt: »Wir haben schon ewig auf dich gewartet, damit wir Tennis spielen können.«

Und der seltsame Junge sagte barsch. »Tennis? Ich habe nichts dagegen, wenn jemand dabei ist, der spielen kann. Aber Nieten kann ich nicht ausstehen.«

Oh, er war so unverschämt, so arrogant, so vollkommen anders in seiner rasenden, stolzen Eigenheit als der ganze gewöhnliche Rest der Menschheit. Derek, dachte sie, sein Name ist Derek. Ein Name voll wilder Schönheit.

Zu viert schlenderten sie zum Tennisplatz.

»Wo warst du?«, fragte Olive. »Warum bist du verschwunden?«

»Oh«, sagte er leichthin, »ich habe da unten einen Teich gefunden«, und Anna verspürte einen Augenblick der Glückseligkeit, denn der Teich mit den hängenden Weiden inmitten von Gestrüpp und wilder Natur war ihr Lieblingsplatz, wenn sie allein sein wollte.

»Der muss dir ja besonders gut gefallen haben, wenn du dort so lange herumgetrödelt hast«, sagte Rob in seiner geistlosen Art, die ihn nie auch nur irgendetwas verstehen lassen würde.

»Warum sollte er ihm nicht gefallen?«, fragte Anna verärgert.

»Magst du ihn?«, wandte sich Derek harsch an sie und sah sie mit Augen an, in denen keinerlei Einladung lag.

Anna kratzte ihre ganze Aufrichtigkeit und ihren Mut zusammen und antwortete mit fester Stimme: »Du weißt doch haargenau, dass ich ihn mag.« Dann folgte wieder dieser Blick, an dessen Ende sie in Dereks Augen einen kleinen rauchigen Schleier der Befriedigung entdeckte.

Damit auf jeder Seite ein guter Spieler war, spielte Derek mit Anna, und auch das wirkte wie ein Wink des Schicksals. Zu Beginn fürchtete sie sich vor seiner Verachtung für schlechte Spieler, und als sie den Ball einmal ins Netz schlug, sagte er: »Was für eine Stümperei!« Aber er hatte ein fabelhaftes Gespür und übernahm die meisten schwierigen Schläge, indem er sich in einer Art wildem Tanz über den Platz bewegte. Seine zackige Stimme erteilte ihr Befehle, so rief er etwa: »Netz, Netz!«, oder: »Weiter weg, Ann!« Sie gehorchte, ließ sich von ihm anleiten und spielte deshalb besser als sonst. Sie gewannen zwei Sätze hintereinander, und dann war Derek gelangweilt und wollte nicht mehr weitermachen.

Auf dem Weg zurück in den Garten sagte Anna aus einem Gefühl heraus, dass etwas von ihr erwartet wurde: »Du spielst wunderbar«, und Derek gab lässig zurück: »Wenn ich mich dafür entscheide, etwas zu tun, dann mache ich es gut. Es begegnen mir bloß nicht viele Dinge, die der Mühe wert sind.«

Er ging schneller, sodass er zu Anna aufschloss, sprach sie direkt an und tippte mit einem Finger an ihr Kleid. »Du kleidest dich gut.« Sie errötete vor Freude, aber Derek hatte schon einen anderen Kurs eingeschlagen.

Der Tag war heißer geworden, die Luft schwerer, und im Westen türmten sich unheilvolle Gewitterwolken. Mrs. Jaines wies sie an, noch vor dem Essen reinzugehen und sich zu duschen, aber Derek gesellte sich zu den Männern um die offene Feuerstelle und bekam einen Highball. Er würde in seinem Tennisdress essen.

Anna beschloss, das gelbe Kleid zum Abendessen zu tragen (»Du kleidest dich gut«); dann wären sie ganz ähnlich angezogen. Aber während des Essens blieb Derek bei den Männern und schien sie völlig vergessen zu haben. Also war sie freundlich zu Rob und versuchte, nicht zu Dereks undurchdringlichem Rücken hinüberzustarren.

Mittlerweile hatten sich die Gewitterwolken ausgebreitet und verdunkelten den halben Himmel. Ein starker Wind kam auf, der die Papierservietten in den Garten wehte. Alle sammelten rasch die Sachen zusammen und eilten zum Haus. Gerade als sie die schützende Veranda erreichten, fegte eine Böe über sie hinweg, der Regen setzte ein und schlug auf das Dach mit einem solchen Dröhnen, dass ihre Stimmen darin untergingen. Anna genoss es. Sie stand am Geländer und erschauderte angesichts dieser Naturgewalt. Ein Feuerstrahl zuckte mit einem Zischen durch das Schwarz, das knisternd in einen Donner überging, so nah, dass das Haus darunter erzitterte. Jemand sagte: »Das ist zu nah«, und alle gingen hinein.

Anna schüttelte ihr feuchtes Haar, und ihr Übermut führte sie zu Derek hinüber ans Feuer. »Ist es nicht großartig?«, fragte sie.

Wie er so locker und überheblich beim Feuer stand, von Wind und Regen ein wenig klamm und zerzaust, sah er so wild und schön aus, dass ihr Herz dahinschmolz und sie die Liebe in ihrem Blick erstrahlen ließ, der ihn einlud, sie und ihre Freude zu empfangen. Nur war das Wunder verblasst, denn während seine Augen wieder in ihr Innerstes blickten, sahen sie diesmal ihr Verlangen, wie sie zu ihm drängte, und ein kleiner Schleier legte sich über seine Pupillen, als er lächelte – für sich selbst und nicht für sie.

»Ja, es ist hübsch«, sagte er trocken und sah dabei gelangweilt vor sich hin.

Ein kalter Regenschauer schien über Anna herabzugehen. Aber ihre Liebe flammte weiter auf und kämpfte lautstark gegen diese Kühle an. Sie redete munter drauflos, ließ ihren Mund glücklich lächeln, während ihr Geist pulsierte.

»Bei Gewittern gehe ich immer raus«, sagte sie. »Meine Familie hält mich für völlig verrückt deswegen, aber ich tue auch sonst oft verrücktes Zeug, das sonst niemand macht. So bin ich eben.«

Ihre Worte klangen falsch, hohl und kindisch, lauter Zeug, das sicher nicht gesagt werden musste. Denn sie versuchte ihn zurückzuholen, den Blick in Worte umzuwandeln, doch alles, wonach sie sich sehnte, wurde plötzlich welk und erstarb. Verzweifelt drehte sie sich zum Feuer und neigte den Kopf, schüttelte das dunkle Haar in der Wärme, sodass das Feuer es erleuchtete und zum Schimmern brachte.

Süffisant und sehr leise sagte er: »Ich mag keine langen Haare.«

Die Worte waren ein Pfeil, von ihm zugespitzt und mit Federn besetzt, direkt auf ihre Brust gerichtet. Sie erbleichte, als er sie traf, ihr Herz vertrocknete, und in ihren Augen erglühten sofort heiße Tränen. Er war grausam, er war grausam. Sie hasste ihn. Eine Gedichtzeile versetzte ihr Peitschenschläge: *Ich fall auf Schwerter – ich verblute hier!* Er hatte sie mit voller Absicht zerstört, und sie liebte ihn.

Mrs. Jaines sagte, als sie mit einer Kanne Kaffee durch die Tür trat: »Anna, du frierst ja. Du siehst schon ganz krank aus. Geh und zieh dich sofort um.«

Auf ihrem Zimmer war Anna wie versteinert, unfähig zu weinen. Sie konnte noch nicht begreifen, was geschehen war, warum er nicht gewollt hatte, wonach er so kraftvoll verlangt hatte. Er hatte sie hochgehoben, sich mit ihr in seine wilden Höhen aufgeschwungen und sie einfach zwischen die kahlen Felsen fallen lassen.

Er war grausam. Aber das hatte sie von Anfang an gespürt. Zum Teil trug sie selbst Schuld daran, dass sie so dahingeschmolzen war, und sie errötete vor Scham. Auch wenn er es gewollt hatte. Er hatte es verlangt. Und jetzt blieb ihr nur die Wunde des Schnabels an ihrer Seite, das Schwirren der sich entfernenden Falkenflügel. Sie würde ihn für immer lieben. Diesen Kummer würde sie ihr ganzes Leben lang mit sich tragen, niemand würde je davon erfahren. Sie erinnerte sich an ihre Vorahnung am Morgen: Alle Herrlichkeit ist vergänglich.

Als sie das Wohnzimmer wieder leise betrat, verabschiedeten sich die Carruthers gerade, und Derek spielte selbstverloren auf dem Klavier. Alle erhoben sich, um zu gehen, außer Rob. Derek verabschiedete sich von Annas Eltern, blieb dann vor Anna stehen und sagte passiv: »Ciao, Ann. Nettes Spiel.«

Anna wollte bitter aufschreien: »Nein, das war es nicht. Es war kein nettes Spiel. Es war nicht fair!«, aber sie setzte ein steifes Lächeln auf, auch wenn ihre Augen ihm ihren

Kummer verrieten. Sie sagte: »Bye«, und sah zu, wie er aus der Tür trat, frech und unbekümmert, ohne einen Blick zurück.

Sowie er verschwunden war, wurde ihr klar, was sie hätte sagen sollen. Leichthin, mit einem Hauch seines Hohns hätte sie sagen sollen »Ach ja? Ich fand, es war ein wenig einseitig.« Das hätte seine Langeweile durchbrochen, sie hätte seine Augen aufglimmen sehen, amüsiert und respektvoll, ehe er ging, ehe er sie für immer verließ.

Ihre Eltern kamen zurück ins Haus, und Mrs. Jaines bemerkte, dass die Carruthers ein wenig enttäuschend waren. Rob tat seinen Unmut kund und sagte, dass dieser arrogante Junge, Derek, einfach allein losgezogen sei und das Tennis verdorben habe. Mr. Jaines war der Meinung, dass der Junge schlecht erzogen war, ein selbstsüchtiger Schnösel. Anna sagte, dass Derek besser Tennis spielte als sie alle zusammen.

»Ich glaube, Anna steht auf ihn«, kicherte Frederick.

»Halt den Mund!«, fuhr Anna ihn an, und Mrs. Jaines sah sie neugierig und eindringlich an. Es würde nicht einfach werden, das wurde Anna jetzt klar, ihr Geheimnis zu bewahren.

Anna setzte sich auf das Geländer. Ein Dunst vom Regen berührte ihr Gesicht, der Himmel weinte für sie, gleichmäßige kalte Tränen, und sie blickte hinaus auf den sturmzerzausten Garten.

Wie viel musste sie in Erinnerung behalten, bewahren, von all der Lieblichkeit, dem Schmerz? Er hatte kaum direkt mit ihr gesprochen. Abgesehen von den Befehlen während des Spiels hatte er nur vier Dinge zu ihr gesagt: »Ich werde sie Ann nennen«, »Magst du ihn?«, »Du kleidest dich gut« und, unerträglich, aber voller Absicht: »Ich mag keine langen Haare.«

Das war natürlich nicht alles. Das war gar nichts. Aber über das andere konnte man nicht sprechen. Man konnte es nur fühlen, es fühlen und erleiden. Der Blick seiner Augen, das Wissen und die Tatsache, dass er sie hatte verletzen wollen, dass er es genossen hatte, sie zu verletzen. Sie war versucht, sich Rob zuzuwenden und lieb zu ihm zu sein, damit er sie weiter anhimmelte.

Aber selbst den Schmerz, die Wildheit des Kummers wollte sie nicht loslassen. Das war immer noch besser, als zuzulassen, dass Rob sie tröstete. Der Schmerz und das Glück waren auf seltsame Weise miteinander verwoben. Sie würde sich der Qual nicht verweigern, denn die war alles, was ihr blieb. Sie starrte hinaus in den Regen. Die Pfingstrosen waren zerstört, und ein Teppich aus durchweichten Blütenblättern säumte das Gras.

Auf die Schönheit folgte immer das unerträgliche Ende der Dinge. Bei ihrem dunklen Flug hatte sie gelernt, dass das Leben unter der Oberfläche unerträglich armselig ist, dass sie immer ihre Hände ausstrecken würde nach dem Ding, das nie in ihren Fingern bleiben würde.

Nur die Liebe dauert an, dachte sie voller Schmerz und wendete den Kopf von Rob ab, um eine Träne zuzulassen, merkte aber, dass sie nicht weinen wollte. Weinen und Selbstmitleid sollte man Kindern überlassen, die noch nicht beide Gesichter des Lebens gesehen haben. Denn obwohl sie wusste, dass sie womöglich mit der Zeit ihrem Vater darin recht geben würde, dass Derek ungezogen und ein selbstsüchtiger Schnösel war (wie sie es auch schon zu Beginn geahnt hatte), würde sie sich nichts mehr vormachen oder sich zum Trost belügen, da sie nun gelernt hatte, dass Ablehnung und Verlust die dunkle Seite des Mondes sind.

Ein Auto fuhr die Auffahrt herauf. Die Carruthers hatten etwas vergessen und waren zurückgekommen. Anna sagte »Entschuldige mich« zu Rob, glitt vom Geländer und ging hinein und in ihr Zimmer hinauf. Nicht um sich zu verstecken. Es gab nur einfach keinen Grund, ihn noch einmal zu sehen. Sie wollte weder Genugtuung von ihm, noch dass er sein Versprechen erneuerte. Von unten waren Stimmen und Schritte zu hören. Ein Stuhl kratzte am Boden, dann Stimmen auf der Veranda, darunter auch Dereks. Sie rührte sich nicht. Sie wartete still im regnerischen Licht in einer Art Erfüllung, einem ernsten innerlichen Erblühen, bis sie hörte, wie der Wagen wieder abfuhr.

ANNA GAVALDA

# Kleine Praktiken aus Saint-Germain

Saint-Germain!?

Ich weiß, was Sie sagen werden: »Mein Gott, wie banal, meine Liebe, Sagan hat das lange vor dir gemacht und sooooviel besser!«

Ich weiß.

Aber was soll ich machen – ich bin nicht sicher, ob mir das Ganze auf dem Boulevard de Clichy passiert wäre, so einfach ist das.

C'est la vie.

Doch behalten Sie Ihre Bemerkungen für sich, und hören Sie mir lieber zu, mein Gefühl sagt mir nämlich, dass die Geschichte Sie zum Schmunzeln bringen wird.

Sie lieben doch Herz-Schmerz-Geschichten. Wenn man Ihnen ans Herz rührt mit vielversprechenden Festen und Männern, die den Eindruck machen, sie seien Junggesellen und ein bisschen unglücklich.

Ich weiß, dass Sie das lieben. Das ist normal, aber Sie können nun einmal keine Groschenromane lesen, wenn Sie bei Lipp oder im Deux-Magots sitzen. Natürlich nicht, das geht nicht.

Also, heute Morgen bin ich auf dem Boulevard Saint-Germain einem Mann begegnet.

Ich ging den Boulevard hinauf und er hinunter. Wir befanden uns auf der geraden Seite, der eleganteren.

Ich habe ihn von weitem kommen sehen. Ich weiß nicht, warum, vielleicht sein etwas lässiger Gang, der Mantel, der ihn elegant umwehte –. Kurz und gut, ich war zwanzig Meter von ihm entfernt und wusste, dass ich ihn mir angeln würde.

Und es hat geklappt, als er auf gleicher Höhe mit mir ist, merke ich, wie er mich ansieht. Ich werfe ihm ein schelmisches Lächeln zu, à la Cupido-Pfeil, nur ein bisschen zurückhaltender.

Er lächelt zurück.

Während ich meinen Weg fortsetze, lächele ich vor mich hin und denke an das Gedicht, das Baudelaire *Einer Vorübergehenden* gewidmet hat (schon bei Sagan vorhin werden Sie gemerkt haben, dass ich aus einem literarischen Fundus schöpfen kann, wie es so schön heißt!!!). Ich laufe weniger schnell, denn ich versuche mich zu erinnern ... *Gross schmal in tiefer trauer* ... danach weiß ich nicht weiter – dann ... *Erschien ein weib, ihr finger gravitätisch Erhob und wiegte kleidbesatz und saum* ... und am Schluss ... *Dich hätte ich geliebt, dich die's erkannt.*

Das macht mich jedes Mal völlig fertig.

Und die ganze Zeit über, göttliche Arglosigkeit, spüre ich noch immer den Blick meines heiligen Sebastian (He, Anspielung an den Pfeil! Dass Sie mir ja mitkommen!?) im Rücken. Das wärmt mir auf angenehmste Weise die Schulterblätter, doch lieber sterben, als mich umdrehen, dann wäre das Gedicht dahin.

Ich bin an der Bordsteinkante stehen geblieben und habe den Verkehrsstrom beobachtet, um auf Höhe der Rue des Saint-Pères die Straße zu überqueren.

Hinweis: Eine Pariserin, die etwas auf sich hält, überquert den Boulevard Saint-Germain niemals zwischen den weißen Linien an der Ampel. Eine Pariserin, die etwas auf sich hält, beobachtet den Verkehr und wirft sich zwischen die Autos, wohl wissend, dass sie ihr Leben riskiert.

Sterben für die Schaufensterauslagen von Paule Ka. Herrlich.

Ich will mich gerade in den Strom werfen, da hält mich eine Stimme zurück. Ich werde Ihnen zuliebe jetzt nicht von einer »warmen, männlichen Stimme« sprechen, denn das war nicht der Fall. Eine Stimme, sonst nichts.

»Pardon«

Ich drehe mich um. Und wer steht vor mir? – meine kleine Beute von eben.

Ich kann es Ihnen im Grunde auch gleich sagen, von diesem Moment an ist es für Baudelaire gelaufen.

»Ich habe mich gerade gefragt, ob Sie heute Abend mit mir essen gehen würden?«

Bei mir denke ich »Wie romantisch«, aber ich antworte: »Das geht ja wohl ein bisschen schnell, oder?«

Wie aus der Pistole geschossen kommt die Antwort, und ich schwöre Ihnen, dass ich die Wahrheit sage:

»Da gebe ich Ihnen recht, es geht ein bisschen schnell. Aber als ich gesehen habe, wie Sie verschwinden, habe ich gedacht: Das darf doch nicht wahr sein, da begegne ich auf der Straße einer Frau, ich lächele ihr zu, sie lächelt mir zu, wir streifen uns im Vorbeigehen und werden uns aus den Augen verlieren … Das darf einfach nicht wahr sein, nein wirklich, das wäre vollkommen absurd.«

»…«

»Was meinen Sie? Finden Sie das völlig bescheuert?«

»Nein, nein, keineswegs.«

Ich fing an, mich plötzlich weniger wohl zu fühlen.

»Nun? Was sagen Sie? Hier an dieser Stelle, heute Abend um neun, genau hier?«


Reiß dich am Riemen, Mädchen, wenn du mit allen Männern zu Abend isst, denen du zulächelst, dann gute Nacht!

»Nennen Sie mir einen einzigen Grund, weshalb ich Ihre Einladung annehmen sollte.«

»Einen einzigen Grund – mein Gott ist das schwierig.«


Ich sehe ihn an, belustigt.

Dann ergreift er ohne Vorwarnung meine Hand:

»Ich glaube, ich habe einen einigermaßen akzeptablen Grund gefunden.«

Er führt meine Hand über seine unrasierte Wange.

»Einen einzigen Grund. Hier ist er: Sagen Sie ja, damit ich eine Veranlassung habe, mich zu rasieren. Wirklich, ich glaube, ich sehe sehr viel besser aus, wenn ich rasiert bin.«

Und er gibt mir meinen Arm zurück.

»Ja«, sage ich.

»Das ist fein! Lassen Sie uns die Straße gemeinsam überqueren, bitte, ich möchte Sie jetzt nicht mehr verlieren.«

Dieses Mal sehe ich *ihm* hinterher, wie er in die entgegengesetzte Richtung verschwindet, er wird sich die Hände reiben, als hätte er gerade einen guten Deal gemacht.

Ich bin sicher, dass er total zufrieden mit sich ist. Er hat allen Grund dazu.

Später Nachmittag, ein bisschen nervös, muss ich zugeben.

Bin über meine eigenen Beine gestolpert und weiß jetzt nicht, was ich anziehen soll. Schutzkleidung wäre naheliegend.

Ein bisschen nervös wie eine Anfängerin, die weiß, dass ihre Föhnfrisur danebengegangen ist.

Ein bisschen nervös, wie auf der Schwelle zu einer Liebesgeschichte.

Ich arbeite, ich gehe ans Telefon, ich verschicke Faxe, ich mache das Layout für den Illustrator fertig (Halt, na klar – Ein hübsches und lebhaftes Mädchen, das in der Gegend von Saint-Germain Faxe verschickt, arbeitet in einem Verlag, na klar.)

Meine Fingerspitzen sind eiskalt, und ich muss mir alles wiederholen lassen, was die Leute mir sagen.

Durchatmen, Mädchen, tief durchatmen …

In der abendlichen Dämmerung ist der Boulevard zur Ruhe gekommen, und die Autos fahren mit Standlicht.

Die Cafétische werden hereingeholt, die Leute warten auf dem Kirchplatz auf ihre Verabredung, andere stehen am Beauregard Schlange, um den letzten Woody Allen zu sehen.

Ich kann unmöglich als Erste kommen (das schickt sich nicht). Nein. Ich werde lieber ein wenig zu spät kommen. Ihn ein bisschen auf mich warten lassen, das ist besser.

Zur Stärkung werde ich mir einen kleinen Drink genehmigen, damit meine Finger wieder richtig durchblutet werden.

Nicht im Deux-Magots, dort ist das Publikum am Abend ein bisschen provinziell, dort sitzen nur dicke Amerikanerinnen, die dem Geist von Simone de Beauvoir nachjagen. Ich gehe in die Rue Saint-Benoît. Das Chiquito ist genau der richtige Ort.

Ich stoße die Tür auf, und sofort ist er da: der Geruch nach Bier, vermischt mit dem nach kaltem Zigarettenrauch, das Dingdingding des Flippers, die thronende Wirtin mit den gefärbten Haaren und einer Nylonbluse, die den Blick auf einen BH mit dicken Bügeln freigibt, das abendliche Pferderennen von Vincennes im Hintergrund, ein paar Maurer in ihren fleckigen Arbeitshosen, die die Stunde der Einsamkeit oder die Zeit mit der Alten noch ein wenig hinauszögern wollen, und ein paar alte Stammgäste mit gelben Fingern, die allen auf den Geist gehen mit ihren Mietpreisen von 48. Das Glück.

Die Typen am Tresen drehen sich von Zeit zu Zeit um und prusten los wie Schuljungen. Meine Beine stehen im Mittelgang und sind sehr lang. Der Gang ist ziemlich schmal und mein Rock sehr kurz. Ich sehe ihre gebeugten Rücken, die vor Lachsalven erzittern.

Ich rauche eine Zigarette und blase den Rauch weit von mir. Mein Blick schweift in die Ferne. Ich weiß jetzt, dass *Beautiful Day* das Rennen gemacht hat, zehn zu eins in der Zielgeraden.

Mir fällt ein, dass ich *Kennedy et moi* in der Tasche habe, und ich frage mich, ob ich nicht besser daran täte hierzubleiben.

Eine Portion Linsen mit gepökeltem Schweinefleisch und eine halbe Karaffe Rosé – Wie ginge es mir gut.

Aber ich reiße mich wieder am Riemen. Schließlich stehen Sie hinter mir, sehen mir über die Schulter und hoffen auf die Liebe (auf weniger? oder mehr? oder beinahe?) mit mir, und ich werde Sie nicht mit der Wirtin des Chiquito im Stich lassen. Das wäre echt hart.

Ich gehe mit rosigen Wangen nach draußen, und die Kälte schlägt mir gegen die Beine.

Er ist da, an der Ecke zur Rue des Saint-Pères, er wartet auf mich, er sieht mich, er kommt auf mich zu.

»Ich hatte schon richtige Angst. Ich hatte geglaubt, Sie kämen nicht. Ich habe mein Spiegelbüd in einem Schaufenster gesehen, habe meine glatten Wangen bewundert und Angst bekommen.«

»Tut mir leid. Ich habe auf das Ergebnis von Vincennes gewartet und dabei die Zeit vergessen.«

»Wer hat gewonnen?«

»Spielen Sie?«

»Nein.«

»*Beautiful Day* hat gewonnen.«

»Na klar, hätte ich mir denken können«, er lächelt und nimmt mich am Arm.

Schweigend gehen wir zur Rue Saint-Jacques. Von Zeit zu Zeit wirft er mir einen verstohlenen Blick zu, studiert mein Profil, aber ich weiß, dass er sich in dem Moment eher fragt, ob ich Strumpfhosen trage oder Strümpfe.

Geduld, mein Lieber, Geduld …

»Ich werde Sie in ein Lokal führen, das mir gefällt.«

Ich sehe schon – so eins mit unbefangenen, aber diensteifrigen Kellnern, die ihm verschwörerisch zulächeln:

»Bosswaaa, Monsieur (das ist jetzt die Neueste – na ja, die Brünette vom letzten Mal hat mir besser gefallen), der kleine Tisch ganz hinten, wie immer, Monsieur? Kleine Verbeugungen (Mensch, wo liest er bloß die ganzen Puppen auf?) Darf ich Ihre Mäntel nehmen??? Très biiiiiien.«

Er liest sie auf der Straße auf, du Schwachkopf.

Doch weit gefehlt.

Er ließ mich vorgehen und hielt die Tür zu einem kleinen Bistro auf, ein resignierter Kellner fragte nur, ob wir rauchen. Mehr nicht.

Er hängte unsere Sachen an die Garderobe und an der halben Sekunde, die er zögerte, als er mein zartes Dekolleté erblickte, wusste ich, dass er die kleine Schnittwunde nicht bereute, die er sich vorhin beim Rasieren zugefügt hatte, als seine Hände ihm einen Streich spielten.

Aus dicken bauchigen Gläsern haben wir hervorragenden Wein getrunken. Haben ziemlich leckere Sachen gegessen, bestens darauf abgestimmt, das Aroma unseres Nektars nicht zu verderben.

Eine Flasche Burgunder, Côtes de Nuits, ein Gevrey-Chambertin 1986. O Jesulein zart.

Der Mann mir gegenüber trinkt mit zusammengekniffenen Augen.

Ich kenne ihn jetzt besser.

Er trägt einen Rollkragenpullover aus grauem Kaschmir. Einen alten Rollkragenpullover. Mit Flicken am Ellbogen und einem kleinen Riss am rechten Handgelenk. Ein Geschenk zum zwanzigsten Geburtstag vielleicht. Seine Mutter, die wegen seiner enttäuschten Miene ein wenig gekränkt ist, sagt zu ihm: »Wirst schon sehen, du wirst es nicht bereuen«, und sie küsst ihn zum Abschied und streicht ihm mit der Hand über den Rücken.

Eine sehr unauffällige Weste, die nach einer stinknormalen Tweedweste aussieht, die aber, was meinen Luchsaugen nicht entgeht, maßgeschneidert ist. Von Old England, die Etiketten sind größer, wenn die Ware direkt aus den Pariser Nähstuben stammt, und ich habe das Etikett gesehen, als er sich gebückt hat, um seine Serviette aufzuheben.

Seine Serviette, die er absichtlich hatte fallen lassen, um sich Gewissheit wegen der Strümpfe zu verschaffen, denke ich mir.

Er erzählt mir von allen möglichen Dingen, doch niemals von sich. Er hat stets etwas Mühe, den Faden der Geschichte wiederzufinden, wenn ich die Hand auf meinen Hals lege. Er sagt: »Und Sie?« Und auch ich erzähle ihm nichts über mich.

Während wir auf das Dessert warten, berührt mein Fuß seinen Knöchel.

Er legt seine Hand auf meine und zieht sie schnell zurück, als die Sorbets kommen.

Er sagt etwas, aber seine Worte dringen nicht zu mir vor. Wir sind sehr bewegt.

Wie schrecklich. Gerade hat sein Handy geklingelt.

Wie auf Kommando richten sich alle Blicke auf ihn, und er stellt es hastig aus. Eben hat er sicher eine Menge gute Weine verdorben. Schlucke sind in wütenden Kehlen steckengeblieben. Leute haben sich verschluckt, Finger haben sich um die Griffe der Messer gelegt oder die Falten der gestärkten Servietten umklammert.

Diese verfluchten Dinger, irgendeiner hat immer eins, egal wo, egal wann.

So ein Rüpel.

Er ist verlegen. Ihm ist plötzlich ein wenig warm in dem Kaschmirpulli von seiner Mama.

Er nickt dem einen oder anderen zu, als wollte er seine Bestürzung zum Ausdruck bringen. Er sieht mich an, und seine Schultern sind leicht zusammengesackt.

»Es tut mir Leid.« Er lächelt mich wieder an, weniger kampflustig jetzt, könnte man meinen.

Ich sage: »Ist nicht so schlimm. Wir sind ja nicht im Kino. Eines Tages werde ich jemanden umbringen. Einen Mann oder eine Frau, die während der Vorstellung im Kino ans Telefon gegangen sind. Und wenn Sie über diesen Fall in der Zeitung lesen, werden Sie wissen, dass ich es war …«

»Ganz bestimmt.«

»Lesen Sie die Rubrik Verschiedenes?«

»Nein. Aber ich werde damit anfangen, denn nur so habe ich die Chance, Sie dort zu finden.«

Die Sorbets waren, wie soll ich sagen, köstlich.

Zum Kaffee hat sich mein charmanter Prinz neben mich gesetzt, gestärkt.

So dicht, dass er jetzt Gewissheit hat. Ich trage Strümpfe. Er hat die kleinen Häkchen an meinen Oberschenkeln gespürt.

Ich weiß, dass er in diesem Augenblick nicht mehr weiß, wo er wohnt.

Er hebt meine Haare hoch und küsst meinen Nacken, in der kleinen Mulde.

Er flüstert mir ins Ohr, er liebe den Boulevard Saint-Germain, er liebe Burgunder und Sorbets an Cassis.

Ich küsse seine kleine Schnittwunde. Auf diesen Moment habe ich von Anfang an hingearbeitet.

Der Kaffee, die Rechnung, das Trinkgeld, unsere Mäntel, das alles sind nur noch Details, Details, Details. Details, in denen wir uns verfangen.

In unserem Brustkorb pocht es wie wild.

Er hält mir meinen schwarzen Mantel hin und da …

Ich bewundere das Werk des Künstlers, Hut ab, sehr unauffällig, fast unmerklich, bestens berechnet und überaus geschickt macht er das: Während er ihn auf meine nackten, gefälligen und seidenweichen Schultern legt, findet er die notwendige halbe Sekunde und die perfekte Kopfneigung zur Innentasche seiner Weste, um einen Blick auf das Display seines Handys zu werfen.

Mein Kopf ist wieder klar. Mit einem Schlag.

Verräter.

Undankbarer Kerl.

Unglücklicher, was hast du getan!!!

Wo warst du mit deinen Gedanken, als meine Schultern ganz rund, ganz warm waren und deine Hand ganz nah!?

Was schien dir wichtiger als meine Brüste, die sich deinem Blick darboten?

Wovon hast du dich ablenken lassen, während ich deinen Atem in meinem Rücken erwartete?

Hättest du deinen verfluchten Apparat nicht erst befingern können, nachdem du mit mir geschlafen hast?

Ich knöpfe meinen Mantel bis oben zu.

Auf der Straße ist mir kalt, ich bin müde, und mir ist übel. Ich bitte ihn, mich bis zum nächsten Taxistand zu begleiten.

Er ist geknickt.

Ruf S.O.S., mein Junge, du hast alles, was du brauchst.

Aber nein. Er bleibt stoisch.

Als wäre nichts passiert: Ich bringe nur eine gute Freundin zum Taxi, reibe ihr die Arme, um sie aufzuwärmen, und plaudere über die Pariser Nacht.

Er hat echt Stil, durch und durch, das muss man ihm lassen.

Bevor ich in einen schwarzen Mercedes steige, der in Val-de-Marne zugelassen ist, sagt er:

Aber wir werden uns doch wiedersehen, nicht wahr? Ich weiß nicht einmal, wo Sie wohnen. Lassen Sie mir etwas da, eine Adresse, eine Telefonnummer –

Er reißt ein Stück Papier aus seinem Terminkalender und kritzelt ein paar Zahlen darauf.

»Hier. Das Erste ist meine Nummer zu Hause, das Zweite mein Handy, da können Sie mich jederzeit erreichen.«

Das hatte ich begriffen.

»Vor allem, nur keine Scheu, wann immer Sie wollen, okay? Ich erwarte Ihren Anruf.«

Ich bitte den Fahrer, mich am Ende des Boulevards abzusetzen, ich brauche Bewegung.

Ich kicke nicht vorhandene Konservendosen über die Straße.

Ich hasse Handys, ich hasse Sagan, ich hasse Baudelaire und diese ganzen Scharlatane.

Ich hasse meinen Stolz.

# Wie ich in die gesetzliche Ehe eintrat
### Kleine Erzählung

A ls der Punsch getrunken war, flüsterten meine Eltern einander etwas zu und ließen uns allein.

– Also los! – flüsterte mir Papaša im Weggehen zu. – Los, geh ran!

– Aber kann ich ihr meine Liebe gestehen, – flüsterte ich, – wenn ich sie gar nicht liebe?

– Das geht dich nichts an … Du begreifst auch gar nichts, Dummkopf …

Mit diesen Worten maß Papaša mich mit einem zornigen Blick und verließ die Laube. Eine Greisenhand fuhr durch die angelehnte Tür und nahm die Kerze vom Tisch. Wir blieben im Dunkeln zurück.

»Nun denn, was sein muss, muss sein!« – dachte ich, räusperte mich und begann gewandt:

– Die Umstände meinen es gut mit mir, Zoja Andreevna. Endlich sind wir allein, und die Dunkelheit kommt mir zu Hilfe, denn sie verdeckt die Scham auf meinem Gesicht … Diese Scham rührt von den Gefühlen, von denen mein Herz entflammt ist …

Doch hier hielt ich inne. Ich hörte, wie das Herz von Zoja Želvakova klopfte und wie ihre kleinen Zähne klapperten. Ihren ganzen Organismus überlief ein Zittern, das hörbar und spürbar wurde durch das Zittern der Bank. Das arme Mädchen liebte mich nicht. Sie hasste mich, wie der Hund den Knüppel, und verachtete mich, wenn nur irgend vorstellbar ist, dass dumme Menschen der Verachtung fähig sind. Noch heute sehe ich aus wie ein Orang-Utan, wenn auch geschmückt mit Rangabzeichen und Orden, damals jedoch sah ich allen möglichen Tieren ähnlich: dickmäulig, picklig, borstig ... Vom dauernden Schnupfen und Spirituosen hatte ich eine rote, aufgedunsene Nase. Um Geschicklichkeit konnten mich nicht einmal die Bären beneiden. Von den seelischen Qualitäten ganz zu schweigen. Von ihr, jener Zoja, hatte ich, als sie noch nicht meine Braut war, einmal ein Bestechungsgeld angenommen. Ich hielt inne, weil sie mir auf einmal leid tat.

– Gehen wir in den Garten, – sagte ich. – Hier ist es so heiß ...

Wir gingen hinaus und traten auf die Allee. Die Eltern, die hinter der Tür gehorcht hatten, sprangen bei unserem Erscheinen mit einem Satz in die Büsche. Das Mondlicht huschte über Zojas Gesicht. Ich war damals dumm, konnte auf diesem Gesicht aber doch die ganze Süße der Unfreiheit lesen! Ich seufzte und fuhr fort:

– Die Nachtigall schlägt, zur Freude des Weibchens ... Doch wen kann ich in meiner Einsamkeit erfreuen?

Zoja errötete und schlug die Augen nieder. Dies war ihr so befohlen worden. Wir setzten uns auf eine Bank, mit Blick auf das Flüsschen. Jenseits des Flüsschens sah man die weiße Kirche, und hinter der Kirche erhob sich des Herrn Grafen Kuldarov Haus, in dem der Kontorist Bolnicyn lebte, der Mensch, den Zoja liebte. Und Zoja, kaum dass sie sich gesetzt hatte, heftete auch sogleich ihren Blick auf dieses Haus ... Mein Herz presste und krampfte sich vor Mitleid zusammen. Mein Gott, mein Gott! Schenke unsern Eltern das ewige Himmelreich, aber ... wenigstens eine Woche sollen sie auch in der Hölle sitzen!

– Von einem Menschen allein hängt all mein Glück ab, – fuhr ich fort. – Ich hege diesem Menschen gegenüber Gefühle ... Gerüche ... Ich liebe sie, und wenn sie meine Liebe nicht erwidert, so bin ich verloren ... gestorben ... Dieser Mensch sind Sie. Können Sie mich lieben? Ja? Lieben Sie mich?

– Ja, – flüsterte sie.

Ich muss zugeben, bei diesem Wort von ihr erstarb ich. Ich hatte gedacht, sie würde bockig werden und mir einen Korb geben, denn sie liebte einen anderen. Ich hatte mich fest auf diese Leidenschaft verlassen, und jetzt kam genau das Gegenteil ... Sie hatte nicht genügend Kraft, sich gegen ihre Verwandtschaft zu stellen.

– Ja, – wiederholte sie und fing an zu weinen.

– Das kann doch nicht sein! – begann ich, ohne zu wissen, was ich sagte, und am ganzen Leibe zitternd. – Ist das denn möglich? Zoja Andreevna, meine Gute, glauben Sie mir nicht! Mein Gott, glauben Sie mir nicht! Ich liebe Sie nicht! Dreimal verflucht will ich sein, wenn ich Sie liebe! Und Sie lieben mich auch nicht! Das ist alles nur ein Riesenunsinn ...

Ich sprang auf und lief im Kreise um die Bank herum.

– Nein! Das ist alles nur eine Komödie! Man will uns gewaltsam verheiraten, Zoja Andreevna, aus Vermögensinteressen; was hat das mit Liebe zu tun? Lieber einen Schleifstein am Halse, als Sie an mich zu binden, jetzt wissen Sies! Was soll das, zum Teufel! Welches Recht haben sie? Was sind wir für die? Leibeigene? Hunde? Wir werden nicht heiraten! Nun erst recht nicht! Dies Gesindel! Wir haben ihnen viel zu lange nachgegeben! Ich gehe jetzt hin und sage ihnen, dass ich Sie nicht heiraten will, und Schluss!

Zojas Gesicht hörte plötzlich auf zu weinen, und augenblicklich waren ihre Augen trocken.

– Ich gehe jetzt hin und sags ihnen! – fuhr ich fort. – Und Sie werden es auch sagen. Ich sage ihnen, dass Sie mich überhaupt nicht lieben, sondern dass Sie Bolnicyn lieben. Und ich werde es sein, der Bolnicyn die Hand hält ... Ich weiß, dass Sie ihn leidenschaftlich lieben!

Zoja brach in ein glückliches Lachen aus und ging nun neben mir.

– Aber Sie lieben doch auch eine andere, – sagte sie und rieb sich die Hände. – Sie lieben Mademoiselle Débay.

– Ja, – sage ich, – Mademoiselle Débay. Sie ist zwar nicht russisch-orthodox und nicht reich, aber ich liebe sie wegen ihres Verstandes und ihrer seelischen Qualitäten ... Und wenn sie mich verfluchen, sie werde ich heiraten. Ich liebe sie, vielleicht mehr als mein Leben! Ich kann nicht ohne sie leben! Wenn ich sie nicht heirate, will ich nicht länger am Leben bleiben! Ich gehe jetzt ... Kommen Sie mit, sagen wir es diesen Narren ... Ich danke Ihnen, Liebste ... Sie haben mich getröstet!

Das Glück schwappte über in meinem Herzen, ich begann, Zoja zu danken, und Zoja mir. Und beide begannen wir, glücklich, dankbar, einander die Hände zu küssen, einander edelmütig zu nennen ... Ich küsse ihr die Hände, sie mich auf den Kopf, auf meine Borsten. Und mir scheint, ich habe sie sogar umarmt, wider alle Etikette. Und ich kann Ihnen sagen, diese Nichtliebeserklärung hat mich glücklicher gemacht als jede Liebeserklärung. Voller Freude, rosig und bebend gingen wir zum Haus, um unseren Eltern unseren Willen zu verkünden. Wir gehen und machen uns gegenseitig Mut.

– Sollen sie schimpfen, – sage ich, – uns schlagen, sogar aus dem Hause jagen, aber dafür werden wir glücklich sein!

Wir kommen ins Haus, da stehen die Eltern an der Tür und warten. Sie sehen uns an, sehen, dass wir glücklich sind, sehen es und winken dem Lakaien. Der Lakai kommt mit Champagner. Ich fange an zu protestieren, mit den Armen zu fuchteln, mit den Füßen aufzustampfen. Zoja weint, schreit … Es gab Lärm, Krawall, und der Champagner wurde nicht getrunken.

Aber verheiratet haben sie uns trotzdem.

Heute feiern wir unsere silberne Hochzeit. Ein Vierteljahrhundert haben wir zusammen gelebt! Zuerst war es schlimm. Ich habe sie beschimpft, manchmal auch ein bisschen geschlagen, sie dann vor Kummer angefangen zu lieben … Aus Kummer hatten wir Kinder miteinander … Danach … ging es … wir gewöhnten uns allmählich aneinander … Und in diesem Augenblick steht sie, Zoječka, hinter mir, die Hände auf meinen Schultern, und gibt mir einen Kuss auf die Glatze.

# Ein ungewöhnlicher Antrag
## (Aus: Unsere Seelen bei Nacht)

Und dann kam der Tag, an dem Addie Moore bei Louis Waters klingelte. Es war an einem Abend im Mai, kurz bevor es endgültig dunkel wurde.

Sie wohnten einen Häuserblock voneinander entfernt in der Cedar Street, im ältesten Teil der Stadt. Ulmen, Zürgelbäume und ein einzelner hoher Ahorn säumten die Straße und die grünen Rasenflächen vor den einstöckigen Häusern. Es war ein warmer Tag gewesen, doch jetzt am Abend kühlte es ab. Sie ging auf dem Bürgersteig unter den Bäumen entlang und bog zu Louis' Haus ab.

Als er ihr die Tür aufmachte, fragte sie: Könnte ich kurz reinkommen und etwas mit dir besprechen?

Sie setzten sich ins Wohnzimmer. Möchtest du etwas trinken? Eine Tasse Tee?

Nein, danke. Vielleicht bleibe ich nicht lange genug, um ihn auszutrinken. Sie sah sich um. Du hast es schön hier.

Diane hat das Haus immer gut in Schuss gehalten. Und ich gebe mir Mühe.

Es ist immer noch schön. Ich war seit Jahren nicht mehr hier.

Ihr Blick schweifte aus dem Fenster an der Seite des Hauses, wo es jetzt Nacht wurde, und dann in die Küche. Über der Spüle und den Arbeitsflächen brannte schon Licht. Alles wirkte sauber und ordentlich.

Er beobachtete sie. Eine attraktive Frau, das hatte er schon immer gedacht. In jüngeren Jahren hatte sie dunkles Haar gehabt, jetzt war es weiß und kurz geschnitten. Nach wie vor hatte sie eine gute Figur, nur um Taille und Hüften war sie ein wenig fülliger als früher.

Wahrscheinlich fragst du dich, was ich von dir will, sagte sie.

Nun ja, vermutlich bist du nicht hergekommen, um mir zu sagen, dass ich es hier schön habe.

Nein. Ich wollte dir einen Vorschlag machen.

Ach ja?

Ja, so etwas wie einen Antrag.

Okay.

Keinen Heiratsantrag.

Das hätte ich auch nicht erwartet.

Aber es geht in die Richtung. Nur weiß ich jetzt nicht, ob ich es schaffe. Ich kriege plötzlich kalte Füße. Sie lachte ein bisschen. Es ist tatsächlich wie bei einem Heiratsantrag, nicht?

Was denn?

Kalte Füße.

Schon möglich.

Ja. Also, ich sag es jetzt einfach.

Ich höre, antwortete Louis.

Ich wollte fragen, ob du dir vorstellen könntest, hin und wieder zu mir zu kommen und bei mir zu schlafen.

Was? Wie meinst du das?

Ich meine, dass wir beide allein sind. Wir sind schon viel

zu lange uns selbst überlassen. Seit Jahren. Ich bin einsam. Ich dachte, du vielleicht auch. Deshalb wollte ich fragen, ob du zu mir kommen und bei mir übernachten würdest. Und mit mir reden.

Er starrte sie an, betrachtete sie. Neugierig. Vorsichtig.

Du sagst ja gar nichts. Hat es dir die Sprache verschlagen?

Ich glaube, ja.

Es geht nicht um Sex.

Das fragte ich mich gerade.

Nein, kein Sex. Das meine ich nicht. Ich habe schon lange keine Lust auf Sex mehr. Ich spreche davon, die Nacht zu überstehen. Es gemütlich und warm zu haben. Zusammen im Bett zu liegen, die ganze Nacht. Die Nächte sind am schlimmsten. Findest du nicht?

Doch. Das finde ich auch.

Am Ende nehme ich eine Tablette, um einzuschlafen, lese viel zu lange, und am nächsten Tag bin ich zu nichts zu gebrauchen. Keine Freude, weder für mich noch für den Rest der Welt.

Das kenne ich.

Aber ich glaube, dass ich wieder schlafen könnte, wenn jemand bei mir im Bett läge. Jemand, der nett ist. Wegen der Nähe. Wir könnten reden, in der Nacht, im Dunkeln. Sie wartete. Was meinst du?

Ich weiß nicht. Wann willst du denn damit anfangen?

Wann du willst. Falls du überhaupt willst, setzte sie hinzu. Diese Woche.

Lass mich darüber nachdenken.

Gut. Aber ruf mich an, wenn du kommst. Falls du kommen willst. Damit ich mich darauf einstellen kann.

Gut.

Dann warte ich auf deinen Anruf.

Und wenn ich schnarche?

Dann schnarchst du eben, oder du lernst, damit aufzuhören.

Er lachte. Das wäre was ganz Neues.

Sie stand auf und machte sich auf den Heimweg, und er stand in der Tür und sah ihr nach, einer mittelgroßen siebzigjährigen Frau mit weißem Haar, die unter den Bäumen davonging, durch die Lichtflecken, die die Straßenlaterne an der Ecke warf.

Ach, zum Teufel, sagte er. Jetzt bilde dir mal bloß nichts ein.

*

Am nächsten Tag ging Louis zum Friseur in der Main Street, ließ sich das Haar raspelkurz schneiden, zu einer Art Igelschnitt, und fragte den Friseur, ob er seine Kunden auch rasiere. Der Friseur sagte ja, und so ließ er sich obendrein eine Rasur verpassen. Dann ging er nach Hause, rief Addie an und sagte: Ich würde gern heute Abend vorbeikommen, wenn das noch gilt.

Ja, es gilt, sagte sie. Ich freue mich.

Nach einem leichten Abendessen, nur ein Sandwich und ein Glas Milch, damit er sich in ihrem Bett nicht zu voll und schwer fühlen würde, nahm er eine lange, heiße Dusche und schrubbte sich gründlich ab. Dann schnitt er Finger- und Fußnägel, und als es dunkel war, verließ er mit seinem Pyjama und der Zahnbürste in einer Papiertüte das Haus durch die Hintertür und folgte dem kleinen Seitenweg. Hier war es dunkel, und seine Schuhe knirschten auf dem Kies. In dem Haus auf der anderen Seite brannte Licht; er sah das Profil einer Frau, die an der Spüle stand. Er ging weiter bis zu Addie Moores Garten, an der Garage vorbei, und klopfte an die Hintertür. Dann wartete er eine Weile. Vorn auf der Straße fuhr ein Wagen mit erleuchteten Scheinwerfern vorbei. Er hörte, wie sich in der Main Street die Highschool-Kids gegenseitig zuhupten. Dann flammte das Außenlicht über seinem Kopf auf, und die Tür öffnete sich.

Was machst du denn hier hinten?, fragte Addie.

Ich dachte, hier würde mich vermutlich keiner sehen.

Das ist mir gleich. Es kommt ohnehin raus. Irgendwer wird es mitkriegen. Komm lieber über den Bürgersteig, zur Vordertür. Ich habe mir das genau überlegt – es ist mir egal, was die Leute denken. Viel zu lange habe ich darauf geachtet, mein ganzes Leben lang. Aber damit ist jetzt Schluss. Wenn du von hinten über den Seitenweg kommst, wirkt es, als würden wir etwas Unrechtes oder Ungehöriges tun, etwas, wofür man sich schämen muss.

Ich war einfach zu lange Lehrer in einer Kleinstadt, sagte er. Das ist wohl der Grund. Aber gut. Nächstes Mal komme ich zur Vordertür. Falls es ein nächstes Mal gibt.

Glaubst du nicht?, fragte sie. Meinst du, es wird bloß ein One-Night-Stand?

Das weiß ich nicht. Vielleicht. Ohne den sexuellen Teil, natürlich. Ich weiß nicht, wie es laufen wird.

Hast du kein Vertrauen?, fragte sie.

In dich, ja. Dir kann ich vertrauen. Das sehe ich jetzt schon. Aber ich weiß nicht, ob ich dir gewachsen bin.

Was redest du da? Wie meinst du das?

Dein Mut, sagte er. Deine Risikobereitschaft.

Tja, immerhin bist du gekommen.

Stimmt. Hier bin ich.

Dann komm am besten rein. Wir müssen ja nicht die ganze Nacht draußen stehen. Selbst wenn es nichts ist, wofür man sich schämen müsste.

Er folgte ihr über die Veranda in die Küche.

Nehmen wir erst mal einen Drink, schlug sie vor.

Hört sich gut an.

Trinkst du Wein?

Hin und wieder.

Aber Bier wäre dir lieber?

Ja.

Dann besorge ich für nächstes Mal Bier. Und dann setzte sie hinzu: Falls es ein nächstes Mal gibt.

Er wusste nicht, ob sie ihn aufziehen wollte. Falls, wiederholte er.

Hättest du lieber Rot- oder Weißwein?

Weißwein, bitte.

Sie nahm eine Flasche aus dem Kühlschrank und schenkte jedem von ihnen ein halbes Glas ein. Dann setzten sie sich an den Küchentisch. Was hast du in der Tüte?, fragte sie.

Meinen Pyjama.

Das heißt, du willst es wenigstens einmal ausprobieren.

Ja, richtig.

Sie tranken den Wein.

Noch ein Glas?

Nein, ich glaube nicht. Könnten wir einmal durchs Haus gehen?

Du möchtest, dass ich dir die Zimmer und die Aufteilung zeige?

Ich würde nur gern wissen, wo ich überhaupt bin.

Damit du dich notfalls im Dunkeln rausschleichen kannst.

Also, nein, daran dachte ich eigentlich nicht.

Sie stand auf, und er folgte ihr ins Ess- und dann ins Wohnzimmer. Anschließend führte sie ihn nach oben zu drei weiteren Zimmern. Das große nach vorn heraus mit Blick auf die Straße war ihres. Das war früher unser Schlafzimmer, sagte sie. Gene hatte das Zimmer nach hinten heraus, und das andere nutzten wir als Arbeitszimmer.

Am Ende des Flurs lag das Badezimmer, und unten neben dem Esszimmer gab es noch eine Gästetoilette. Auf dem riesigen Bett in ihrem Zimmer lag eine leichte Baumwolldecke.

Und, was meinst du?, fragte sie.

Das Haus ist größer, als ich dachte. Mehr Zimmer.

Es war ein gutes Haus für uns. Ich wohne seit vierundvierzig Jahren hier.

Drei Jahre nachdem Diane und ich wieder hierher zurückkamen.

Eine Ewigkeit.

# Mein Vater verliebte sich in meine Mutter

Mein Vater verliebte sich in meine Mutter, als er neunzehn war und sie zwölf. Er kam aus einer wohlhabenden Familie und galt ein wenig als Playboy. Ihre Familie war arm. Sie war ein lerneifriges, stilles Kind. Aber sie war wunderschön. Sie selbst dachte nicht viel darüber nach. Sie war viel zu sehr damit beschäftigt zu lernen und nach der Schule Nachhilfestunden zu geben, um etwas Geld nach Hause zu bringen.

Mein Vater war von ihr hingerissen. Er kaufte ihr eine Armbanduhr. Damals waren Armbanduhren sehr teuer. Meine Mutter weigerte sich, das Geschenk anzunehmen. Mein Vater drohte, die Uhr auf die Schienen der Straßenbahn zu werfen, die durch Lodz fuhr. Meine Mutter war entsetzt. Sie nahm die Uhr.

Mein Vater machte ihr unablässig den Hof. Er gab nicht auf. Hitler half ihm. Als der Krieg ausbrach, zerbrachen ihre Pläne, Medizin zu studieren. Alle Juden Polens wurden in Ghettos getrieben. Meine Mutter heiratete meinen Vater. Sie war siebzehn.

Die ersten fünf Jahre ihrer Ehe verbrachten sie im Ghetto von Lodz. Sie lebten in Angst und Schrecken, von Krankheit, Hunger und Tod umgeben. In dem Viehwaggon, der sie nach Auschwitz brachte, sagte mein Vater meiner Mutter immer und immer wieder, wie sehr er sie liebte. Zwei Minuten bevor sie nach ihrer Ankunft in Auschwitz voneinander getrennt wurden, ergriff mein Vater die Hand meiner Mutter und sagte ihr, dass er sie immer lieben werde.

Es dauerte fast eineinhalb Jahre, bevor sie sich wiedersahen. Eineinhalb Jahre des Grauens. Eines Grauens, das entsetzlicher war, als die meisten von uns es sich vorstellen können.

Meine Mutter und mein Vater tauchten aus diesem Grauen auf und mussten erfahren, dass alle, die sie geliebt hatten, tot waren. Keiner von beiden wusste, ob der andere noch lebte.

Ich wusste, dass meine Eltern nach dem Krieg ein halbes Jahr gebraucht hatten, um sich wiederzufinden. Ich hatte vage Vorstellungen vom Nachkriegseuropa – Vorstellungen von Chaos und Dreck; Vorstellungen von fehlenden Dokumenten und Geldmangel; Vorstellungen von Soldaten, die ein lahmgelegtes Transportsystem kontrollierten; Vorstellungen von Ohnmacht, Heimatlosigkeit und Einsamkeit.

Als ich ungefähr dreizehn war, erfand ich eine Geschichte, wie meine Eltern sich wiedergefunden hatten. Ich habe diese Geschichte jahrelang erzählt. Bis ich Mitte dreißig war, wusste ich nicht, dass ich sie erfunden hatte.

In meiner Geschichte reiste meine Mutter auf Kohlewaggons kreuz und quer durch Europa, um meinen Vater zu suchen. Sie schlief auf Äckern und in Straßengräben. Immer wenn sie auf polnische Armeeangehörige traf – mein Vater war vor dem Krieg in der polnischen Armee gewesen – oder auf andere Juden, fragte sie, ob jemand Moniek Brajsztajn kannte.

So reiste sie ein halbes Jahr umher. Eines Tages war sie auf einem Bahnhof. Sie fragte einen jungen polnischen Feldwebel, ob er meinen Vater gesehen hätte. »Ja«, antwortete der polnische Feldwebel. »Der ist in dem Zug da drüben.« Er deutete auf einen Zug, der gerade aus dem Bahnhof herausfuhr. Meine Mutter, die vor lauter Aufregung fast die Sprache verloren hatte, machte ihm klar, worum es ging. Der Feldwebel orderte einen Lastwagen und fuhr mit ihr mit hoher Geschwindigkeit zum nächsten Bahnhof. Dort stieg meine Mutter in den Zug und ging von Waggon zu Waggon. Im letzten Abteil sah sie meinen Vater und wurde ohnmächtig.

Diese Geschichte trieb den Leuten immer die Tränen in die Augen. Ich hatte die Geschichte aus Unterhaltungsbrocken und Gesprächsfetzen zusammengesetzt: aus beiläufigen Unterhaltungen und aus wütenden Gesprächen. Aus Bruchstücken von Geheimnissen. Geheimnisse, die meine Mutter enthüllte, und Geheimnisse, die sie zu bewahren suchte. Und aus kleinen Fragmenten ihrer Vergangenheit, die ihr entschlüpften.

Ich verfügte nicht über ausreichende Informationen, um eine richtige Geschichte daraus zu machen, also erfand ich eine. Die Wahrheit, wie meine Mutter und mein Vater sich nach dem Krieg wiederfanden, ist ebenso faszinierend wie die Geschichte, die ich mir ausdachte.

Meine Mutter fuhr tatsächlich auf Güterwaggons durch ganz Europa, um meinen Vater zu suchen. Sie schlief auf Äckern und in Straßengräben. Schließlich fand sie meinen Vater in der Tschechoslowakei, wo er zwei Monate lang wegen einer Flüssigkeitsansammlung im Gehirn im Krankenhaus lag.

Als sie ihn fand, war er aus dem Krankenhaus entlassen worden und befand sich auf dem Weg der Besserung. Er hatte geglaubt, sie sei tot. Er wusste, dass seine Mutter und sein Vater tot waren. Er wusste, dass seine Schwester und seine beiden Brüder tot waren. Er war überzeugt, auch meine Mutter wäre tot. Er war mehrmals mit einer Frau ausgegangen, die er noch aus Lodz kannte. Das hat er sich niemals verziehen. Und ich halte es für möglich, dass auch meine Mutter ihm niemals verziehen hat.

Als ich noch klein war und mein Vater abends aus der Fabrik nach Hause kam, gab er meiner Mutter immer einen liebevollen Klaps auf den Hintern. »Meine schöne Rooshka«, sagte er. Sie zuckte jedes Mal zur Seite, als ob die Geste sie ärgerte oder irritierte, aber ich wusste, dass jemand, der auf Kohlewaggons und in Straßengräben geschlafen hatte, um ihn zu suchen, ihn wirklich lieben musste.

Er war verrückt nach ihr. Und er blieb es bis zu dem Tag, an dem sie starb. Und dann starb er selbst fast vor Kummer. Die Liebe meines Vaters zu meiner Mutter war greifbar, vierundzwanzig Stunden am Tag. Er betrachtete sie morgens als Erstes mit Entzücken, und abends nach der Arbeit kam er schnurstracks zu ihr nach Hause.

In einem jüdischen Sprichwort heißt es: »Drei Dinge kann man nicht verbergen – den Husten, die Armut und die Liebe.« Die Liebe meines Vaters zu meiner Mutter war so offensichtlich. Er war verrückt nach ihr. Er war wahnsinnig in sie verliebt.

Warum sagen wir *wahnsinnig verliebt*? Ist es deshalb, weil es irrational ist, einen Menschen mehr als einen anderen oder mehr als alle anderen zu lieben? Ich denke mir oft, dass die Liebe meines Mannes zu mir irrational ist. Er hätte sich eine aussuchen können, die gelassener ist als ich, ausgeglichener, weniger nervös und angespannt. Er sieht über so vieles bei mir hinweg, das schwer zu ertragen ist. Das muss irrational sein. Ich glaube, vor Jahrzehnten gab es noch mehr dieser irrationalen Gefühle. Ich glaube, die Menschen liebten sich innig, sie betrachteten sich als zusammengeschweißt.

Meine Eltern hatten in ihrem Freundeskreis nur Ehepaare, die einander, wie mir schien, wirklich liebten. Kein Mensch fragte danach, ob Shoolak und Marilla wirklich zueinanderpassten oder ob Regina und Edek übereilt geheiratet hätten. Fragen nach Bindungsfähigkeit, Bindungsbereitschaft oder dem richtigen Zeitpunkt schienen noch keine Stolpersteine zu bedeuten. Die Leute verliebten sich, heirateten und blieben verheiratet. Sie fragten sich nicht, ob sie die richtige Wahl getroffen hätten. Sie hatten keine Vorbehalte in Bezug auf Freiheitsverlust, Abbau der Individualität oder einer Einschränkung ihrer Selbstbestimmung.

Kein Mensch kannte Begriffe wie psychische oder physische Abhängigkeit. »Ich brauche Raum für mich« bedeutete »rutsch' mal ein Stück auf dem Sofa«. Die Optionen waren begrenzt. Das Glück wurde nicht seziert. Bin ich glücklich? oder bin ich so glücklich, wie ich sein sollte? waren keine Fragen, über die man nachgedacht hätte. Die Idee, die eigene Befindlichkeit zu prüfen, war noch nicht aufgekommen. Erst meine Generation begann mit dieser Flut der Selbstbefragung, und das hat auch seine Nachteile.

Wir hatten Forderungen und Erwartungen. Wir hatten das Fernsehen und Zeitschriften, die uns verrieten, ob das, was wir erlebten, das Beste war, das wir erleben konnten. Waren wir so befreit, wie wir es sein könnten?, fragten wir uns. So aufgeklärt und ungehemmt? Waren wir einfühlsame Geliebte? Hatten wir vaginale oder klitorale Orgasmen? Fanden wir unseren G-Punkt? Da waren so viele Fragen. Da gab es so vieles zu bedenken.

Wir waren die Generation, die die Fehler ihrer Eltern nicht wiederholen wollte. Wir waren bereits intim, bevor wir heirateten. Wir heirateten später. Wir wählten unsere Ehepartner überlegter aus. Und unsere Scheidungsziffern brachen alle Rekorde.

Eine der leidenschaftlichsten Liebesbeziehungen, die ich außer der Liebe meiner Eltern zueinander kannte, war die zwischen Topcha und Herschel. Im Gegensatz zu anderen Freunden meiner Eltern waren sie nicht wohlhabend. Herschel arbeitete sein Leben lang als Schneider. Sie lebten in einer Zweizimmerwohnung im Melbourner Osten. Sie waren beide klein und rund. Herschel war dunkel und Topcha blond. Sie nannte ihn Ma Herschel, mein Herschel. Und er nannte sie Ma Topcha, meine Topcha.

Sie waren stets zusammen und hielten sich immer an der Hand.

Sie hatten nur einander. Sie hatten keine Kinder. Ich habe nie nach dem Grund dafür gefragt. Ich war immer sehr gern bei Topcha und Herschel. Sie waren so glücklich, zusammen zu sein. Ihr Glück breitete sich aus und schloss jeden in ihrer Nähe mit ein.

KLAUS CÄSAR ZEHRER

# Briefe an Susanne

Eine kommentierte autobiographische Dokumentation
in neun Schriftstücken

Alt und ehrwürdig ist die Kunst des Dichtens von Liebesbriefen. Von Meistern wie Ovid und Goethe zu höchster Virtuosität geführt, künden sie davon, wie tief der Mensch empfinden, wie leidenschaftlich er begehren, wie erschütternd er leiden kann. Ganz anders ist es bestellt um die literarische Qualität von Liebesbriefen, die von Liebenden verfasst werden. Das Herz in tanzendem Überschwang, das Hirn von körpereigenen Drogen paralysiert – da kann ja nichts Gescheites herauskommen. Nur wenn auf der Empfängerseite eine ebenso verliebte Seele wohnt, dürfen Schreiber und Geschriebenes auf Nachsicht hoffen.

Folgende Beispiele aus der Praxis mögen dies belegen. Sie entstammen einem Konvolut aus 47 Briefen und Postkarten, die sich in Form von Fotokopien in meinem Privatbesitz befinden. Geschrieben wurden sie zwischen Sommer 1992 und Frühjahr 1993, also in einer Zeit, da Liebesdinge noch nach alter Väter Sitte auf dem Postweg erörtert wurden. Der heutigen Jugend mag es kurios vorkommen, aber damals steckte man tatsächlich beschriftete Zettel in frankierte Kuverts und warf sie in sogenannte Briefkästen, um eine andere Person mit zweitägiger Verzögerung über seine warmen Gefühle in Kenntnis zu setzen. Anders waren Distanzbeziehungen kaum zu verwalten. Ferngespräche waren teuer und die schnelle Fernübertragung von Nachrichten, sei es per Telefax, SMS, E-Mail oder Internet, wenig verbreitet oder noch gar nicht erfunden. Noch nicht einmal die heutzutage für die endgültige Aufkündigung eines Liebesverhältnisses schier unverzichtbaren Kothaufen-Emojis gab es. Es war eine andere, gemütlichere Zeit.

Der Urheber der nachfolgenden Dokumente war ein seinerzeit 22- bzw. 23-jähriger Student der Universität Lüneburg namens Klaus Cäsar Z. Er ist – es lässt sich nicht glaubwürdig leugnen – mit dem Verfasser dieser Zeilen identisch. Da ich meine Korrespondenz an dieser Stelle erstmals veröffentliche, wäre es mir ein Leichtes gewesen, sie nachträglich zu schönen oder gar komplett zu fingieren, um mit scheinbarer Frühreife, Eloquenz und Seelentiefe zu beeindrucken. Der Umstand, dass die Briefe nichts dergleichen erkennen lassen, darf als Beweis für ihre Echtheit gelten. Wenn ich für irgend etwas Respekt verdiene, dann allenfalls für die Unerschrockenheit, mit der ich sie nun zum Druck freigebe. Gekürzt habe ich sie lediglich um Privatissima explizit erotischen bzw. pornographischen Inhalts, da sich dafür ohnehin niemand interessiert.

Über die Empfängerin der Briefe sei nur so viel gesagt: Sie heißt Susanne R., ist die Tochter eines Ladenbesitzerehepaares und zwei Jahre jünger als der Absender. Damals absolvierte sie gerade ein freiwilliges soziales Jahr in Osnabrück. Insgesamt 29 ihrer Schreiben liegen mir im Original vor. Aus Gründen, die noch genannt werden, müssen sie hier unberücksichtigt bleiben.

## 1

*Lüneburg, d. 18. 6. '92*

*Hallo Susanne,*

*Tach erst mal. Ich bin der Mitbewohner von Fabian, dem Freund von Gerlinde, bzw. Ex-Freund oder Wieder-Freund oder Doch-wieder-nicht-mehr-Freund, ich habe da etwas den Überblick verloren, und die beiden anscheinend auch – na ja, wie auch immer: Fabian (schöne Grüße übrigens) hat vor, zu eurer Party zu fahren, und ich wollte nur mal kurz anfragen, ob es für euch okay ist, wenn ich mitkomme und dann auch bei euch übernachte. Schlafsack und Isomatte bringe ich mit. Wenn's nicht paßt, sag einfach Bescheid.*

*Ich weiß über Osnabrück eigentlich nur, was ich mal auf einer Insterburg&Co.-Platte gehört habe: »Osnabrück ist eine schöne Stadt. Sie liegt in einer Gegend. Viele Häuser zieren das Weichbild.« Als angehender Kulturwissenschaftler, der ich bin, möchte ich gerne etwas Feldforschung betreiben, um den Wahrheitsgehalt dieser Beschreibung vor Ort zu überprüfen.*

*Also dann bis bald (oder auch nicht),*
*Klaus Cäsar*

So harmlos und unverfänglich begann, was sich zu einer veritablen Amour fou entwickeln sollte. Wie und vor allem warum ich nach der kurzfristigen Absage meines Freundes und WG-Gefährten Fabian allein nach Osnabrück reiste, ist nicht mehr zu klären. Als Partylöwe bin ich schon damals nicht berühmt gewesen. Aus den Quellen geht klar hervor, dass ich bei dem Fest wohl nicht sehr viel Glamour versprüht habe.


#2

*Lüneburg, den 29. 6. '92*

*Liebe Susanne,*

*vielen Dank noch mal für alles. Die Festivität war sozusagen eine rauschende. Schade, daß Fabian nicht mitgekommen ist, aber er war und ist immer noch transportunfähig, d.h. er liegt nebenan im Bett und heult rum wg. Gerlinde. Ich habe mir Ohropax reingemacht.*
*Ich fand's echt supernett von dir, daß du dich noch mal extra erkundigt hast – ja doch, ich habe mich amüsiert. Wirklich. Ich amüsiere mich mehr so nach innen, mußt du wissen. Und schlafen gegangen bin ich nur deshalb so früh, weil es mir irgendwann zu voll und zu laut wurde. Versteh mich bitte nicht falsch: Ich habe nichts gegen Menschen, einige meiner besten Freunde sind Menschen. Aber daß sie immer so viel lärmen müssen! Wieso können sie sich zum Feiern nicht einfach mit einer Schüssel Chips auf eine Eckbank setzen und einen Abend still an sich vorüberziehen lassen? Ich kann das doch auch!*

*Liebe Grüße,*
*KC*

*PS.: Sorry noch mal wegen der Papiercollage von deinem Neffen, ich dachte wirklich, das sei Müll. Ich bastle dir eine neue, viel schönere.*

Frauenherzen, so sagt man, sind unergründlich, und ich wäre der Letzte, der sich anmaßen würde zu behaupten, sie zu verstehen. Warum Susanne mir, der ich mich doch bereits als lupenreiner Sozialneurotiker zu erkennen gegeben hatte, ausführlich antwortete, kann ich also nicht sagen. Tatsache ist jedenfalls, dass wir einander einige Male sympathisierend hin und zurück schrieben.

Und als sie ihre beste Freundin Gerlinde besuchte, die wie ich in Lüneburg studierte, überschlugen sich in unserer WG bei einem Abendessen zu viert (Nudeln mit Tomatensauce, was sonst) die Ereignisse: Fabian und Gerlinde versöhnten sich aufs Heftigste, schworen sich ewige Treue und verschwanden bis zum nächsten Morgen in Fabians Zimmer. Und Susanne und ich, vom Sturm der Liebe, der unsere kleine Bude durchwehte, jählings erfasst, hatten auf einmal auch keine Lust mehr, den Abwasch zu besorgen.

Es haben schon andere vor mir bemerkt und wohl auch eleganter ausgedrückt: Manchmal genügt ein einziger Beischlaf, um das Verhältnis zweier Menschen zueinander grundlegend zu verändern. Bei Susanne und mir jedenfalls war es so. Der Tonfall unseres Briefwechsels, zuvor ein freundliches Abklopfen biographischer Hintergründe, weltanschaulicher Überzeugungen und musikalischer Vorlieben, wechselte schlagartig ins Elegische und zugleich Ausgelassene. Der erste Brief, den ich im Anschluss an den Tomatensaucenabend nach Osnabrück geschickt habe, zeigt mich euphorisch gestimmt und zu Albernheiten aufgelegt.

#3

LG, 3. 9. '92

*Susanne, ach, Susanne,*

*du machst das Kind zum Manne! (Ganz im Gegensatz übrigens zu Gerlinde, die macht den Mann zum Kinde. Aber zurück zum Thema:) Susanne, ach, Susanne! Herrlichstes aller Geschöpfe! Gebenedeit seist du! Ich habe keine Ahnung, was gebenedeit bedeutet, aber du seist trotzdem gebenedeit!*

*Susanne! Deine herrlich blauen Augen! Oder sind sie herrlich grün? Oder gar herrlich braun? Herrgott, woher soll ich das wissen, ich war beschäftigt! Herrlich stimmt jedenfalls! Herrlicher Mund übrigens auch! Haare: herrlich! Nase: ebenfalls herrlich! Ohrläppchen: herrlich! Anderes Ohrläppchen: fast noch herrlicher, wenn das überhaupt ginge! Ellenbogen: Ich habe keine Worte, um die Herrlichkeit deiner Ellenbogen zu beschreiben, aber »herrlich« trifft's wohl noch am ehesten! Kniekehlen: dermaßen herrlich, daß Gott, nachdem er sie schuf, eine Gehaltserhöhung bekam! Bauchspeicheldrüse: kann ich noch nicht abschließend beurteilen, aber ich tippe mal stark auf herrlich! Ich fasse zusammen: herrlich, herrlich, herrlich!*

*Susanne! Leider muß ich schließen, die Ausrufezeichen*
*gehen mir aus! Ich hoffe, wir sehen uns bald wieder, dann*
*wirst du von mir ordentlich durchgebenedeit!*

*Es schmatzt dich hochachtungsvoll dein*
*Cäsarchen*

O Jugend, süße Narrheit! Verweht, vorbei. Doch auch die
mittleren Lebensjahre mit ihrem milderen hormonellen
Klima haben ihre Vorteile. So fällt mir jetzt, aus der Distanz
eines guten Vierteljahrhunderts, beim Wiederlesen meiner
Briefe auf, wie viel Wahrheit doch in dem Wort »Liebes-
rausch« steckt. Im Nebel der Endorphine verschwindet so
manches, auch das Schamgefühl, das uns im nüchternen
Zustand so zuverlässig hemmt, beklemmt und vor Peinlich-
keiten bewahrt.

Ja, ich muss besoffen gewesen sein vor Begeisterung und
wohl auch vor Selbstbegeisterung, anders kann ich mir
rückblickend nicht erklären, wie es mir unterlaufen konnte,
einen witzelsüchtigen Infantildadaismus wie den nachfolgenden auf den Weg zu bringen. Das vermutlich zwischen
September und November 1992 entstandene Schriftstück ist
undatiert und wurde – ein weiterer Beleg für eingeschränkte
Zurechnungsfähigkeit – auf einem Bogen Kater-Garfield-
Briefpapier abgefasst.

## 4

*Mein Schnuffelschnauzi!*

*Weißt du, was du bist? Mein Schnuffelschnauzi bist du! Beweis: 1. Mein, 2. Schnuffel, 3. Schnauzi. 4. Q.e.d.*
*Nächster Tagesordnungspunkt: Anwesenheit. Ich stelle fest, daß ich anwesend bin. Festgestellt wird weiterhin, daß du abwesend bist. Unter diesen ürregulären Bedingungen kann ein ordnungtsgemäßer Geschlechstverkehr schlechsterdingst nicht durchgeführt werden. Und woran liegzt? An mir ja nun nachsweistlich nicht! Es liegszt vielmehr in ausschließlichstem Maße an Ihnen und Ihrenerner umpferschämten Abwetzendheit! Frolleinchen, Frolleinchen, Sie sind mir ja vülleicht eine! Himmitzt forzere ich Ihnen nochmaligst zu sofortigster Erscheinungsweise auf, weil ich nemtzlich antzernzfaltz böse werde.*
*Und wenn ich erst mal böse bin, dann bin ich imstand und werfe vor lauter Wut mit einer Wasserstoffbombe nach dir. Und dann verdampfst du, und dann tut es dir auf einmal leid.*
*Noch liegt es in deiner Hand, dich, die Stadt Osnabrück und alle ihre Bewohner zu retten. Dafür mußt du nichts weiter tun, als* UNVERZÜGLICH *zu mir zu kommen.*

*Mit Unterthänigkeit,*
*Scardanelli*

Um an dieser Stelle noch einmal kurz auf den eingangs bereits erwähnten J. W. v. Goethe zurückzukommen: In keinem einzigen seiner erhaltenen Briefe – ich habe zur Sicherheit die Konkordanz überprüft – kommt das Wort Schnuffelschnauzi vor. Daraus folgt entweder, dass der in Fachkreisen hochgeschätzte Geheimrat doch nicht die Sprachmächtigkeit besaß, die ihm allgemein zugeschrieben wird. Oder dass er nach Frau von Stein eventuell nicht ganz so verrückt war wie ich nach meiner Susanne.

Doch ich schweife ab. Vermutlich, weil ich auf unangenehme Entwicklungen zu sprechen kommen muss.

Liebe macht dumm, weiß der Volksmund, und der hat bekanntlich immer recht. Zum Zeitpunkt, als der folgende Brief entstand, hatten Susanne und ich uns etwa vier oder fünf Mal getroffen, entweder bei ihr oder bei mir, meist für ein Wochenende. Die knappe Zeit nutzten wir, wie ich dachte, bestmöglich. In meinem erotischen Taumel ging ich der Einfachheit halber davon aus, es werde schon alles in Ordnung sein, nicht nur für mich, sondern auch für sie. Ich hielt meinen Platz an Susannes Seite für unverrückbar, meinen Humor für unwiderstehlich und meine Performance als Liebhaber für überragend. Die Quittung kam per Post und erwischte mich kalt.

#5

*LG, 9. 12. '92*

*Huhu Sannchen,*

*ich bin gerade nach Lüneburg zurückgekommen, hab dort-selbst der Liebsten Brieflein erblicket und es sogleich er-*

*brochen (würg). Ehrlich gesagt, ich weiß noch nicht mal, was du meinst. Wann, bitte schön, habe ich »blöde sexistische Sprüche abgelassen«? Mir fällt eigentlich nur eine einzige Situation ein, die überhaupt in Frage kommen könnte, nämlich, als ich gesagt habe: »Dieser Orgasmus wurde Ihnen präsentiert von Dr. Pimmel.« Und du hast gelacht. Okay, du hättest vielleicht etwas herzlicher lachen können, aber du hast gelacht. Woraufhin ich gesagt habe: »Dr. Pimmel, Ihr freundlicher Partner, wenn's um Orgasmen geht.«*

*War es das? Und wenn ja: Was genau soll daran sexistisch sein? Sexismus ist die Benachteiligung eines Menschen aufgrund seines Geschlechts. Also, ich finde ja eher, daß ich dich aufgrund deines (und kraft meines) Geschlechts massiv bevorteile. Oder ist das Sexistische etwa, daß Herr Pimmel etwas Besseres darstellt, weil er einen Doktortitel hat? Aber den hat seine Angetraute, die blitzgescheite Frau Musch, doch auch! So, jetzt wieder alles gut mit uns? Oder immer noch beleidigt?*

*Dein Klaus Cäsar*
*(Frauenfreund)*

*P. S.: Dr. Pimmel ist übrigens neulich von der Polizei vernommen worden. Ich habe gehört, er hat gestanden.*

Nein, es war nicht wieder alles gut mit uns, und sollte es nie mehr werden. Meine Pimmelwitze machten auch nichts besser. Die Illusion, auf der alle Verliebtheit gründet – die Vorstellung, zwei Seelen seien sich so nahe gekommen, dass sie zu einer einzigen verschmolzen sind –, war als solche entlarvt, der Zauber verpufft. Wir sprachen nie darüber, aber wir spürten es beide.

Die Briefe aus dieser Phase, zu uninteressant, um hier wiedergegeben zu werden, beweisen es: vorsichtig, zurückhaltend, von beiden Seiten aus ängstlich darauf bedacht, nur kein falsches Wort, kein Missverständnis zu produzieren, das den Haarriss vertiefen könnte. Immer wieder versicherten wir einander unsere Liebe; das sicherste Zeichen, dass sie nicht mehr selbstverständlich, also eigentlich schon nicht mehr da war.

Vielleicht, um den Bruch zu vermeiden, vielleicht, um ihn zu beschleunigen, kam Susanne auf die Idee, mich ihren Eltern vorzustellen. Die Begegnung erfolgte an einem nasskalten Samstag in einem Ferienresort im Weserbergland und endete desaströs. Wenigstens war ich hinterher vom Druck befreit, noch weiter Harmonie simulieren zu müssen.


#6


*Lüneburg, d. 15. Feb. '93*

*Liebe Susanne,*


*vielen Dank für die Mitteilung. Schön, jetzt hab ich's also auch noch schriftlich, daß deine Eltern mich nicht so toll finden. Macht nichts, ich finde sie ja auch nicht so toll. Hätte ich geahnt, dass mich ein Schwiegersohnexamen erwartet, hätte ich mir das Ganze gleich erspart. Fehlte bloß noch,*

*daß sie mir die Lippen auseinanderziehen, um mein Gebiß*
*zu prüfen.*
*Null Interesse, wer ich bin, wie ich denke, was ich möchte.*
*Stattdessen die ständigen, nicht sehr unauffälligen Fragen*
*nach meinen Fähigkeiten als potentieller Familienernährer.*
*Ja weiß der Hugo, was so ein Kulturwissenschaftler später*
*mal beruflich macht! Wieso interessiert die das? Das inter-*
*essiert mich ja noch nicht mal selber. Und dann dieses ver-*
*ächtliche Lachen/Stöhnen/Gegrunze, als ich sagte, daß ich*
*Schriftsteller werden will.*
*»Wenn er hätte gelernt machen Geschäfte, hätte er nicht*
*gebraucht schreiben Gedichte.« – Das sagte ein Hambur-*
*ger Pfeffersack namens Salomon Heine über seinen Neffen.*
*Jenen kennt man heute nur deshalb noch, weil dieser – ein*
*gewisser Heinrich Heine – auf die onkelhaften Ratschläge*
*gepfiffen hat und es vorzog, unsterblich zu werden. Und*
*wenn dereinst Gerhard und Karin R. in einer literatur-*
*wissenschaftlichen Abhandlung erwähnt werden, dann*
*könnte das ganz ähnliche Gründe haben.*
*Richtest du ihnen das bitte von mir aus?*

*Viele Grüße, Dein (nicht Euer, notabene)*
*KC*


Ich weiß nicht mehr, wie viel Kalkül in diesen Zeilen lag.
Wahrscheinlich gar keines. Wahrscheinlich war das alles
genau so hochmütig und selbstgefällig gemeint, wie es
klingt. Ich bildete mir wohl ziemlich viel auf die Hand-
voll Gedichte in meiner Schublade ein. Und anscheinend
dachte ich wirklich, ich könne gewinnen, wenn ich Su-

sanne zwang, sich zwischen mir und ihren Eltern zu entscheiden.

Danach war ziemlich schnell Schluss. Wir haben uns nicht mehr wiedergesehen. Ein paar unterkühlte Telefonate gab es noch, einige Briefe gingen hin und her, dann gingen sie nur noch hin, ohne dass ich eine Antwort bekam.

Fabian eröffnete mir, dass er schon seit Monaten eine heimliche Affäre mit Susanne am Laufen hatte und »jetzt, da du ja eh raus bist«, offiziell mit ihr zusammen sei. »Gerlinde ist wieder zu haben«, fügte er hinzu, und das sollte wohl ein Vorschlag oder Angebot sein, aber weder Gerlinde noch ich waren geneigt, die Partie der Verlierer auszutragen. Ich hatte die Nase gestrichen voll von dem ganzen Susanne-Fabian-Gerlinde-Liebesunfug, packte meinen Rucksack und nahm mir ein Zimmer in einem Studentenwohnheim. Nie wieder sollte ich in einer WG leben.

Ich litt, und ich wollte Susanne wissen lassen, dass ich litt. Aber ich wollte dabei nicht uncool wirken, und Liebeskummer war das Uncoolste überhaupt. Also machte ich wieder einmal, ein letztes Mal, alles falsch. Ich klagte ihr mein Leid, aber nur unter Zuhilfenahme distanzierender Stilmittel wie kryptischer literarischer Anspielungen und ironischer Überhöhung. Ein Kniff, mit dem ich wohl zu erreichen versuchte, dass ich mein Elend nicht allzu ernst zu nehmen brauchte, und vermutlich nur erreichte, dass Susanne mich endgültig nicht mehr ernst nahm.

Hier mein allerletztes Schreiben, bevor ich aufgab.

*28.3.'93*

*Susanne!*

*Licht meines Lebens, Feuer meiner Lenden! Su-san-ne: Meine Lippen spitzen sich zum Kuss, öffnen sich zum Jubel, weiten sich zum Lächeln. Weißt Du es, Geliebte meiner 27 Sinne, weißt Du es schon? Man kann Dich auch von hinten lesen, dann heißt Du Ennasus. Doch das gehört beiläufig in die kalte Glutenkiste.*

*Wer nie sein Brot mit Tränen aß, der weiß nicht, wie scheiße das schmeckt. Siehe, ich salze meine Nudeln mit Tränen. Ich dusche mich mit Tränen. Ich fülle das Okawangobecken mit Tränen. Zehntausende Afrikaner in Lebensgefahr! Und was machst du? Trampelst hohnlachend herum auf dem verkohlten Klumpen Fleisch, der einmal mein Herz gewesen ist.*

*Weh mir, ich bin verloren. Unfroh, ohne Wonne, bommeln die Hoden nutzlos im Skrotum. Hörst du, wie sie traurig klonkern? Susanne! Ich schteherbe! Wie ärgerlich!*

*Dein getreuer*
*Mopsi*

Mopsi? Wirklich? Wo kam das nun auf einmal her, von mir oder von ihr? Ich weiß es nicht mehr. Tatsache ist, dass dieses Mopsi für fünfundzwanzig Jahre mein letztes Wort an Susanne war. Bis ich einen Anlass hatte, mich bei ihr zu melden.

*klauscaesarzehrer@txxxxxxx.de*
*An: sur@gxxxxx.com*
*Fr. 10. Aug. 2018 15:13*
*Alte Liebe kostet nichts*

*Liebe Susanne,*
*lang, lang ist's her ... dir geht's hoffentlich gut?*
*Entschuldige bitte, dass ich so unvermittelt in dein Leben platze, und dann auch noch über deine berufliche Mail-adresse, aber eine private von dir konnte oder wollte mir Google nicht verraten, eine Telefonnummer oder Adresse auch nicht.*
*Es geht tatsächlich um etwas sozusagen Berufliches. Ich habe ja damals schon davon geredet, Schriftsteller werden zu wollen. Hat überraschenderweise sogar geklappt. Nun soll ich etwas zum Thema Liebe schreiben, und da habe ich an dich gedacht (was ich, ehrlich gesagt, öfters tue). Um's kurz zu machen: Anbei mein Text. Wie du siehst, dreht er sich um unseren alten Briefwechsel (ja, ich habe tatsächlich alles aufgehoben und über sechs Umzüge mitgeschleppt). Bitte nicht erschrecken, wir waren jung. Das Beste an diesem Affenzirkus sind eindeutig deine beiden Briefe. Erlaubst du mir die Veröffentlichung?*
*Soweit erst mal in aller Kürze, demnächst mehr, alles Liebe aus Berlin, dein*
*Klaus*

Keine Stunde später kam die Antwort:

*reb@gxxxxx.com*
*An: klauscaesarzehrer@txxxxxxxx.de*
*CC: sur@gxxxxx.com*
*Fr. 10. Aug. 2018 16:08*
*AW: Alte Liebe kostet nichts*

*Sehr geehrter Herr Zehrer,*
*vielen Dank für Ihr Schreiben. Frau R. ist im Urlaub. Sie*
*wird Ihre Anfrage nach ihrer Rückkehr am 27. 8. lesen und*
*ggf. beantworten.*
*Mit freundlichen Grüßen,*
*Renate B.*

Ich wunderte mich selbst, wie sehr mich die paar dürren Worte aufregten. Wer war diese Renate B. überhaupt? Wie kam sie dazu, sich in fremder Leute Angelegenheiten einzumischen? Und was sollte das freche *ggf.*? Nicht *ggf.*, sondern ganz sicher würde Susanne antworten, hocherfreut über mein Lebenszeichen!

Mir war nicht entgangen, dass sie noch immer ihren Mädchennamen trug. Hatte sie ihr Glück gefunden? Anscheinend nicht. Sicherlich würde ihr es guttun, einem alten Freund anzuvertrauen, was ihr in all den Jahren widerfahren war. Und dann würde unsere Korrespondenz wiederaufleben. Auch ein Treffen käme in Frage, obwohl sie jetzt in Süddeutschland lebte oder zumindest arbeitete, aber das ließe sich schon arrangieren.

Es ist nun Ende Oktober 2018, ich muss meinen Beitrag abgeben. Susanne hat mir nicht geschrieben, weder auf meine erste Mail noch auf die weiteren. Sie scheint sehr beschäftigt zu sein. Ihre Briefe muss ich erst einmal wieder herausnehmen – schade, sie waren wirklich sehr gut. Vielleicht ergibt sich die Gelegenheit, sie in einer späteren Neuauflage nachzuliefern. Es fehlt nur Susannes Abdruckgenehmigung. Ich rechne jeden Augenblick damit, dass sie sich bei mir meldet.

BENEDICT WELLS

# Die Muse

Margo schlief schlecht in jenem Winter. Die Nächte im unbeheizten Apartment waren kalt, oft wachte sie noch vor der Dämmerung auf, dann machte sie sich Kaffee und setzte sich an den Roman. Nur noch sechs Monate bis zur Abgabe, der Lektorin hatte sie gesagt, sie wäre fast durch.

Das war nur leider gelogen.

Ihr Traum: Das Manuskript abschließen und dann zur Erholung nach Schottland reisen; von der Küste der Highlands hatte sie schon als Kind geträumt. Die Realität: Tag und Nacht saß sie vor den weißen Seiten, aber ihr fehlte es an Inspiration, und es fühlte sich an, als säße sie in einem Wagen, dessen Motor auch beim hundertsten Versuch nicht ansprang. Ihr Roman hatte sich zu einer Liebesgeschichte entwickelt, ihre eigenen Beziehungen waren jedoch enttäuschend verlaufen. Liebe, das war in ihrer Vorstellung ein kahler Raum mit schlechter Beleuchtung, in dem ein paar Männer saßen, an die sie besser nicht mehr dachte.

Sie tippte: *Bist du noch die Gleiche?*

Der Cursor blinkte, aber sie wusste nicht, wie es weiterging. Dabei brauchte sie nach zwei erfolglosen Büchern den Durchbruch. Reden konnte sie mit niemandem; echte Freunde hatte sie kaum, schon als Jugendliche hatte sie ihre Zeit lieber in ihre Texte gesteckt. Doch sie kam der Küste Schottlands kein Stück näher, und von ihrem Verleger hatte sie seit Ewigkeiten nichts mehr gehört. So verging der Winter.

Im Februar dann das Ende. Sie war pleite und überhäuft von Mahnungen, ständig müde, und sie tippte keine Zeile mehr. *Nur ein unglücklicher Künstler ist ein guter Künstler,* hieß es, doch Margo wusste, dass das nicht stimmte: Nie würde ihr dieser eine Einfall kommen, der sie rettete. Vor anderen spielte sie gern die Starke, aber ein paarmal hatte sie aus Einsamkeit und Verzweiflung wie ein Kind geweint. Immerhin hatte das niemand gesehen.

Nun lag sie im Bett, wieder ein unruhiger Schlaf. Die Welt stand ihr im Traum offen, aber sie verließ nicht mal die Wohnung, träumte nur von den Geldsorgen, der Schreibblockade und der abfälligen Bemerkung einer Bekannten zu ihrer beruflichen Situation. Es war zum …

Sie wachte abrupt auf.

Zuerst dachte sie, ihr Unterbewusstsein hätte sie aus dem Alptraum katapultiert, dann spürte sie einen süßlichen Geschmack auf den Lippen. Sie öffnete die Augen und blickte in das ebenmäßige Gesicht eines Mannes. Er hatte dunkelblaue Locken, whiskyfarbene Augen und trug ein altmodisches, schwarzes Hemd.

Völlig entspannt saß er auf der Bettkante. Er hatte sie im Schlaf geküsst, wie ihr jetzt bewusst wurde, nun sah er sie einfach nur an. Sie sollte erschrocken sein, sie sollte verdammt noch mal wütend sein, aber sie war es nicht.

»Wer bist du?«, fragte sie nur.

Der Mann erschrak. »Du siehst mich.«

Er stand auf und lief zum Fenster.

»Warte!« Sie sprang auf und rannte ihm nach, doch der Mann war in der Nacht verschwunden.

Margo blickte aus dem Fenster, die Straßen leer. Gähnend kratzte sie sich am Kopf. Vermutlich hatte sie sich das alles nur eingebildet; überreizte Nerven. Eisige Luft wehte ins Zimmer, sie schloss das Fenster und ging wieder schlafen. Doch diesmal träumte sie nicht von ihren Sorgen, sondern von dem mysteriösen Mann mit den blauen Locken. Und als sie am nächsten Morgen aufwachte, stürzte sie aus dem Bett und setzte sich an den Computer.

Sie schrieb einfach drauflos: *Bist du noch die Gleiche? Du denkst an früher, an das Feld hinter dem Haus und die Weizenhalme, die sich im Wind biegen. An deine Finger, die sich zur Faust ballen, dein Staunen über die Kraft, die in dir steckt. An ein Abendessen mit deinen Eltern, der Raum erfüllt mit ihrem Schweigen, und an deine plötzliche Angst, die falschen Menschen zu lieben. Du denkst an Hände, die zärtlich deinen Kopf umfassen, an Sex, an ein spontanes Wettrennen, betrunken nachts auf der Straße, gefolgt von Gelächter, an lautes Mitsingen bei Konzerten, mit geschlossenen Augen. Kurze Gefühle von Unbesiegbarkeit. Du denkst an unheilvolle Blicke, an zugeworfene Türen und Trennungen. Daran, wie du raus aufs Land fährst und die Sonnenstrahlen siehst, die sich auf dem Wasser brechen, oder wie du nachts auf dem Dach eines Hauses stehst, voller Wut, aber auch: So wach. Wie du die Augen schließt, deine Hand auf dem kalten Geländer, und dein Herz klopft und klopft und klopft ... Bist du noch die Gleiche?*

Sie starrte kurz auf die Zeilen, dann schrieb sie weiter. Einen Kaffee brauchte sie nicht.

Er war beunruhigt. Hatte sie ihn wirklich sehen können? Schien so. Andererseits konnte es einfach nicht sein. Er machte den Job nun schon so lange, und nie war ihm etwas Derartiges passiert. Allerdings hatte er auch noch nie jemanden so geküsst wie sie. Diese zierliche, schöne, manchmal fast spröde Frau mit den dunklen Haaren hatte ihm leidgetan. Margo Brodie, neunundzwanzig Jahre alt, verträumt, beflissen, tapfer, aber ohne jede zündende Idee. Dabei bemühte sie sich ja, und sie trug auch genug Schmerz in sich, doch sie kam beim Schreiben einfach nicht an ihn heran. Und nun saß sie mit ihren so sang- und klanglos gescheiterten Beziehungen auch noch ausgerechnet an einer *Liebesgeschichte,* ihr Untergang.

Als er den Auftrag bekommen hatte, ihr zu helfen – direkte Anweisung von oben –, war er nicht sehr begeistert gewesen: sicher noch so eine selbstgefällige Künstlerin. Er hatte erst wissen wollen, wie ernst sie es meinte, und beobachtet, wie sie in ihrer Einsamkeit schrieb. Nacht für Nacht hatte er sie besucht, war durch ihr Fenster hineingeflogen, hatte ihre Träume gesehen. Verschwommene Bilder von Ängsten, einer Beerdigung oder dem Verrat ihrer einst besten Freundin; manchmal hatte er ihr im Schlaf sogar übers Haar gestrichelt.

Normalerweise küsste er die Auserwählten nur auf die Stirn, alle machten das so. Man wollte kein Gerede riskieren. Doch gestern war es über ihn gekommen. Vielleicht hatte er Mitleid mit ihr gehabt, weil sie zuvor geweint hatte.

Vielleicht empfand er aber auch schon zu viel für diese junge Frau, der das Glück so fremd war, dass sie nicht mal mehr davon träumte. Er hatte sie schließlich auf den Mund geküsst. Nur ganz zart, ein Hauch, doch sie war davon aufgewacht. Letztlich hatte das den Unsichtbarkeitszauber aufgehoben.

Eigentlich hatte er noch einen Mitternachtstermin bei einem glücklosen Maler am Stadtrand, aber er musste sie noch ein letztes Mal besuchen, er musste es genau wissen. Und er wollte sie wiedersehen.

Margo war aufgewühlt. Schon den ganzen Tag saß sie am Roman, aß nichts, trank kaum etwas, schrieb und schrieb und schrieb. Es war, als hätte sich in ihrem Kopf eine Schleuse geöffnet, und nun brach eine Flut von Ideen über sie herein. Wieso konnte sie sich plötzlich an Dinge aus ihrer Kindheit erinnern, die längst vergessen schienen, und Gefühle ausdrücken, die sie selbst nie erlebt hatte? Manchmal hatte sie beim Schreiben Tränen in den Augen, weil sie wusste, dass es das Großartigste sein würde, was sie je zustande gebracht hatte. Und es hörte nicht auf. Ein genialer Einfall gebar den nächsten, und immer hatte sie das Gefühl, dass *er* dafür verantwortlich war. Kein Moment, in dem sie nicht sein Gesicht vor Augen hatte, seine blauen Locken und die blasse Haut.

Es war tief in der Nacht, als Margo endlich ins Bett fiel. Sie spürte die bleischwere, wohltuende Müdigkeit eines Menschen, der Entscheidendes geleistet hatte. Plötzlich ein Luftzug, sie blinzelte. Am Bettrand saß der blauhaarige Mann.

Sie richtete sich auf.

»Du kannst mich sehen«, sagte er noch mal.

Seine Stimme! »Ich ...« Kurz blieb ihr die Luft weg. Sie räusperte sich. »Ich hab von dir geträumt ... musste den ganzen Tag an dich denken.«

»Ich auch an dich, Margo Brodie.«

»Du kennst meinen Namen?«

»Ich kenne *dich*.« Er sah sie an, als unterstriche er einen Satz in einem Buch. Der Typ war nicht nur ... nun ja, ziemlich attraktiv, er konnte auch lächeln, ohne zu lächeln. »Ich darf nicht hier sein«, sagte er schließlich. »Ich sollte sofort gehen.«

Er ging nicht.

Sie wollte von ihm wissen, wer oder was er war, und am Ende lautete ihre erste Frage: »Ich dachte, Musen sind weiblich?«

Er zuckte nur mit den Schultern und deutete wieder ein Lächeln an, und sie ärgerte sich: Bestimmt war er das schon oft gefragt worden.

Wieder schauten beide einander an. Ewig. Als die Spannung schließlich riss und sie sich küssten, geschah alles gleichzeitig: Margo stand als alte Frau in einer nächtlichen Lichtung im Wald und saß im selben Moment als kleines Mädchen auf einem Mondkrater und starrte ins Universum, sie lachte und stolperte, sie schrie und schwieg, fühlte Angst und Zuversicht.

»Das ist ...«, wollte sie sagen, stattdessen fiel sie über ihn her.

Es begann die beste Zeit ihres Lebens. Ein Kuss der Muse bewirkte schon Wunder, mit ihr zu schlafen machte aus einem Durchschnittsmenschen ein Genie. Margo empfand die Liebe nicht nur, sie konnte sie endlich beschreiben, festnageln, besitzen. Der Roman schrieb sich von selbst.

Tagsüber musste er zurück in sein Reich, aber bei Anbruch der Nacht kam er wieder vorbei. Anfangs blieb er nur kurz, dann länger. Er war nie wie die anderen Musen gewesen, sie nie wie die anderen Menschen. Es fiel ihm zunehmend schwer, sie zu verlassen. Und wie satt hatte er es, nur ein Geist zu sein. Er war vielleicht unsterblich, aber er hatte auch nie wirklich gelebt.

Am liebsten beobachtete er, wie sie aß. Margo war mit drei Brüdern aufgewachsen; wenn sie sich unbeobachtet fühlte, schlang sie das Essen in sich hinein, und er beneidete sie um den Genuss, den sie dabei empfand. Nur aus Alkohol machte sie sich nichts, trank höchstens mal ein Glas Wein. Als er anmerkte, dass sie sich in dieser Hinsicht von vielen Künstlern unterschied, zuckte sie mit den Schultern.

»Schreiben ist mein Trinken.«

Er lächelte. »Damit kann man sich immerhin nicht zugrunde richten.«

»Das ist eine kühne Behauptung.« Sie lächelte jetzt ebenfalls, dann zog sie ihn zu sich her, mit einer Lässigkeit, die sie selbst überraschte.

Hin und wieder fragte sie nach seiner Herkunft. Erst schwieg er beharrlich, aber dann erzählte er von seinem jahrhundertealten Job und all den Künstlern und Genies, die er wachgeküsst hatte. Es war ihm untersagt, solche Geheimnisse auszuplaudern, doch er wollte es ihr anvertrauen.

Und eines Tages beschloss er, bei Morgendämmerung nicht mehr in das Reich der Musen zurückzukehren, sondern für immer bei ihr zu bleiben. Nach dieser Entscheidung gab es kein Zurück mehr, er gab damit seine Unsterblichkeit auf, doch davon erzählte er ihr nichts.

Sie wohnten gemeinsam in ihrem Apartment, etwas klein, aber liebevoll eingerichtet. Margo blühte auf; erst jetzt begriff sie, wie einsam sie in den Jahren zuvor gewesen war. Sie liebte seine Aufrichtigkeit, korrigierte ihn amüsiert, wenn er zu altmodisch daherredete, und während sie bisher nur von Fertiggerichten gelebt und kochen gehasst hatte, lernten sie es jetzt gemeinsam. Zwar mussten Musen nicht essen, aber es machte ihm Spaß; er wurde hungrig, weil er hungrig sein *wollte*. Sie zeigte ihm auch Filme und Bücher, die sie inspirierten, und spielte ihm Musik vor, die ihr etwas bedeutete. Früher hatte er diese Dinge kühl betrachtet und immer nur überlegt, welche Kollegen hinter diesem Song oder jenem Text standen. Nun tauchte er ein in die Kunst. Er fühlte sich nicht mehr wie ein Geist, und das verdankte er ihr.

Für die anderen Menschen blieb er unsichtbar, aber es gab ein Restaurant, in dem man im Dunkeln essen konnte. Dorthin gingen sie oft, dort fiel es nicht auf, dass seine Stimme aus dem Nichts zu kommen schien. Dieses Geheimnis gefiel ihnen. Nur manchmal dachte er an seinen Entschluss und was er für sie aufgegeben hatte. Aber er war bereit, an ihrer Seite zu altern.

Der Roman war inzwischen fast fertig. Es fehlte noch das große Finale, aber das war ein Selbstläufer. *Margo Bro-*

*die, eine große Schriftstellerin.* Bis vor kurzem hätte sie das selbst lächerlich gefunden, bald würde es die ganze Welt so sehen. Sie dachte daran, wie sie als Mädchen auf der Schreibmaschine ihres früh gestorbenen Vaters ihre ersten Geschichten getippt hatte; beschwingt schickte sie das unfertige Manuskript an den Verlag, um ihre Lektorin zu beruhigen.

Und dann entdeckte sie das mit seiner Hand.

Sie lagen im Bett, als Margo über seine Finger strich. »Komisch«, murmelte sie. »Sie wirken von hier aus fast ein bisschen durchsichtig.«

Erschrocken fuhr er hoch. Es stimmte, seine Hand schimmerte leicht durchsichtig. Natürlich. Er hatte gewusst, dass das kam, die Kollegen hatten ihn gewarnt: *Lass dich nie mit Sterblichen ein, nie mit Künstlern. Sie saugen dich nur aus!* Er kannte Geschichten von Musen, die für immer verschwanden, aber er hatte gehofft, ihm würde es nicht passieren. Nicht mit ihr, niemals.

Er musste es ihr sagen.

»Margo Brodie …« Seine so sanft wirkenden, hellbraunen Augen fixierten sie. »Du musst dich entscheiden.«

»Zwischen was?«, fragte sie unschuldig.

»Zwischen mir und deinem Buch.«

Er stand auf und ging durchs Zimmer. »Wir haben eine Schwelle überschritten, vor der man mich gewarnt hat«, sagte er auf seine manchmal etwas pathetische Art, die sie aber insgeheim süß fand. »Küsst eine Muse einen Menschen, verliert sie einen Teil ihrer selbst. Deshalb kehren wir Tag für Tag in unser Reich zurück, zur Quelle der Kreativität. Tun wir es nicht, lösen wir uns langsam auf. Ich habe mich für dich entschieden und damit für die Sterblichkeit. Ich dachte, wir hätten mehr Zeit, aber offenbar …«

Er blickte sie an und konnte es kaum aussprechen. »*Margo* …«, sagte er. »Für jedes Wort und jeden Gedanken, den du jetzt schreibst, wird ein Teil von mir verschwinden und in deinem Buch landen. Bis ich nicht mehr da bin. Du musst dich entscheiden. Ich oder dein Roman.«

Er schaute zu Boden, er war vielleicht Jahrhunderte alt, aber auf einmal wirkte er wie ein Junge. Oft hatte er sich eingeredet, dass sie anders sei als die vielen Künstler, vor denen seine Kollegen ihn gewarnt hatten. Aber stimmte das wirklich? Hatte er ihr nicht zu früh vertraut, und hatte nicht jede Künstlerseele etwas Unerbittliches, etwas *Eiskaltes,* egal wie feinfühlig die Person nach außen wirkte? Er war doch nur ein Geist und sie ein richtiger Mensch, bestimmt würde sie ihn enttäuschen, sie würde …

Er spürte ihre Hand an seiner Wange.

»Machst du Witze? Der Roman ist mir egal!«

Es war ihr liebevoller Blick, der ihn endgültig beruhigte.


In den folgenden Wochen stand Margo eisern zu ihrem Entschluss. Ihr Buch ruhte, obwohl der Abgabetermin immer näher rückte. Nachrichten ihrer Lektorin ließ sie unbeantwortet, und es ging ihr gut damit. Sie hatte sich für die Liebe entschieden, und gegen die Kunst.

Noch immer genossen sie ihre gemeinsame Zeit, gingen in das Restaurant im Dunkeln, in dem sie sich wie ein richtiges Paar fühlen konnten, und während er in seinem Verhalten anfangs noch geisterhaft und unbeholfen gewirkt hatte, nahm er nun immer mehr Züge eines echten Menschen an. Er liebte es, mit ihr Schach zu spielen, entwickelte eine große Leidenschaft für Zitroneneis, und wenn er lachte, krauste er auf eine Weise die Nase, die sie jedes Mal rührte.

An einem dieser Tage klingelte das Telefon. Die Muse schlief, Margo ging mit dem Hörer in die Küche.

»Da ist sie ja endlich!«, ertönte eine tiefe Männerstimme am anderen Ende der Leitung, die sie schon lange nicht mehr gehört hatte. Sehr lange nicht mehr. »Wir dachten bereits, Sie sind verschollen.«

»Warten Sie …«, fing Margo an, doch sie wurde sofort unterbrochen.

»Ihr Buch wird mein Spitzentitel«, hörte sie ihren Verleger weiterreden. »Wollte ich Ihnen persönlich erzählen. Alle im Verlag sind verrückt danach und sagen, sie hätten seit Jahren nicht mehr so eine gute Geschichte gelesen. Und sie drehen durch, weil der Schluss noch fehlt, und können es kaum erwarten. Unsere Agentin für die Auslandsrechte hat eine Leseprobe verschickt, wir haben noch nie so schnelle Rückmeldungen bekommen, einige Verlage haben sich noch am selben Tag gemeldet. Siebzehn Sprachen, Margo. In siebzehn Länder haben wir es schon verkauft, und das ist erst der Anfang. Denn Sie glauben nicht, wer die …«

»Ich ziehe den Roman zurück«, unterbrach Margo leise.

Kurze Stille in der Leitung. Dann Gelächter.

»Der war gut. Nein, ich will Ihnen nur …«

»Ich habe keine Witze gemacht. Ich ziehe den Roman zurück. Ich werde keine einzige Zeile mehr schreiben.«

Sie stritten eine Weile, aber sie blieb hart, und irgendwann spürte der Verleger, dass diese verrückte Autorin es ernst zu meinen schien. Bitterernst.

Ein langes Seufzen. »Also gut. Hunderttausend. Sofort.«

»Nein, ich …«

»Zweihunderttausend.«

Margo blickte sich in ihrem winzigen Apartment um. Ihr Vorschuss hatte viertausend betragen und war längst aufgebraucht. Niemals in ihrem Leben hatte sie so viel Geld angeboten bekommen. Sie ging auf die dreißig zu und hatte nichts. Aber sie brauchte auch nichts, dachte sie sofort, sie hatte *ihn*.

»Nein«, sagte sie wieder.

»Dreihunderttausend.«

»Vergessen Sie's.«

»Seien Sie doch nicht dumm, Margo. Der Roman wäre Ihr weltweiter Durchbruch, auf Sie warten Reichtum und Ruhm. Was ist denn in Sie gefahren? Wollen Sie …«

»Bitte rufen Sie mich nicht mehr an.«

Sie legte auf. Erst jetzt merkte sie, dass sie zitterte.

Sie ging zum Bett und beobachtete die Muse. Sie hatte noch nie jemanden gesehen, der so ruhig und fest schlief. Seine blauen Locken verdeckten sein linkes Auge, das rechte war friedlich geschlossen. Sie streichelte ihm über die Wange.

»Wer hat angerufen?«, murmelte er schläfrig.

»Niemand«, sagte sie.


In den folgenden Tagen versuchte der Verlag mehrmals, sie zu erreichen, aber Margo antwortete weder auf die Mails, noch ging sie ans Telefon. Sie hatte sich entschieden: Lieber glücklich mit ihm und ohne Roman, als eine erfolgreiche Künstlerin, aber unglücklich. Das war nicht das Problem.

Das Problem war die Geschichte selbst.

Sie wusste inzwischen, wie sie ausgehen würde, sie hatte das Ende im Kopf. Aber solange sie es nicht schrieb, war es nur eine Behauptung, für die es in der wirklichen Welt keinen Beweis gab. Sie hatte ein fast körperliches Verlangen danach, die letzten Seiten zu tippen und endlich schwarz auf weiß zu *sehen*, was sie wortlos und bunt längst fühlte; ein Hunger, der nur mit geschriebenen Worten gestillt werden konnte. Und vielleicht ließ sich ja auch alles in so wenigen Zeilen schreiben, dass die Muse danach noch da war, vielleicht ging das. Dann hätte sie ihn *und* den Roman.

Aber nein, das konnte sie ihm nicht antun, es war zu gefährlich.

Die Muse wiederum liebte Margo noch mehr, seit er ihr entlockt hatte, wie sie den Verleger abgewimmelt hatte. Seine Kollegen hatten sich geirrt. Es gab Künstler, die der Versuchung widerstehen konnten. Die Menschen waren nicht alle gleich. Zudem erschien Margo ihm in diesen Tagen besonders zugewandt. Sie schenkte ihm eine Jacke, die ihm stand, brachte ihm oft Zitroneneis von der Tankstelle und wirkte nach ihrer Entscheidung befreit. Sie hatte nichts mehr mit der verzweifelten, einsamen Frau zu tun, die er damals geküsst hatte.

Stattdessen schwärmte sie ihm von Schottland vor und erzählte, dass sie sich einen Job suchen würde, damit sie bald dorthin reisen könnten. Erfreut recherchierte er nach berühmten Museen in Glasgow, die sie ansehen würden, und fand heraus, dass es dort auch ein Restaurant gab, in dem man im Dunkeln essen konnte.

Er wollte ihr gerade davon erzählen, da fiel ihm auf, dass

seine Hand nicht mehr nur leicht durchsichtig war, sondern inzwischen deutlich verblasst.

Er zeigte es Margo, aber sie schüttelte den Kopf.

»Unsinn.« Sie blies sich energisch eine Haarsträhne aus dem Gesicht. »Deine Hand sieht noch genauso aus wie vor ein paar Wochen.«

»Bist du sicher?«, fragte er sie.

Sie nickte.

»Bist du dir *wirklich* sicher?«, hakte er nach.

Sie nickte erneut. Er musterte sie lange, doch sie hielt seinem Blick stand.

Ein paar Tage lang versuchte er, ihr zu glauben. Aber während er bisher stets tief geschlafen hatte, wurde er nun immer unruhiger. Und dann hörte er es eines Nachts, ein Geräusch, das er früher gemocht hatte und das jetzt sein Ende bedeutete:

Das Tippen auf einer Tastatur.

Es blieb ihm nicht mehr viel Zeit. Er sprang auf und lief ins Nebenzimmer, und dort saß sie und hämmerte auf die Buchstaben ein, und mit jeder Zeile, die sie schrieb, verschwand ein kleines Stück von ihm für immer in ihrem Text.

»Margo …«, murmelte er.

Sie hatte sich gewehrt, aber der Wunsch, wenigstens *einmal* erfolgreich zu sein, war trotz bester Absichten unablässig durch ihren Kopf gegeistert, und eine innere Kraft zog sie an den Schreibtisch; die gleiche Kraft, die schon früher dafür gesorgt hatte, dass sie Verabredungen mit Freunden platzen ließ oder gar nicht erst annahm. Sollten diese einsamen Nächte, Monate, Jahre am Ende umsonst gewesen sein? Noch mehr quälte sie der Gedanke, die Geschichte niemals zu beenden. Sie *musste* den Roman einfach fertig-schreiben. Mit so wenig Worten wie möglich.

Nacht für Nacht hatte sie sich aus dem Bett geschlichen und an ihr Werk gemacht. Erst hatte sie sich noch streng zurückgehalten, besonders leise getippt und über jeden Satz lange nachgedacht. Aber die Ideen strömten nur so aus ihr heraus, und so schrieb sie sich irgendwann in einen Rausch und vergaß die wirkliche Welt.

Und vor allem: Vergaß *ihn*.

In dieser Nacht wollte sie fertig werden. Ihre Finger huschten über die Tastatur, reihten Worte und Worte anein-ander, und immer waren es die richtigen. Sie war gerade auf der letzten Seite angekommen. Nur noch sie und der Text. Sie schrieb jetzt immer schneller und zitterte vor Glück.

Noch ein Absatz.

Dann die letzte Zeile.

Sie war da. Sie war *endlich* angekommen.

In diesem Moment bemerkte sie ihn. Er stand an der Tür-schwelle, aschfahles Gesicht. Er kam auf sie zu: »Margo …«

Er war fast bei ihr, und sein Anblick brach ihr das Herz. Sie würde ihn verlieren …

… und trotzdem schrieb sie weiter.

Verzweifelt streckte er noch seine Hand nach ihr aus. »Aber ich liebe …«

Doch in diesem Moment hatte sie das letzte Wort ge-schrieben, und er war für immer verschwunden.

Margo starrte auf die Stelle, an der er soeben noch ge-standen hatte. Dann auf ihren Computer. Der Text war fer-tig, und mit einem Mal löste sich der eiserne Griff in ihrem

Innern, der sie jahrelang an den Roman gezerrt hatte. Sie trottete durch die Wohnung, die sich nun seltsam leer anfühlte, und ließ sich aufs Bett fallen. Und als sie endgültig begriff, was sie getan hatte, weinte sie.

Der Roman wurde ein Erfolg, aber es berührte sie kaum. Weder die Lobeshymnen der Zeitungen noch das Geld, die Bekanntheit oder die Begegnungen mit Autoren, die sie früher bewundert hatte und die sie nun als eine der ihren ansahen. Nichts brachte ihr wirklich Freude, auch nicht der langgeplante Trip in die schottischen Highlands. Ein Abstieg in den Ruhm.

Nur: *Warum* hatte sie es dann getan?

*Warum* hatte sie schon in den Jahren davor kaum Zeit für Beziehungen gefunden, und *warum* hatte sie nun auch noch die größte Liebe ihres Lebens verraten? Nur für den vergänglichen Rausch, ihr Buch fertigzuschreiben und eine Welt zu erschaffen, die sie nun für immer verlassen musste?

Auf der anschließenden Lesereise dachte sie oft an die Muse und die gemeinsame Zeit in ihrem Apartment; längst hätte sie den Roman gegen ihn eingetauscht. Erzählen konnte sie es niemandem. Keiner würde ihr glauben, es gab nicht den geringsten Beweis für ihn, nur ihre Erinnerung. Sicher, sie konnte über ihn schreiben, aber wäre das nicht erst recht Hohn? Wollte sie ihr Glück auf ewig in einer fiktiven Welt suchen, statt in der echten?

Dieser Gedanke verfolgte sie, und als sie wieder einmal nach einer Lesung verloren zwischen Veranstaltern und Gästen im Foyer stand, begriff sie, dass sie ebenfalls nichts weiter war als ein Geist. Und dass mit jeder Zeile, die sie schrieb, auch sie selbst immer mehr in ihren Geschichten verschwand.

Bei einer Preisverleihung traf sie auf ihren Verleger. Sie nahmen ein paar Drinks, um auf den Erfolg des Romans anzustoßen. Ihr war nicht nach Feiern zumute, ins Hotel wollte sie aber auch nicht. Um Mitternacht herrschte noch dichtes Gedränge am Tresen, doch am frühen Morgen waren sie allein in der Bar. Und da beschloss Margo, ihrem Verleger von der Muse zu erzählen.

Sie ließ nichts aus und gab alles zu, die ganze traurige und verrückte Wahrheit. Sie hatte ihn verraten für ihr Buch, sie verdiente den Erfolg nicht.

Es war die unglaublichste Geschichte, die sie je einem Menschen erzählt hatte, doch nach ihrer Beichte ging es ihr sofort besser. Fast erleichtert sah sie ihren alten Verleger an und erwartete den finalen Schuldspruch. Oder zumindest die Bestätigung, dass sie wahnsinnig war.

Zu ihrer Überraschung hörte sie Gelächter.

»Aber Margo …«, sagte ihr Verleger nur. »Das ist doch die älteste Geschichte der Welt.«

»Wie meinen Sie das?«

»Ach kommen Sie, ich habe in all den Jahren so viele Autoren begleitet, und fast alle haben mir irgendwann mal das Gleiche erzählt wie Sie. Tja, man muss sich eben entscheiden. Entweder für die Liebe oder für die Kunst. Und meine Autoren haben sich nun mal für die Kunst entschieden. Auch Sie haben diesen Weg gewählt, meine Liebe, deshalb sitzen wir heute hier.« Auf dem Tresen lag die Auszeichnung. Ihr Verleger lächelte: »Wobei ich sagen muss: Ich mag Ihre Metapher.«

Margo starrte ihn entgeistert an, doch ihr Verleger achtete nicht darauf und bestellte die letzte Runde – ein angeblich hervorragender Rotwein.

Das Klirren von zwei Gläsern.

»Auf die Kunst«, sagte ihr Verleger.

»Auf die Kunst«, murmelte Margo und trank einen Schluck. Der Wein war sein Geld wert, wie sie zugeben musste, er schmeckte ausgezeichnet. Nur vielleicht ein wenig bitter im Abgang.

ALICE MUNRO
# Eine schwimmende Brücke

Einmal hatte sie ihn verlassen. Der unmittelbare Anlass war relativ unbedeutend gewesen. Er hatte sich zwei jugendlichen Straftätern angeschlossen (zwei Jujus, wie er sie nannte) und mit ihnen einen Ingwerkuchen aufgefuttert, den sie gerade gebacken hatte und am selben Abend nach einem Meeting auftischen wollte. Unbemerkt – zumindest von Neal und den Jujus – hatte sie das Haus verlassen und war zu dem Wartehäuschen an der Hauptstraße gelaufen, wo der Bus in die City zweimal am Tag hielt. Sie hatte sich noch nie darin aufgehalten und gut zwei Stunden Wartezeit vor sich. Also saß sie da und las alles, was an die hölzernen Wände geschrieben oder in sie eingeritzt worden war. Diverse Monogramme liebten sich für immer. Laurie G. lutschte Schwänze. Dunk Cultis war schwul. Ebenso Mr Garner (Mathe).

*Leck mich H. W. Dope an die Macht. Skaten oder Sterben. Gott hasst Schmutz. Kevin S. hat verschissen. Amanda W. ist ganz süß und ich wünsche mir, sie kommt bald aus dem Knast, denn ich sehne mich so nach ihr. Ich will V. P. nageln. Hier müssen Frauen sitzen und das Dreckzeug lesen, was ihr hinschreibt.*

Beim Betrachten dieses Hagelschauers menschlicher Botschaften – und besonders angesichts des von Herzen kommenden, sehr säuberlich geschriebenen Satzes über Amanda W. – überlegte Jinny, ob die Verfasser wohl allein waren, wenn sie solche Dinge hinschrieben. Und sie stellte sich weiter vor, wie sie selbst hier oder an einem ähnlichen Ort saß, ganz allein, und auf einen Bus wartete, was ihr sicherlich bevorstand, wenn sie den Plan ausführte, für den sie sich gerade entschieden hatte. Würde auch sie unter dem Zwang stehen, auf öffentlichen Wänden Erklärungen abzugeben?

Sie fühlte sich in diesem Augenblick dem Zustand nahe, in dem sich Menschen befanden, wenn sie bestimmte Dinge hinschreiben mussten – nahe durch ihren Zorn, ihr Gefühl des Verletztseins (vielleicht war es nur ein Gefühl?) und ihre Erregung über das, was sie Neal antat, um es ihm heimzuzahlen. Aber das Leben, in das sie sich begab, bot ihr vielleicht niemanden, über den sie sich ärgern konnte, niemanden, der ihr etwas schuldig war, niemanden, der von dem, was sie tat, in irgendeiner Weise belohnt oder bestraft oder ernsthaft berührt werden konnte. Möglich, dass dann ihre Gefühle für niemanden außer ihr selbst von Bedeutung waren, und trotzdem würden sie in ihrem Innern anschwellen, ihr das Herz und den Atem abdrücken.

Sie war schließlich keine Person, die alle Menschen sofort für sich einnahm. Dennoch war sie auf ihre Art wählerisch.

Vom Bus war immer noch nichts zu sehen, als sie aufstand und nach Hause ging.

Neal war nicht da. Er brachte die Jungen in die Schule zurück, und als er zurückkam, hatte sich schon jemand zu früh für das Meeting eingefunden. Was sie getan hatte, erzählte sie ihm erst, als sie darüber hinweg war und daraus eine spaßige Geschichte machen konnte. Es wurde tatsächlich zu einer Anekdote, die sie in geselliger Runde oft erzählte. Das, was sie an den Wänden gelesen hatte, ließ sie dabei aus oder beschrieb es nur ganz allgemein.

»Wäre dir je der Gedanke gekommen, mir nachzugehen?«, fragte sie Neal.

»Sicher. So mit der Zeit.«

*

Der Onkologe gab sich priesterlich. Unter dem weißen Kittel trug er sogar ein schwarzes Stehkragenhemd – eine Uniform, die wirkte, als käme er gerade von einer Zeremonie des Mischens und Dosierens. Seine Haut war jung und glatt – sie sah aus wie Karamellbonbons. Nur auf der Kuppe seines Schädels fand sich spärlicher schwarzer Haarwuchs, ein zartes Sprießen, ganz ähnlich dem Flaum, den Jinny auf dem Kopf trug. Bei ihr war er allerdings graubraun, wie Mäusefell. Anfangs hatte Jinny sich gefragt, ob er vielleicht nicht nur Arzt, sondern auch selbst Patient war. Dann, ob er sich diesen Stil zugelegt hatte, damit die Patienten sich wohler fühlten. Aber wahrscheinlich war es ein Transplantat. Oder einfach nur die Frisur, die ihm gefiel.

Man konnte ihn nicht fragen. Er kam aus Syrien oder Jordanien oder einem Land, wo die Ärzte ihre Würde wahrten. Seine Höflichkeit war frostig.

»Zunächst einmal«, sagte er, »möchte ich nicht, dass Sie einen falschen Eindruck bekommen.«

Sie begab sich aus dem klimatisierten Gebäude in die grelle Glut eines späten Augustnachmittags in Ontario. Manchmal brannte sich die Sonne durch die Schleierwolken, manchmal blieb sie dahinter – auf die Hitze hatte das keinen Einfluss. Die geparkten Autos, das Pflaster, die Backsteine der Gebäude, so kam es Jinny vor, bombardierten sie regelrecht, als wären sie alle gesonderte Begebenheiten, in absurder Reihenfolge aneinander gefügt. Sie wurde derzeit nicht gut mit Veränderungen der Umgebung fertig, sie wollte alles vertraut und gleich bleibend haben. Ebenso erging es ihr mit wechselnden Informationen.

Sie sah, wie der Transporter sich von seinem Platz am Bordstein entfernte und die Straße herauffuhr, um sie abzuholen. Er war hellblau, eine schimmernde, Ekel erregende Farbe. Helleres Blau, wo die Roststellen übermalt worden waren. Seine Aufkleber verkündeten ICH WEISS, ICH FAHRE EINEN SCHROTTHAUFEN, ABER SIE SOLLTEN ERST MAL MEIN HAUS SEHEN und EHRE DEINE MUTTER – DIE ERDE und (der war neueren Datums) BENUTZT PESTIZIDE, ROTTET DAS UNKRAUT AUS, FÖRDERT DEN KREBS.

Neal kam ums Auto, um ihr behilflich zu sein.

»Sie ist im Transporter«, sagte er. Seine Stimme hatte einen ungeduldigen Unterton, der sich als unbestimmte Warnung oder Bitte übertrug. Eine Geschäftigkeit, eine Spannung um ihn, die Jinny verriet, dass es nicht der richtige Zeitpunkt war, um ihm ihre Neuigkeiten mitzuteilen, wenn man sie überhaupt Neuigkeiten nennen konnte. Wenn andere Menschen um Neal waren, auch nur eine andere Person außer Jinny, dann änderte sich sein Verhalten, wurde lebhafter, enthusiastischer, liebenswürdiger. Jinny machte das inzwischen kaum noch zu schaffen – sie waren seit einundzwanzig Jahren zusammen. Außerdem hatte sie sich verändert – als Reaktion darauf, dachte sie immer – und war reservierter und ein wenig ironisch geworden. Manche Maskeraden waren eben notwendig oder zu sehr zur Gewohnheit geworden, um abgelegt zu werden. Wie Neals antiquierte Erscheinung – das bunte Tuch um die Stirn, der struppige graue Pferdeschwanz, der kleine goldene Ohrring, der im Licht so blitzte wie die Goldeinfassungen seiner Zähne, dazu seine abgetragenen Revoluzzerklamotten.

Während sie beim Arzt war, hatte er das Mädchen abgeholt, das ihnen jetzt zur Hand gehen sollte. Er kannte sie aus dem Jugendgefängnis, in dem er Lehrer war und in dem sie in der Küche gearbeitet hatte. Das Jugendgefängnis lag gleich außerhalb der Stadt, in der sie wohnten, ungefähr zwanzig Meilen entfernt. Das Mädchen hatte den Küchenjob vor ein paar Monaten aufgegeben und den Haushalt einer Farmersfamilie besorgt, in der die Mutter erkrankt war. Irgendwo nicht weit von dieser größeren Stadt. Zum Glück war sie jetzt frei.

»Was ist aus der Frau geworden?«, hatte Jinny gefragt. »Ist sie gestorben?«

Neal sagte: »Sie ist ins Krankenhaus gekommen.«

»Läuft aufs selbe hinaus.«

Sie mussten in verhältnismäßig kurzer Zeit eine ganze Reihe von Vorkehrungen treffen. Aus dem Vorderzimmer ihres Hauses alle Akten rausschaffen, die Zeitungen und Zeitschriften mit wichtigen Artikeln, die noch nicht auf Diskette waren – sie hatten die Regale gefüllt, die an den

Wänden des Zimmers bis zur Decke reichten. Auch die beiden Computer, die alten Schreibmaschinen, den Drucker. All das musste – vorübergehend, obwohl das niemand aussprach – im Haus von jemand anders untergebracht werden. Das Vorderzimmer war als Krankenzimmer vorgesehen.

Jinny hatte zu Neal gesagt, dass er wenigstens einen Computer behalten sollte, im Schlafzimmer. Aber er hatte das abgelehnt. Er sprach es nicht aus, aber sie verstand, dass er der Meinung war, dafür würde er keine Zeit haben.

Neal hatte in den Jahren, seit sie mit ihm zusammen war, fast seine gesamte Freizeit mit dem Organisieren und Durchführen von Aktionen verbracht. Nicht nur politische Aktionen (die auch), sondern Bürgerinitiativen, um historische Gebäude und Brücken und Friedhöfe zu retten, um zu verhindern, dass Bäume entlang der städtischen Straßen und in verbliebenen Waldstücken gefällt wurden, um Flüsse vor giftigen Einleitungen und schöne Landschaften vor Immobilienhaien und die Stadtbewohner vor Spielcasinos zu bewahren. Ständig waren Briefe und Eingaben geschrieben, Behörden bestürmt, Plakate verteilt, Demonstrationen organisiert worden. Das Vorderzimmer war die Bühne für empörte Ausbrüche (die den Leuten offensichtlich gut taten, fand Jinny) und verwirrte Vorschläge und Streitereien und Neals nervende Lebhaftigkeit gewesen. Und als es nun plötzlich leer stand, musste sie daran denken, wie sie zum ersten Mal dieses Haus betreten hatte, geradewegs aus dem Halbgeschosshaus ihrer Eltern mit den gerafften Portieren an den Fenstern kommend, und all die mit Büchern gefüllten Regale betrachtet hatte, die hölzernen Fensterläden und die schönen Orientteppiche, deren Namen sie immer wieder vergaß, auf den gefirnissten Dielen. Der Canaletto-Druck, den sie für ihr Zimmer im College gekauft hatte, an der einzigen leeren Wand. *Lord Mayor's Day auf der Themse.* Sie hatte ihn selbst aufgehängt, auch wenn sie ihn inzwischen gar nicht mehr wahrnahm.

Sie mieteten ein Krankenhausbett – sie brauchten es eigentlich noch nicht, aber es war besser, eins zu besorgen, solange es eins gab, denn oft waren sie knapp. Neal dachte einfach an alles. Er hängte schwere Vorhänge auf, ausgemusterter Wohnzimmerschmuck eines Freundes. Sie hatten ein Muster aus Bierhumpen und Stirnschmuckschildern von Brauereipferden, und Jinny fand sie sehr hässlich. Aber sie wusste inzwischen, es kommt eine Zeit, da erfüllen das Hässliche und das Schöne so ziemlich denselben Zweck, da ist alles, was man erblickt, nur ein Haken, um daran die empörten Ausbrüche des eigenen Körpers aufzuhängen, die Bruchstücke des eigenen Geistes.

Sie war zweiundvierzig, und bis vor kurzem hatte sie jünger ausgesehen. Neal war sechzehn Jahre älter als sie. Also hatte sie gedacht, dem natürlichen Lauf der Dinge zufolge werde sie sich einst in der Situation befinden, in der er jetzt war, und sie hatte sich manchmal Sorgen gemacht, wie sie damit fertig werden sollte. Eines Nachts, als sie im Bett beim Einschlafen seine Hand hielt, seine warme und lebendige Hand, hatte sie gedacht, sie werde, wenn er gestorben sei, wenigstens einmal seine Hand halten oder berühren. Und sie werde diese Tatsache nicht glauben können. Die Tatsache, dass er tot und kraftlos war. Ganz egal, wie lange dieser Zustand vorauszusehen gewesen sei, sie werde ihn nicht glauben können. Sie werde nicht glauben können, dass er diesen Augenblick, dass er sie, Jinny, tief im Innersten nicht doch wahrnahm. Der Gedanke, er werde dazu nicht mehr in der Lage sein, löste bei ihr so etwas wie emotionale Gleichgewichtsstörungen aus, ein Gefühl, ins Bodenlose zu fallen.

Und gleichzeitig eine gewisse Erregung. Die Erregung, die man spürt, wenn ein im Sauseschritt nahendes Unheil verspricht, einem alle Verantwortung für das eigene Leben abzunehmen. Gleich danach schämt man sich dafür und ringt um Fassung und zwingt sich zu Ruhe.

»Wo gehst du hin?«, hatte er gefragt, als sie ihre Hand wegzog.

»Nirgendwohin. Ich dreh mich nur um.«

Sie wusste nicht, ob Neal auch so etwas empfand, jetzt, wo es sie getroffen hatte. Einmal fragte sie ihn, ob er sich schon an den Gedanken gewöhnt hatte. Er schüttelte den Kopf.

Sie sagte: »Ich auch nicht.«

Dann sagte sie: »Lass bloß nicht die Trauerhelfer rein. Vielleicht sind sie schon in Lauerstellung. Für einen Präventivschlag.«

»Quäl mich nicht«, sagte er mit seltenem Zorn.

»Tut mir leid.«

»Du musst nicht immer alles von der heiteren Seite sehen.«

»Ich weiß«, sagte sie. Aber tatsächlich, da so vieles vor sich ging und die täglichen Ereignisse so viel von ihrer Aufmerksamkeit beanspruchten, fand sie es schwer, die Dinge von irgendeiner Seite zu sehen.

»Das ist Helen«, sagte Neal. »Sie wird von jetzt an auf uns aufpassen. Und sie duldet keine Dummheiten.«

»Na prima«, sagte Jinny. Sie streckte die Hand aus, sobald sie sich hingesetzt hatte. Aber vielleicht sah das Mädchen die Hand nicht, ziemlich weit unten zwischen den beiden Vordersitzen.

Oder sie wusste nicht, was sie tun sollte. Neal hatte gesagt, dass sie aus unglaublichen Verhältnissen kam, aus einer absolut barbarischen Familie. Da waren Dinge vorgegangen, wie man sie in der heutigen Zeit gar nicht mehr für möglich hielt. Eine abgelegene Farm, eine tote Mutter, eine schwachsinnige Tochter und ein tyrannischer, geistesgestörter alter Vater, der mit der eigenen Tochter zwei Kinder gezeugt hatte, zwei Mädchen. Helen, die Ältere, war mit vierzehn von zu Hause weggelaufen, nachdem sie den alten Mann zusammengeschlagen hatte. Sie fand bei einem Nachbarn Zuflucht, der die Polizei rief, und die Polizei war gekommen und hatte die jüngere Schwester abgeholt und beide Kinder der Fürsorge übergeben. Der alte Mann und seine Tochter – also ihr Vater und ihre Mutter – wurden in eine psychiatrische Anstalt eingewiesen. Pflegeeltern nahmen sich der Geschwister an, die beide geistig und körperlich normal waren. Sie wurden in die Schule geschickt und hatten es dort sehr schwer, denn sie mussten in der ersten Klasse anfangen. Aber beide lernten genug, um Arbeitsstellen zu finden.

Als Neal den Transporter angelassen hatte, beschloss das Mädchen, etwas zu sagen.

»Sie haben sich aber einen richtig heißen Tag für die Fahrt ausgesucht«, sagte sie. Es war so ein Satz, wie sie ihn vielleicht von Leuten gehört hatte, die ein Gespräch beginnen wollten. Sie sprach im harten, ausdruckslosen Tonfall der Feindseligkeit und des Misstrauens, aber auch das, wusste Jinny inzwischen, durfte man nicht persönlich nehmen. In diesem Teil der Welt hörten sich manche Leute – besonders solche vom Lande – eben so an.

»Wenn dir heiß ist, kannst du die Klimaanlage anstellen«, sagte Neal. »Unsere ist von der altmodischen Sorte – einfach alle Fenster runterkurbeln.«

An der nächsten Ecke bog Neal ab, was Jinny nicht erwartet hatte.

»Wir müssen noch mal ins Krankenhaus fahren«, sagte Neal. »Keine Panik. Helens Schwester arbeitet da und hat etwas, was Helen abholen will. Stimmt doch, Helen?«

Helen sagte: »Ja. Meine guten Schuhe.«

»Deine guten Schuhe.« Neal sah in den Rückspiegel. »Rosenrots gute Schuhe.«

»Ich heiße nicht Rosenrot«, sagte Helen. Offenkundig sagte sie das nicht zum ersten Mal.

»Ich sage das bloß zu dir, weil du so ein rosiges Gesicht hast«, sagte Neal.

»Hab ich nicht.«

»Doch. Stimmt's, Jinny? Jinny findet das auch, du hast ein rosiges Gesicht. Rosenrot.«

Das Mädchen hatte wirklich eine zarte rosafarbene Haut. Jinny war das schon aufgefallen, ebenso wie die nahezu weißen Wimpern und Augenbrauen, das blonde Babyflaum-Haar und der Mund, der seltsam nackt aussah, nicht einfach wie ein Mund ohne Lippenstift. Wie frisch aus dem Ei geschlüpft sah sie aus, als fehlte ihr noch eine

Hautschicht und der gröbere Haarwuchs Erwachsener. Sie war bestimmt anfällig für Ausschläge und Entzündungen, bekam leicht Schrammen und blaue Flecke und neigte zu wunden Stellen am Mund und zu Gerstenkörnern zwischen den weißen Wimpern. Trotzdem sah sie nicht schwach aus. Sie hatte breite Schultern und war mager, aber kräftig gebaut. Sie sah auch nicht dumm aus, trotz des naiv-direkten Gesichtsausdrucks wie bei einem Kalb oder einem Reh. Offenbar war bei ihr alles an der Oberfläche, ihre Aufmerksamkeit und ihre ganze Persönlichkeit kamen schnurstracks auf einen zu, mit einer unschuldigen und – für Jinny – unangenehmen Kraft.

Sie fuhren die lange Steigung zum Krankenhaus hinauf – dort war Jinny operiert worden und hatte ihre erste Chemotherapie über sich ergehen lassen. Auf der anderen Straßenseite, gleich gegenüber vom Krankenhauskomplex, lag ein Friedhof. Die Straße war eine der Hauptstraßen, und immer, wenn sie hier entlangkamen – früher, als sie noch in diese Stadt fuhren, nur um einzukaufen oder ausnahmsweise mal ins Kino zu gehen –, sagte Jinny etwas wie »Welch eine deprimierende Aussicht« oder »Man kann es mit dem Praktischen auch übertreiben«.

Jetzt schwieg sie. Der Friedhof störte sie nicht mehr. Ihr war klar geworden, dass er nichts zu bedeuten hatte.

Neal musste das auch klar geworden sein. Er sagte in den Rückspiegel: »Was meinst du, wie viel tote Menschen sind auf dem Friedhof?«

Helen sagte erst nichts. Dann – sehr mürrisch: »Weiß nicht.«

»Na alle – alle da sind tot.«

»Damit hat er mich auch reingelegt«, sagte Jinny. »Das ist ein Witz aus der vierten Klasse.«

Helen antwortete nicht. Vielleicht hatte sie es nicht bis in die vierte Klasse geschafft.

Sie fuhren zum Haupteingang des Krankenhauses, dann auf Helens Anweisung durchs Gelände zum hinteren Teil. Leute in Krankenhausbademänteln, manche mit ihrem Infusionsständer im Schlepptau, waren herausgekommen, um zu rauchen.

»Siehst du die Bank da«, sagte Jinny. »Ach, jetzt sind wir schon vorbei. Jedenfalls ist ein Schild dran – BITTE NICHT RAUCHEN. Aber die steht da, damit die Leute sich hinsetzen können, wenn sie aus dem Krankenhaus spazieren. Und warum spazieren sie hinaus? Um zu rauchen. Also dürfen sie sich dabei nicht hinsetzen? Ich versteh das nicht.«

»Helens Schwester arbeitet in der Wäscherei«, sagte Neal. »Wie heißt sie, Helen? Wie heißt deine Schwester?«

»Lois«, sagte Helen. »Halten Sie hier. Ja, hier.«

Sie befanden sich auf einem Parkplatz hinter einem Seitenflügel des Krankenhauses. Das Erdgeschoss hatte keine Türen, nur ein Lieferantentor, das geschlossen war. In den drei Stockwerken darüber führten Türen zu einer Feuertreppe.

Helen stieg aus.

»Weißt du, wie du reinkommst?«, fragte Neal.

»Klar.«

Die Feuertreppe endete etwa anderthalb Meter über dem Boden, aber sie packte das Geländer und schaffte es innerhalb von Sekunden, sich emporzuschwingen, stützte sich vielleicht mit einem Fuß in einem Mauerspalt ab.

Jinny vermochte nicht zu sagen, wie es ihr gelang. Neal lachte.

»Los, Mädel, zeig's ihnen«, sagte er.

»Gibt es keinen anderen Weg?«, fragte Jinny.

Helen war zum dritten Stock hochgerannt und verschwunden.

»Wenn's einen gibt, wird sie ihn nicht benutzen«, sagte Neal.

»Sie hat Mumm in den Knochen«, sagte Jinny angestrengt.

»Sonst wäre sie nie ausgebrochen«, sagte er. »Dafür hat sie jede Menge Mumm gebraucht.«

Jinny trug einen Strohhut mit breiter Krempe. Sie nahm ihn ab und fächelte sich damit zu.

Neal sagte: »Tut mir leid. Gibt weit und breit keinen schattigen Parkplatz. Sie ist bestimmt gleich zurück.«

»Sehe ich zu scheußlich aus?«, fragte Jinny. Er war solche Fragen von ihr gewohnt.

»Du siehst gut aus. Außerdem ist hier niemand.«

»Der Arzt vorhin, das war ein anderer als sonst. Ich glaube, der heute war wichtiger. Das Komische an ihm war, sein Haarwuchs sah ungefähr so aus wie meiner. Vielleicht macht er das, damit die Patienten sich nicht genieren.«

Sie wollte eigentlich weiterreden und ihm erzählen, was der Arzt gesagt hatte, aber er sagte: »Ihre Schwester ist nicht ganz so aufgeweckt wie sie. Helen passt auf sie auf und scheucht sie rum. Das mit den Schuhen – das ist typisch. Kann sie sich ihre Schuhe nicht selber kaufen? Sie hat nicht mal eine eigene Bude – sie wohnt immer noch bei den Leuten, die sie in Pflege genommen haben, irgendwo draußen auf dem Land.«

Jinny erzählte nicht weiter. Das Fächeln beanspruchte den größten Teil ihrer Energie. Er beobachtete das Gebäude.

»Ich hoffe zu Gott, sie kriegen sie nicht am Schlafittchen, weil sie auf dem falschen Weg reingekommen ist«, sagte er. »Gegen die Vorschrift. Sie ist eben nicht der Typ, sich an Vorschriften zu halten.«

Nach einigen Minuten stieß er einen Pfiff aus.

»Da kommt sie schon. Da kommt sie! Ist jetzt auf der Zielgeraden. Wird-sie-wird-sie-wird-sie so schlau sein und anhalten, bevor sie springt? Nach unten schauen, bevor sie springt? Wird-sie-wird-sie – nein. Nein. M-m.«

Helen hielt keine Schuhe in den Händen. Sie warf sich in den Transporter und knallte die Tür zu und sagte: »Blöde Idioten. Ich komm da hoch, und so ein Arschloch hält mich auf. Wo's Ihr Namensschild? Sie brauchen ein Namensschild. Sie können hier nicht ohne Namensschild rein. Ich hab Sie von der Feuertreppe reinkommen sehen, das dürfen Sie nicht. Ja, ja, ich muss nur kurz zu meiner Schwester. Sie können jetzt nicht zu ihr, sie hat gerade keine Pause. Das weiß ich, deshalb komm ich ja von der Feuertreppe rein, ich muss nur was abholen. Ich will nicht mit ihr reden, und ich werd ihr nicht die Zeit stehlen, ich muss nur was abholen. Das geht nicht. Doch, das geht. Nein, das geht nicht. Und dann hab ich gerufen *Lois, Lois*. Und alle Maschinen laufen, da drin sind zweihundert Grad, allen läuft der Schweiß übers Gesicht, Zeug fährt vorbei und *Lois, Lois*. Ich weiß nicht, wo sie ist, kann sie mich hören oder nicht. Aber sie kommt angerast, und sowie sie mich sieht – au Scheiße. Au Scheiße, sagt sie, ich hab's vergessen. *Sie hat vergessen, meine Schuhe mitzubringen.* Ich hab sie gestern Abend angerufen und dran erinnert, aber nein, au Scheiße, sie hat's *vergessen.* Ich hätt sie verprügeln können. Jetzt verschwinden Sie, sagt er. Die Treppe runter und raus. Aber nicht die Feuertreppe, das ist verboten. Da scheiß ich drauf.«

Neal lachte und lachte und schüttelte den Kopf.

»Also sie hat tatsächlich deine Schuhe liegen lassen?«

»Draußen bei June und Matt.«

»Was für eine Tragödie.«

Jinny sagte: »Können wir denn jetzt losfahren und ein bisschen Luft reinlassen? Ich habe den Eindruck, das Fächeln hilft nicht allzu viel.«

»Gemacht«, sagte Neal. Er setzte zurück und wendete, und ein weiteres Mal kamen sie an der vertrauten Fassade des Krankenhauses vorbei, mit denselben oder anderen Rauchern, die in ihrer tristen Krankenhauskleidung mit ihren Infusionsständern umherwandelten. »Helen braucht uns nur zu sagen, wie wir fahren müssen.«

Er rief nach hinten: »Helen?«

»Was?«

»Wo müssen wir jetzt lang zu diesen Leuten?«

»Zu welchen Leuten?«

»Wo deine Schwester wohnt. Wo deine Schuhe sind. Sag uns, wie wir da hinkommen.«

»Wir fahren nicht hin, also sag ich's auch nicht.«

Neal fuhr den Weg zurück, den sie gekommen waren.

»Ich fahre hier nur lang, damit du dich orientieren kannst.

234

Ist es für dich einfacher, wenn ich zur Fernstraße rausfahre? Oder in die Stadtmitte? Von wo aus soll's losgehen?«

»Von nirgendwo. Wir fahren nicht hin.«

»Das ist doch gar nicht so weit? Warum fahren wir nicht hin?«

»Sie haben mir schon einen Gefallen getan, und das reicht.« Helen setzte sich so weit vor, wie sie konnte, und streckte den Kopf zwischen Neals und Jinnys Sitz. »Sie haben mich zum Krankenhaus gefahren, reicht das nicht? Sie müssen nicht meinetwegen überall hinfahren.«

Neal fuhr langsamer, bog in eine Seitenstraße.

»Das ist doch albern«, sagte er. »Du fährst zwanzig Meilen weit weg und kommst vielleicht eine ganze Weile lang nicht mehr da hin. Vielleicht wirst du die Schuhe brauchen.«

Keine Antwort. Er versuchte es wieder.

»Oder weißt du den Weg nicht? Weißt du den Weg von hier aus nicht?«

»Ich weiß ihn, aber ich sag ihn nicht.«

»Dann müssen wir eben durch die Gegend fahren, kreuz und quer durch die Gegend fahren, bis du bereit bist, ihn uns zu sagen.«

»Ich bin nicht bereit. Also werd ich ihn auch nicht sagen.«

»Wir können zurückfahren und deine Schwester fragen. Die sagt ihn uns bestimmt. Sie muss doch bald Dienstschluss haben, dann können wir sie nach Hause fahren.«

»Die hat Spätschicht, ha-ha.«

Sie kamen durch einen Teil der Stadt, den Jinny noch nie gesehen hatte. Sie fuhren sehr langsam und bogen häufig ab, so dass im Auto kaum ein Luftzug zu spüren war. Eine Fabrik, die dichtgemacht hatte, Discountläden, Pfandleiher. BARGELD, blinkte eine Neonreklame über vergitterten Schaufenstern. Auch Wohnhäuser, verkommene alte Zweifamilienhäuser und die kleinen Holzhäuser, die im Zweiten Weltkrieg rasch hochgezogen worden waren. Ein winziger Hof voll Trödel – Kleidungsstücke an einer Wäscheleine, Tische, auf denen sich Geschirr und Haushaltswaren stapelten. Ein Hund schnüffelte unter einem Tisch herum und hätte ihn umstoßen können, aber die Frau, die auf der Türschwelle saß und rauchte und den Mangel an Kundschaft besichtigte, schien das nicht zu stören.

Vor einem Eckladen leckten einige Kinder Eis am Stiel. Ein Junge am Rand der Gruppe – wahrscheinlich war er nicht älter als vier oder fünf Jahre – warf sein Eis nach dem Transporter. Ein erstaunlich kräftiger Wurf. Er traf Jinnys Tür direkt unter ihrem Arm, und sie stieß einen leisen Schrei aus.

Helen streckte den Kopf aus dem hinteren Fenster.

»Willst du deinen Arm in der Schlinge tragen?«

Der kleine Junge fing an zu heulen. Mit Helen hatte er nicht gerechnet, und wohl auch nicht damit, dass sein Eis futsch war.

Helen zog den Kopf zurück und sagte etwas zu Neal.

»Sie verschwenden nur Ihr Benzin.«

»Im Norden der Stadt?«, sagte Neal. »Im Süden der Stadt? Norden Süden Osten Westen, Helen sagt uns, wo's am besten.«

»Ich hab's schon gesagt. Sie haben alles für mich getan, was Sie heute tun werden.«

»Und ich hab's dir gesagt. Wir werden deine Schuhe abholen, bevor wir nach Hause fahren.«

Ganz gleich, mit welcher Strenge Neal sprach, er lächelte dabei. Sein Gesicht trug einen Ausdruck bewusster, aber hilfloser Albernheit. Anzeichen eines Anfalls von Glückseligkeit. Neals ganzes Wesen wurde gepackt, er strotzte von alberner Glückseligkeit.

»Sie sind bloß stur«, sagte Helen.

»Du wirst schon sehen, wie stur.«

»Ich bin auch stur. Genauso stur als wie Sie.«

Jinny hatte das Gefühl, die Glut von Helens Wange dicht neben der ihren zu spüren. Jedenfalls hörte sie den Atem des Mädchens, der vor Aufregung schwer ging und ein wenig nach Asthma klang. Helens Präsenz glich der einer Hauskatze, die man nie in einem Fahrzeug mitnehmen darf, weil sie zu nervös ist, um vernünftig zu sein, nur allzu bereit, zwischen die Sitze zu springen.

Die Sonne hatte sich wieder durch die Wolken gebrannt. Sie stand immer noch hoch am Himmel, wie aus Messing.

Neal lenkte den Wagen in eine Straße, die von dichten alten Bäumen und von etwas ansehnlicheren Häusern gesäumt wurde.

»Hier besser?«, fragte er Jinny. »Mehr Schatten für dich?« Er sprach in leisem, vertraulichen Tonfall, als könne alles, was mit dem Mädchen zu tun hatte, für einen Augenblick außer Acht gelassen werden, sei nichts als reiner Unsinn.

»Die landschaftlich schöne Strecke«, sagte er und sprach wieder lauter zum Rücksitz. »Wir fahren heute die landschaftlich schöne Strecke, Rosenrot zuliebe.«

»Vielleicht sollten wir uns einfach auf den Weg machen«,

sagte Jinny. »Vielleicht sollten wir uns einfach auf den Weg nach Hause machen.«

Helen fiel ihr ins Wort, schrie fast. »Ich will keinen davon abhalten, nach Hause zu fahren.«

»Dann sag mir doch einfach, wo ich lang fahren soll«, sagte Neal. Er gab sich große Mühe, seine Stimme in die Gewalt zu bekommen, etwas normale Nüchternheit hineinzulegen. Und das Lächeln zu verbannen, das sich immer wieder einstellte, ganz gleich, wie oft er es hinunterschluckte. »Los, wir fahren jetzt da hin und erledigen das mit den Schuhen, und dann geht's nach Hause.«

Nach einem weiteren Stück Schleichfahrt stöhnte Helen auf.

»Wenn ich muss, dann muss ich wohl«, sagte sie.

Sie brauchten gar nicht weit zu fahren. Als sie an parzelliertem Gelände vorbeikamen, sagte Neal, diesmal wieder zu Jinny: »Ich sehe weit und breit keinen Bach. Und auch keine Siedlung.«

Jinny fragte: »Wie?«

»*Silberbachsiedlung*. Das Schild.«

Er musste ein Schild gelesen haben, das sie übersehen hatte.

»Abbiegen«, sagte Helen.

»Links oder rechts?«

»Beim Schrottplatz.«

Sie fuhren an einem Schrottplatz vorbei, ein schiefer Blechzaun verbarg nur teilweise die Autowracks. Dann einen Hügel hinauf und vorbei am Tor zu einer Kiesgrube, die den Hügel in der Mitte aushöhlte.

»Das sind sie. Das da vorn ist ihr Briefkasten«, verkündete Helen mit einiger Wichtigkeit, und als sie nah genug waren, las sie die Namen vor.

»Matt und June Bergson. Das sind sie.«

Zwei Hunde kamen bellend die kurze Auffahrt herunter. Einer war groß und schwarz und der andere klein und hellbraun, wie ein Welpe. Sie sprangen um die Reifen herum, und Neal hupte. Dann glitt noch ein Hund – dieser war schlauer und zielstrebiger, mit glattem Fell und bläulichen Flecken – aus dem langen Gras.

Helen rief ihnen zu, sie sollten still sein, sich hinlegen, abhauen.

»Vor denen brauchen Sie keine Angst zu haben, nur vor Pinto«, sagte sie. »Die andern beiden sind Feiglinge.«

Neal hielt auf einem weiten, schwer definierbaren Platz, auf dem etwas Kies verteilt worden war. Auf einer Seite stand eine Scheune oder ein Geräteschuppen mit einem Blechdach, und schräg dahinter, am Rande eines Maisfelds, ein verlassenes Farmhaus, von dem die meisten Ziegelsteine entfernt worden waren, so dass dunkles Holz zum Vorschein kam. Das derzeit bewohnte Haus war ein Wohnwagen, hübsch mit einer Terrasse und einer Markise ausgestattet und mit einem Blumengarten hinter einem Miniaturzaun. Der Wohnwagen und sein Garten sahen gepflegt und ordentlich aus, während der Rest des Grundstücks mit Gegenständen übersät war, die vielleicht noch zu etwas nutze waren oder vielleicht auch nur herumlagen, um zu verrosten und zu zerfallen.

Helen war aus dem Transporter gesprungen und scheuchte die Hunde. Aber sie kamen immer wieder zurück und umsprangen bellend das Auto, bis ein Mann aus dem Schuppen trat und sie rief. Jinny konnte seine Befehle und Schimpfworte nicht verstehen, aber die Hunde beruhigten sich.

Sie setzte ihren Hut auf, den sie die ganze Zeit über in der Hand gehalten hatte.

»Die geben bloß an«, sagte Helen.

Neal stieg auch aus und redete energisch auf die Hunde ein. Der Mann aus dem Schuppen kam auf sie zu. Er trug ein violettes T-Shirt, das schweißnass war und an ihm klebte. Er war so dick, dass er Brüste hatte und sein Bauchnabel sich hervorstülpte wie der einer Hochschwangeren. Der Nabel thronte auf seinem Schwabbelbauch wie ein riesiges Nadelkissen.

Neal ging ihm mit ausgestreckter Hand entgegen. Der Mann wischte sich seine Hand an seiner Arbeitshose ab, lachte und reichte sie Neal. Jinny konnte nicht hören, was sie sagten. Eine Frau kam aus dem Wohnwagen, machte die Miniaturgartentür auf und hinter sich wieder zu.

»Lois hat glatt vergessen, dass sie meine Schuhe mitbringen sollte«, rief Helen ihr zu. »Ich hab sie extra angerufen, aber sie hat's einfach vergessen, also hat Mr Lockyer mich hergefahren, damit ich sie hole.«

Die Frau war auch dick, aber nicht so dick wie ihr Mann. Sie trug ein kurzes, weites Hawaiikleid in Rosa mit Azteken-Sonnen, und ihr Haar hatte goldblonde Strähnen. Sie bewegte sich mit gesetzter und gastfreundlicher Miene über den Kies. Neal wandte sich ihr zu und stellte sich vor, dann begleitete er sie zum Transporter und stellte Jinny vor.

»Freut mich«, sagte die Frau. »Sie sind die Dame, die nicht wohlauf ist?«

»Geht schon«, sagte Jinny.

»Wo Sie schon mal hier sind, kommen Sie besser rein. Aus der Hitze raus.«

»Ach, wir wollten nur kurz vorbeischauen«, sagte Neal.

Der Mann war näher gekommen. »Wir haben da drin eine Klimaanlage«, sagte er. Er inspizierte den Transporter, und sein Gesichtsausdruck war freundlich, aber abschätzig.

»Wir sind nur gekommen, um die Schuhe abzuholen«, sagte Jinny.

»Sie müssen mehr als das tun, wo Sie jetzt hier sind«, sagte die Frau – June – lachend, als sei die Vorstellung, die beiden kämen nicht herein, ein schlechter Witz. »Sie kommen rein und ruhen sich aus.«

»Wir möchten Sie nicht beim Abendessen stören«, sagte Neal.

»Wir sind schon fertig«, sagte Matt. »Wir essen früh.«

»Aber es ist noch jede Menge Chili übrig«, sagte June. »Sie müssen reinkommen und uns helfen, dass dieses Chili alle wird.«

Jinny sagte: »Vielen Dank, aber ich glaube, ich kann jetzt nichts essen. Bei solcher Hitze mag ich nichts essen.«

»Dann trinken Sie stattdessen was«, sagte June. »Wir haben Gingerale, Cola. Wir haben Pfirsichgeist.«

»Bier«, sagte Matt zu Neal. »Wie wär's mit einem Blue?«

Jinny winkte Neal zu sich ans Fenster.

»Ich kann nicht«, sagte sie. »Sag ihnen einfach, ich kann nicht.«

»Du weißt, das wird sie kränken«, flüsterte er. »Sie geben sich Mühe, nett zu sein.«

»Aber ich kann nicht. Vielleicht kannst du gehen.«

Er beugte sich zu ihr. »Du weißt, wie das aussieht, wenn du nicht gehst. Es sieht aus, als wären sie dir nicht gut genug.«

»Geh du.«

»Sobald du drin bist, wird's dir besser gehen. Die Klimaanlage wird dir bestimmt gut tun.«

Jinny schüttelte den Kopf.

Neal richtete sich auf.

»Jinny meint, sie bleibt lieber hier und ruht sich im Schatten aus.«

June sagte: »Aber sie kann sich gerne im Haus ausruhen …«

»Ich hätte nichts gegen ein Blue einzuwenden«, sagte Neal. Er drehte sich mit schmalem Lächeln zu Jinny um. Er wirkte auf sie betrübt und zornig. »Du willst also lieber hier bleiben?«, sagte er so, dass die anderen es hören konnten. »Bestimmt? Und du hast nichts dagegen, wenn ich ein Weilchen mit reingehe?«

»Nein, nein, keine Sorge«, sagte Jinny.

Er legte die eine Hand auf Helens Schulter und die andere auf Junes Schulter und ging mit ihnen kameradschaftlich zum Wohnwagen. Matt lächelte Jinny neugierig zu und folgte ihnen.

Als er diesmal die Hunde zu sich rief, bekam Jinny ihre Namen mit.

Goober. Sally. Pinto.

Der Transporter stand unter einer Reihe von Weiden. Es waren große alte Bäume, aber ihre schmalen Blätter spendeten nur flimmernden Schatten. Doch allein zu sein war eine große Erleichterung.

Am Vormittag, auf der Fahrt von der Stadt, in der sie wohnten, hatten sie bei einem Stand am Straßenrand gehalten und Frühäpfel gekauft. Jinny holte einen aus der Tüte zu ihren Füßen und biss ein kleines Stück ab – mehr oder weniger, um zu probieren, ob sie es schmecken und schlucken und bei sich behalten konnte. Sie brauchte etwas, um gegen den Gedanken an Chili und Matts gewaltigen Bauchnabel anzukämpfen.

Es ging gut. Der Apfel war fest und säuerlich, aber nicht zu sauer, und wenn sie ihn in kleinen Bissen aß und gut kaute, konnte es gelingen.

Sie hatte Neal so – oder so ähnlich – schon ein paar Mal erlebt. Bislang immer wegen eines Jungen in der Schule. Eine Erwähnung des Namens, ganz beiläufig, sogar bagatellisierend. Ein schwärmerischer Gesichtsausdruck, entschuldigendes, dabei irgendwie trotziges Gekicher.

Aber das war nie jemand gewesen, den sie im Haus um sich haben musste, und es war nie zu etwas gekommen. Die Strafzeit des Jungen lief ab, er ging weg.

Auch diese Zeit würde ablaufen. Eigentlich sollte es nichts zu bedeuten haben.

Doch sie konnte nicht anders, sie fragte sich, ob es ihr gestern weniger bedeutet hätte als heute.

Sie stieg aus dem Transporter und ließ die Tür offen, damit sie sich am Innengriff festhalten konnte. Alles draußen war zu heiß, um auch nur für kurze Zeit Halt zu bieten. Sie musste ausprobieren, ob sie sicher auf den Beinen war. Dann ging sie im Schatten ein paar Schritte. Einige der Weidenblätter wurden schon gelb. Einige lagen auf dem Boden. Sie betrachtete aus dem Schatten die Dinge, die den Hof bevölkerten.

Ein verbeulter Lieferwagen, dem beide Scheinwerfer fehlten und dessen Firmenname auf der Seite übermalt worden war. Ein Kinderwagen, dessen Sitz von den Hunden herausgekaut worden war, eine Fuhre Brennholz, nur hingeworfen, nicht aufgestapelt, ein Haufen riesiger Autoreifen, zahlreiche Plastikkanister, einige Ölkanister, altes Bauholz und an der Wand des Schuppens zwei zusammengeknüllte orangegelbe Plastikplanen. Im Schuppen selbst standen ein schwerer GM-Trecker, ein kleinerer ramponierter Mazda-Trecker und ein Gartentraktor, daneben ganze oder zerbrochene Gerätschaften, einzelne Räder, Schäfte und Stangen, die vielleicht noch brauchbar waren oder auch nicht, je nachdem, was für eine Verwendungsmöglichkeit einem einfiel. Für welch eine Unzahl von Dingen Menschen zuständig werden konnten! So wie sie zuständig gewesen war für die vielen Fotos, Behördenbriefe, Versammlungsprotokolle und Zeitungsausschnitte, tausend Kategorien, die sie eingerichtet und auf Disketten übertragen hatte, bis sie zur Chemo musste und alles weggeräumt wurde. Vielleicht landete es am Ende auf dem Müll. Wie all das hier, wenn Matt einmal tot war.

Das Maisfeld, da wollte sie eigentlich hin. Der Mais stand schon hoch und überragte sie, vielleicht sogar Neal – sie wollte in seinen Schatten gelangen. Mit diesem einen Gedanken im Kopf ging sie über den Hof. Die Hunde waren wohl Gott sei Dank eingesperrt worden.

Es gab keinen Zaun. Das Maisfeld verlor sich einfach auf dem Hof. Sie ging geradewegs hinein, auf einem der schmalen Pfade zwischen den Reihen. Die Blätter streiften wie Wimpel aus Ölzeug ihr Gesicht und ihre Arme. Sie musste den Hut absetzen, damit er ihr nicht vom Kopf gerissen wurde. Jeder Stängel hatte seinen Maiskolben, wie ein Baby in einem Leichentuch. Es roch stark, fast Ekel erregend, nach pflanzlichem Wachstum, nach frischer Stärke und heißem Saft.

Sie hatte vorgehabt, sich ins Maisfeld zu legen. Sich im Schatten dieser großen, rauen Blätter hinzulegen und nicht herauszukommen, bis sie Neal rufen hörte. Vielleicht nicht einmal dann. Aber die Dichte der Reihen erlaubte es nicht, außerdem musste sie zu intensiv an etwas denken, um sich die Mühe zu machen. Sie war zu wütend.

Nicht über etwas, das sich erst vor kurzem ereignet hatte. Sie hatte sich in Erinnerung gerufen, wie eines Abends mehrere Leute auf dem Boden ihres Wohnzimmers – oder des Versammlungsraums – gehockt und eines dieser ernst gemeinten psychologischen Spiele gespielt hatten. Eines dieser Spiele, die einem angeblich dazu verhalfen, ehrlicher und härter im Nehmen zu werden. Man musste einfach das Erstbeste sagen, was einem zu den anwesenden Personen in den Sinn kam, während man sie der Reihe nach ansah. Und eine weißhaarige Frau namens Addie Norton, eine Freundin von Neal, hatte gesagt: »Ich sage dir das höchst ungern, Jinny, aber immer, wenn ich dich ansehe, fällt mir nur eins ein: prüde Zimtzicke.«

Jinny konnte sich nicht erinnern, damals etwas erwidert zu haben. Vielleicht durfte man das nicht. Jetzt, nur im Kopf, antwortete sie: »Warum sagst du, du sagst das höchst ungern? Ist dir noch nie aufgefallen, dass Leute, die sagen, sie sagen etwas höchst ungern, es in Wirklichkeit wahnsinnig gern sagen? Meinst du nicht, wir sollten erst einmal damit anfangen, wenn wir schon so ehrlich sind?«

Nicht zum ersten Mal hatte sie in Gedanken diese Antwort gegeben. Und Neal klargemacht, was für ein Theater dieses Spiel war. Denn hatte etwa, wenn die Reihe an Addie kam, jemand gewagt, ihr etwas Unangenehmes zu sagen? O nein. »Nicht unterzukriegen«, hatten sie gesagt, oder: »Ehrlich wie ein Schluck kaltes Wasser.« Sie hatten Angst vor ihr, weiter nichts.

»Ein Schluck kaltes Wasser«, sagte sie jetzt laut, sarkastisch.

Andere hatten freundlichere Dinge zu ihr gesagt. »Blumenkind« oder »Madonna von den Quellen«. Sie wusste zufällig, dass damit »Manon von den Quellen« gemeint war, aber sie verbesserte es nie. Sie war empört, weil sie dasitzen und sich anhören musste, was andere von ihr dachten. Alle hatten Unrecht. Sie war weder schüchtern noch fügsam oder natürlich oder rein.

Wenn man starb, waren diese falschen Meinungen natürlich alles, was übrig blieb.

Während ihr das durch den Kopf ging, hatte sie das Einfachste getan, was man in einem Maisfeld tun kann – sie hatte sich verlaufen. Sie war von einer Reihe in eine andere getreten und dann noch in eine andere und hatte dabei die Richtung verloren. Sie versuchte, auf dem Weg zurückzugehen, den sie gekommen war, aber es war offensichtlich nicht der Richtige. Es hingen wieder Wolken vor der Sonne, also konnte sie nicht erkennen, wo Westen war. Außerdem hatte sie keine Ahnung, in welche Richtung sie gegangen war, als sie in das Feld hineinlief, also hätte ihr das ohnehin nicht geholfen. Sie blieb stehen und hörte nichts als das Wispern der Maisstauden und fernen Verkehr.

Ihr Herz hämmerte geradeso wie irgendein Herz, das noch viele Jahre Leben vor sich hatte.

Dann ging eine Tür auf, sie hörte die Hunde bellen und Matt brüllen und die Tür zuknallen. Sie wandte sich diesen Geräuschen zu und bahnte sich einen Weg durch die Stängel und Blätter.

Und es stellte sich heraus, dass sie gar nicht weit gegangen war. Sie war die ganze Zeit in einer kleinen Ecke des Feldes herumgestolpert.

Matt winkte ihr zu und schickte die Hunde weg.

»Keine Angst vor denen, bloß keine Angst«, rief er. Er ging ebenso wie sie auf den Wagen zu, nur aus einer anderen Richtung. Als sie sich näher kamen, sprach er leiser, vielleicht auch vertraulicher.

»Sie hätten doch kommen und klopfen können.«

Er dachte, sie sei ins Maisfeld gegangen, um auszutreten.

»Ich hab grad zu Ihrem Mann gesagt, ich geh mal raus und schau nach Ihnen.«

Jinny sagte: »Alles bestens. Danke.« Sie stieg in den Transporter, ließ aber die Tür offen. Sie zu schließen könnte ihn kränken. Außerdem fühlte sie sich zu schwach.

»Er hatte mächtig Appetit auf das Chili.«

Von wem redete er?

Von Neal.

Sie zitterte und schwitzte, und in ihrem Kopf sirrte es, als sei zwischen ihren Ohren ein Draht gespannt.

»Ich könnte Ihnen was davon rausbringen, wenn Sie möchten.«

Sie schüttelte lächelnd den Kopf. Er hielt die Bierflasche in seiner Hand hoch – er schien vor ihr zu salutieren.

»Was zu trinken?«

Sie schüttelte wieder den Kopf, immer noch lächelnd.

»Nicht mal einen Schluck Wasser? Wir haben hier gutes Wasser.«

»Nein, danke.«

Sie durfte sich nicht zu ihm umdrehen, denn wenn sie seinen violetten Bauchnabel sah, würde ihr alles hochkommen.

»Wissen Sie, da war mal so ein Bursche«, sagte er in verändertem Tonfall. Gemütlich, humorig. »Also dieser Bursche ging zur Tür raus, in der einen Hand hat er ein paar Schoten Pferdebohnen. Sagt sein Vater zu ihm: Wo willst du denn mit den Pferdebohnen hin?

Mir ein Pferd holen, sagt er.

Mit Pferdebohnen wirst du nie im Leben ein Pferd fangen.

Nächsten Morgen kommt er mit dem schönsten Pferd zurück, das man sich vorstellen kann. Da sieh mal, mein Pferd. Und bringt's in den Stall.«

*Ich möchte nicht, dass Sie einen falschen Eindruck bekommen. Wir dürfen nicht zu optimistisch sein. Aber es sieht ganz so aus, als hätten wir hier einige unerwartete Resultate.*

»Nächsten Tag sieht der Vater ihn wieder rausgehen. Mit einer Schüssel Entengrütze unterm Arm. Wo willst du jetzt wieder hin?

Mama hat doch gesagt, sie will einen leckeren Entenbraten.

Du blöder Hammel, du glaubst doch nicht, dass du eine Ente mit Entengrütze fängst?

Wart's ab.

Nächsten Morgen kommt er mit einer schönen fetten Ente unterm Arm zurück.«

*Es sieht so aus, als wäre das Wachstum deutlich zurückgegangen. Worauf wir natürlich gehofft haben, was wir aber offen gestanden nicht erwartet haben. Und ich meine damit nicht, dass die Schlacht gewonnen ist, nur, es ist ein gutes Zeichen.*

»Paps wusste nicht, was er sagen sollte. Was sagt man bloß dazu!

Nächsten Abend, gleich nächsten Abend sieht er seinen Sohn mit einem großen Büschel Farn in der Hand zur Tür rausgehen.«

*Ein sehr gutes Zeichen. Wir wissen nicht, ob in Zukunft weitere Probleme auftreten werden, aber wir können sagen, dass wir mit aller Vorsicht optimistisch sind.*

»Was hast du da für Farn in der Hand?

Das ist Frauenfarn.

Gut, sagt Paps. Warte einen Moment.

Warte einen Moment, ich hol bloß meinen Hut. Ich hol meinen Hut und komm mit!«

»Das ist zu viel«, sagte Jinny laut.

Und redete in Gedanken mit dem Arzt.

»Was?«, sagte Matt. Ein gekränkter, kindlicher Ausdruck machte sich auf seinem Gesicht breit, obwohl er immer noch in sich hineinlachte. »Was ist denn jetzt los?«

Jinny schüttelte den Kopf und hielt sich die Hand vor den Mund.

»Das war doch bloß ein Witz«, sagte er. »Ich wollte Sie nicht beleidigen.«

Jinny sagte: »Nein, nein. Ich … Nein.«

»Na, ich geh wieder rein. Werd Ihre Zeit nicht länger in Anspruch nehmen.« Und er kehrte ihr den Rücken zu, rief nicht einmal die Hunde zu sich.

Dabei hatte sie das zu dem Arzt gar nicht gesagt. Warum auch? Er konnte ja nichts dafür. Aber es stimmte. Es war zu viel. Was er gesagt hatte, machte alles noch schwerer. Es zwang sie, umzukehren und dieses Jahr von vorn zu beginnen. Es nahm ihr eine gewisse geringfügige Freiheit. Eine trübe, schützende Membran, die sie gar nicht bemerkt hatte, war weggezogen worden und ließ sie wund zurück.

Matts Annahme, sie sei ins Maisfeld gegangen, um auszutreten, brachte sie darauf, dass sie wirklich austreten musste. Sie stieg aus dem Transporter, probierte zu stehen, stellte sich dann breitbeinig hin und hob ihren weiten Baumwollrock an. Sie war in diesem Sommer dazu übergegangen, weite lange Röcke und keinen Slip zu tragen, weil sie ihre Blase nicht mehr völlig unter Kontrolle hatte.

Ein dunkles Rinnsal rieselte von ihr fort durch den Kies. Die Sonne stand jetzt tief, es wurde Abend. Ein klarer Himmel wölbte sich, die Wolken waren verschwunden.

Einer der Hunde bellte halbherzig, um zu sagen, dass jemand kam, aber es war jemand, den sie kannten. Sie waren nicht gekommen, um sie anzukläffen – sie hatten sich inzwischen an sie gewöhnt. Ohne Lärm zu schlagen oder sich aufzuregen, rannten sie jetzt dem Neuankömmling entgegen.

Es war ein Junge oder junger Mann auf einem Fahrrad. Er kurvte auf den Transporter zu, und Jinny ging ihm am Wagen entlang entgegen, eine Hand auf dem abgekühlten, aber immer noch warmen Metall, um sich abzustützen. Wenn er sie ansprach, dann sollte es nicht über ihre Pfütze hinweg sein. Und vielleicht, damit er gar nicht erst am Boden nach so etwas Ausschau halten konnte, sprach sie als Erste.

Sie sagte: »Hallo – liefern Sie etwas aus?«

Er lachte, sprang vom Rad und ließ es auf den Boden fallen, alles mit einer Bewegung.

»Ich wohne hier«, sagte er. »Ich komm grade von der Arbeit nach Hause.«

Ihr ging durch den Kopf, dass sie ihm erklären musste, wer sie war, weshalb sie hier war und für wie lange. Aber das war viel zu schwierig. So, wie sie sich am Transporter festhielt, musste sie aussehen wie jemand, der eben aus einem Unfallwagen geklettert war.

»Ja, hier wohn ich«, sagte er. »Aber ich arbeite in einem Restaurant in der Stadt. Im Sammy's.«

Ein Kellner. Das strahlend weiße Hemd und die schwarze Hose waren seine Kellnerkleidung. Und in seinem Verhalten lag etwas von der Geduld und Achtsamkeit eines Kellners.

»Ich bin Jinny Lockyer«, sagte sie. »Helen. Helen ist …«

»Ach, ich weiß«, sagte er. »Sie sind die, für die Helen arbeiten soll. Wo ist Helen?«

»Im Haus.«

»Hat man Sie denn nicht reingebeten?«

Er war ungefähr so alt wie Helen, dachte sie. Siebzehn oder achtzehn. Schlank und wendig und übermütig, mit einer naiven Zuversicht, die ihn wahrscheinlich nicht so weit bringen würde, wie er hoffte. Sie hatte einige wie ihn gesehen, die zu jugendlichen Straftätern geworden waren.

Er schien jedoch einiges zu begreifen. Er schien zu begreifen, dass sie erschöpft war und irgendwelchen Kummer hatte.

»Ist June auch drin?«, fragte er. »June ist meine Mutter.«

Seine Haare hatten dieselbe Farbe wie die von June, goldene Strähnen über dunklem Haar. Er trug sie ziemlich lang, mit einem Mittelscheitel, so dass sie auf beiden Seiten herunterhingen.

»Matt auch?«, fragte er.

»Ja. Und mein Mann.«

»Eine Schande.«

»Nein, nein«, sagte sie. »Sie haben mich eingeladen. Aber ich habe gesagt, ich warte lieber hier draußen.«

Neal hatte manchmal welche von seinen Jujus nach Hause mitgebracht, damit sie unter seiner Aufsicht leichte Arbeiten im Garten oder im Haus verrichteten. Er fand, es sei gut für sie, zu jemandem nach Hause zu dürfen. Jinny hatte gelegentlich mit ihnen geflirtet, aber nie so, dass man es ihr zum Vorwurf machen konnte. Nur ein sanfter Tonfall, eine Art, ihnen ihre weichen Röcke und ihren Duft nach Apfelseife bewusst zu machen. Das war nicht der Grund, warum

Neal sie nicht mehr mitbrachte. Man hatte ihm gesagt, das sei gegen die Vorschrift.

»Wie lange warten Sie denn schon?«

»Ich weiß nicht«, sagte Jinny. »Ich trage keine Uhr.«

»Ist wahr?«, sagte er. »Ich auch nicht. Ich begegne fast nie jemand, der keine Uhr trägt. Haben Sie nie eine getragen?«

Sie sagte: »Nein. Nie.«

»Ich auch nicht. Nie. Wollte einfach nie. Weiß auch nicht, warum. Ich wollte eben nie. Ich wusste sowieso immer, wie spät es ist. Plus oder minus 'n paar Minuten. Fünf Minuten höchstens. Und ich weiß auch, wo alle Uhren sind. Ich fahr zur Arbeit und denke, mal nachsehen, wissen Sie, um sicherzugehen, wie spät es wirklich ist. Und ich kenn die erste Stelle, von wo ich die Rathausuhr zwischen den Häusern sehen kann. Nie mehr als drei, vier Minuten daneben. Manchmal fragen mich die Gäste, wie spät es ist, und ich sag's ihnen einfach. Sie merken gar nicht, dass ich keine Uhr trage. Sobald ich kann, geh ich nachschauen, auf der Uhr in der Küche. Aber ich musste kein einziges Mal hingehen und ihnen was andres sagen.«

»Hin und wieder habe ich das auch geschafft«, sagte Jinny. »Ich nehme an, man entwickelt einen Zeitsinn, wenn man nie eine Uhr trägt.«

»Ja, das stimmt.«

»Also was meinst du, wie spät ist es jetzt?«

Er lachte. Er sah zum Himmel hoch.

»Kurz vor acht. Sechs, sieben Minuten vor acht? Ich bin aber im Vorteil. Ich weiß, wann ich Arbeitsschluss hatte, und dann hab ich mir im 7-Eleven Zigaretten geholt, und dann hab ich ein paar Minuten mit ein paar Jungs geredet, und dann bin ich nach Hause geradelt. Sie wohnen nicht in der Stadt?«

Jinny antwortete mit nein.

»Wo wohnen Sie denn?«

Sie sagte es ihm.

»Sind Sie müde? Wollen Sie nach Hause? Soll ich reingehen und Ihrem Mann sagen, dass Sie nach Hause wollen?«

»Nein. Tu das nicht«, sagte sie.

»Schon gut, ich mach's ja nicht. June ist wahrscheinlich dabei, ihm aus der Hand zu lesen. Sie kann so was.«

»Wirklich?«

»Klar. Sie kommt ein paar Mal die Woche ins Restaurant. Sie kann auch aus Tee wahrsagen. Aus Teeblättern.«

Er hob sein Fahrrad auf und schob es aus dem Weg, damit der Transporter freie Bahn hatte. Er sah zum Fahrerfenster hinein.

»Hat die Schlüssel stecken lassen«, sagte er. »Wollen Sie, dass ich Sie nach Hause fahre oder so? Ich kann mein Fahrrad hinten reinpacken. Ihr Mann kann Matt fragen, ob er ihn und Helen fährt, wenn sie so weit sind. Oder wenn Matt nicht mehr fahren kann, dann kann's June machen. June ist meine Mutter, aber Matt ist nicht mein Vater. Sie können nicht Auto fahren?«

»Nein«, sagte Jinny. Sie hatte seit Monaten nicht mehr am Steuer gesessen.

»Nein. Hab ich mir gedacht. Also? Soll ich fahren? Ja?«

»Eine Straße, die ich kenne. Die bringt Sie genauso schnell hin wie die Fernstraße.«

Sie waren nicht an den Parzellen vorbeigekommen. Sie hatten sogar die andere Richtung eingeschlagen und eine Straße genommen, die im Kreis um die Kiesgrube zu führen schien. Zumindest fuhren sie jetzt nach Westen, auf den hellsten Teil des Himmels zu. Ricky – so hieß er, hatte er ihr gesagt – hatte die Scheinwerfer noch nicht eingeschaltet.

»Keine Gefahr, jemandem zu begegnen«, sagte er. »Ich glaube, auf dieser Straße bin ich noch nie einem Auto begegnet. Das kommt, weil nur wenige wissen, dass es die Straße überhaupt gibt.«

»Und wenn ich das Licht anmachen würde«, sagte er, »dann wär es gleich dunkel, der Himmel und alles, und Sie könnten nicht mehr sehen, wo Sie sind. Wir lassen uns noch ein bisschen Zeit, und wenn wir irgendwann die Sterne sehen können, dann stellen wir das Licht an.«

Der Himmel war wie eine ganz schwach getönte rote oder gelbe oder grüne oder blaue Glaskuppel, je nachdem, wohin man sah.

»Einverstanden?«

»Ja«, sagte Jinny.

Die Büsche und Bäume würden schwarz werden, sobald die Scheinwerfer an waren. Entlang der Straße stünden nur schwarze Klumpen, dahinter würde die schwarze Wand der Bäume aufragen, und nicht, wie jetzt, die einzelne, immer noch erkennbare Fichte und Zeder und gefiederte Lärche und das Springkraut mit seinen Blüten wie kleine flackernde Flammen. Es schien zum Greifen nahe, und sie fuhren langsam. Jinny streckte die Hand hinaus.

Nicht ganz. Aber fast. Die Straße kam ihr kaum breiter vor als der Wagen.

Sie meinte, das Glitzern eines vollen Straßengrabens zu sehen.

»Ist da unten Wasser?«, fragte sie.

»Da unten?«, sagte Ricky. »Da unten und überall. Zu beiden Seiten ist Wasser und an vielen Stellen auch unter uns. Wollen Sie's mal sehen?«

Er bremste, hielt an. »Schauen Sie auf Ihrer Seite runter«, sagte er. »Machen Sie die Tür auf und schauen Sie runter.«

Als sie es tat, sah sie, dass sie auf einer Brücke waren. Eine kleine Brücke, nicht länger als drei Meter, aus kreuzweise verlegten Bohlen. Kein Geländer. Und darunter regloses Wasser.

»Brücken die ganze Strecke«, sagte er. »Und wo keine Brücken sind, da sind überwölbte Kanäle. Denn es fließt unter der Straße immer hin und her. Oder liegt einfach da und fließt nirgendwohin.«

»Wie tief?«, fragte sie.

»Nicht tief. Nicht um diese Jahreszeit. Nicht, bis wir zum Großen Teich kommen – der ist tiefer. Aber im Frühjahr überflutet es die Straße, dann kann man hier nicht fahren, dann ist es tief. Diese Straße verläuft viele Meilen lang völlig eben und reicht schnurgrade vom einen Ende bis zum andern. Sie wird nicht mal von einer andren Straße gekreuzt. Soweit ich weiß, ist das die einzige Straße durch den Borneosumpf.«

»Den Borneosumpf?«, wiederholte Jinny.

»So heißt der angeblich.«

»Es gibt eine Insel namens Borneo«, sagte sie. »Die ist auf der anderen Seite der Welt.«

»Davon weiß ich nichts. Ich hab immer nur vom Borneosumpf gehört.«

In der Mitte der Straße wuchs jetzt ein Streifen dunkles Gras.

»Zeit fürs Licht«, sagte er. Er stellte es an, und sie befanden sich plötzlich in einem von Nacht umgebenen Tunnel.

»Ich hab das mal gemacht«, sagte er. »Ich hab das Licht angestellt wie jetzt, und da war ein Stachelschwein. Es saß einfach da, mitten auf der Straße. Es saß aufrecht auf den Hinterbeinen und sah mich an. Wie ein kleiner alter Mann. Es hatte panische Angst und konnte sich nicht rühren. Ich hab richtig gesehen, wie seine Beißerchen klapperten.«

Sie dachte: Hier fährt er mit seinen Mädchen hin.

»Was hab ich also gemacht? Ich hab gehupt, aber es hat sich immer noch nicht gerührt. Ich hatte keine Lust, auszusteigen und es zu verjagen. Es hatte Angst, aber es war immerhin ein Stachelschwein und konnte mir ganz schön wehtun. Also bin ich einfach stehen geblieben. Ich hatte Zeit. Als ich das Licht wieder angemacht hab, war's verschwunden.«

Jetzt reichten die Pflanzen wirklich dicht heran und streiften die Tür, aber sie konnte nicht mehr sehen, ob es Blumen waren.

»Ich werd Ihnen was zeigen«, sagte er. »Ich werd Ihnen was zeigen, was Sie bestimmt noch nie gesehen haben.«

Hätte dies in ihrem alten, normalen Leben stattgefunden, vielleicht hätte sie es dann jetzt langsam mit der Angst bekommen. Allerdings wäre sie in ihrem alten, normalen Leben gar nicht erst hierher geraten.

»Du wirst mir ein Stachelschwein zeigen«, sagte sie.

»Nein. Das nicht. Sondern was, das noch seltener ist als Stachelschweine. Jedenfalls soweit ich weiß.«

Ungefähr eine halbe Meile weiter machte er die Scheinwerfer aus.

»Sehen Sie die Sterne?«, fragte er. »Hab Ihnen ja gesagt. Sterne.«

Er hielt. Überall herrschte anfangs tiefe Stille. Dann wurde die Stille an den Rändern angenagt, von einer Art Summen, das von fernem Verkehr herrühren konnte, außerdem von leisen Geräuschen, die vorbei waren, bevor man sie richtig gehört hatte, vielleicht von nachtaktiven Nagetieren oder Vögeln oder Fledermäusen.

»Kommen Sie mal im Frühling her«, sagte er. »Sie würden nur lauter Frösche hören. Sie würden denken, Sie werden gleich taub von den Fröschen.«

Er öffnete die Tür auf seiner Seite.

»Los. Steigen Sie aus und kommen Sie ein Stück mit.«

Sie tat wie geheißen. Sie ging in einer der Reifenspuren, er in der anderen. Der Himmel vor ihr sah heller aus, und sie hörte ein neues Geräusch – es ähnelte einem sanften und rhythmischen Gespräch.

Holz, plötzlich trat sie auf Holz, und die Bäume auf beiden Seiten waren verschwunden.

»Gehn Sie ruhig rauf«, sagte er. »Los.«

Er kam zu ihr und fasste sie um die Taille, als führte er sie. Dann zog er die Hand fort, ließ sie allein auf den Bohlen gehen, die wie ein Schiffsdeck waren. Wie ein Schiffsdeck hoben und senkten sie sich. Aber die Bewegung rührte nicht von Wellen her, es waren ihre Schritte, seine und ihre, die dieses sachte Heben und Senken der Planken unter ihnen hervorriefen.

»Wissen Sie jetzt, wo Sie sind?«, fragte er.

»Auf einem Pier?«, sagte sie.

»Auf einer Brücke. Das ist eine schwimmende Brücke.«

Jetzt konnte sie ihn erkennen – den Bohlendamm nur ein paar Zentimeter über dem unbewegten Wasser. Er zog sie an den Rand, und sie schauten hinunter. Sterne schwammen auf dem Wasser.

»Das Wasser ist sehr dunkel«, sagte sie. »Ich meine – so dunkel ist es nicht nur, weil Nacht ist?«

»Es ist immer dunkel«, sagte er stolz. »Weil's nämlich ein Sumpf ist. Da ist dasselbe Zeug drin wie in Tee, und es sieht aus wie schwarzer Tee.«

Sie konnte das Ufer und den Schilfgürtel ausmachen. Das Wasser im Schilf war es, vom leise plätschernden Wasser kam das Geräusch.

»Tannin«, sagte er und sprach das Wort so stolz aus, als habe er es aus dem Dunkeln heraufgeholt.

Die sanfte Bewegung der Brücke erweckte in ihr die Vorstellung, die Bäume und das Schilf stünden auf Untersetzern aus Erde und die Straße sei ein schwimmendes Band aus Erde und unter allem sei nichts als Wasser. Und das Wasser schien vollkommen unbewegt zu sein, aber das konnte nicht stimmen, denn wenn man versuchte, einen gespiegelten Stern im Auge zu behalten, sah man, wie er zwinkerte und die Gestalt veränderte und außer Sicht glitt. Dann war er wieder da – aber vielleicht war es nicht derselbe.

Erst in diesem Augenblick merkte sie, dass ihr Hut weg war. Sie trug ihn nicht auf dem Kopf, und sie wusste, er lag auch nicht im Auto. Sie hatte ihn nicht aufgehabt, als sie aus dem Auto stieg, um auszutreten, und als sie sich mit Ricky unterhielt. Sie hatte ihn nicht getragen, als sie im Wagen saß und sich mit geschlossenen Augen zurücklehnte, während Matt den Witz erzählte. Sie musste ihn im Maisfeld verloren und in ihrer Panik dort gelassen haben.

Sie hatte sich davor gefürchtet, den Buckel von Matts Bauchnabel unter dem schweißnassen violetten T-Shirt zu sehen, wohingegen es ihm nichts ausgemacht hatte, ihren Kahlkopf anzuschauen.

»Schade, dass der Mond noch nicht aufgegangen ist«, sagte Ricky. »Es ist wirklich schön hier, wenn der Mond scheint.«

»Es ist auch so schön hier.«

Er legte die Arme um sie, als gäbe es überhaupt nichts dagegen einzuwenden und als hätte er dafür alle Zeit der Welt. Er küsste sie auf den Mund. Es kam ihr vor, als sei sie zum ersten Mal in ihrem Leben an einem Kuss beteiligt, der ein Ereignis für sich war. Eine Geschichte, mit Anfang, Mitte und Ende. Ein zartes Vorspiel, ein wirksamer Druck, ein beherztes Erkunden und Entgegennehmen, ein ausgedehntes Dankeschön und ein befriedigter Rückzug.

»Oh«, sagte er. »Oh.«

Er drehte sie um, und sie gingen denselben Weg zurück, den sie gekommen waren.


»Sie waren also zum ersten Mal auf einer schwimmenden Brücke?«

Sie sagte ja.

»Und über die werden Sie jetzt fahren müssen.«

Er nahm ihre Hand und schwang sie, als wollte er sie in die Luft werfen.

»Und ich habe zum ersten Mal eine verheiratete Frau geküsst.«

»Und du wirst wahrscheinlich noch etliche von ihnen küssen«, sagte sie. »Ehe du fertig bist.«

Er seufzte. »Ja«, sagte er. Verwundert und ernüchtert von dem Gedanken an das, was vor ihm lag. »Ja, wahrscheinlich.«

Jinny musste plötzlich an Neal denken, dort drüben auf festem Boden, Neal, schwankend und verunsichert, der die Hand dem Blick der Frau mit dem hell gesträhnten Haar, der Wahrsagerin, öffnete. Der am Rande seiner Zukunft taumelte.

Nebensache.

Sie dagegen verspürte eine Art heiteres Mitleid, fast wie Gelächter. Einen Anflug von zärtlicher Fröhlichkeit, die gegen all ihre Wunden und Narben das Feld behauptete, einstweilen.

KLAUS CÄSAR ZEHRER
## Unerhörte Begebenheit

Erst das Begegnen, wo noch nichts dabei war,
Als er sie frug, ob der Platz da noch frei war.

Dann das Erkennen, das blitzartig einschlug,
Als sie versehentlich gegen sein Bein schlug.

Dann das Verlangen, das ihm den Verstand nahm,
Als, vor ihr knieend, er sie bei der Hand nahm.

Dann das Gestammel, das aus ihm herausfloss,
Als er wie fiebernd sein Herz vor ihr ausgoss.

Dann dieses Schweigen, das kälter als Eis war,
Als ihm gewahr wurde, wie hoch der Preis war.

Dann das Verabschieden, wortkarg und grußlos,
Als sie ihm mitteilte: »Also, ich muss los.«

Dann das Begreifen, dass nichts mehr von Wert ist,
Als jenes Glück, das auf immer verwehrt ist.

Dann die Verzweiflung, die so lange anhielt,
Als die Erinnerung ihn noch im Bann hielt

An eine Liebe, die länger nicht währte
Als eine Zugfahrt von Braunschweig nach Lehrte.

# Nachweis

Der Verlag dankt folgenden Rechteinhabern für die Genehmigung zum Abdruck:

Lily Brett (*1946, Feldafing)
*Mein Vater verliebte sich in meine Mutter.* Aus: dies., *Zu sehen.* S. 132–137. Copyright © Suhrkamp Verlag Frankfurt am Main 2004. Übersetzung aus dem Amerikanischen von Anne Lösch.

Raymond Carver (1938, Clatskanie, Oregon – 1988, Port Angeles, Washington)
*Wovon wir reden, wenn wir von Liebe reden.* Aus der gleichnamigen Erzählsammlung. Titel der Originalausgabe: *What We Talk About When We Talk About Love.* Copyright © 1981, Raymond Carver, Copyright renewed © 1989, Tess Gallagher, used by permission of the Wylie Agency (UK) Limited. Copyright der deutschsprachigen Ausgabe © S. Fischer Verlag GmbH, Frankfurt am Main 2012. Übersetzung aus dem Amerikanischen von Helmut Frielinghaus.

Anton Čechov (1860, Taganrog – 1904, Badenweiler)
*Wie ich in die gesetzliche Ehe eintrat.* Aus: ders., *Er und sie.* Frühe Erzählungen 1880–1885. Copyright der deutschsprachigen Ausgabe © 2002, Diogenes Verlag AG Zürich. Übersetzung aus dem Russischen von Peter Urban.

Doris Dörrie (*1955, Hannover)
*Honig.* Aus: dies., *Bin ich schön?* Copyright © 1994, Diogenes Verlag AG Zürich.

F. Scott Fitzgerald (1896, St. Paul, Minnesota – 1940, Hollywood, Los Angeles)
*Liebe in der Nacht*. Aus: ders., *Die letzte Schöne des Südens*. Copyright der deutschsprachigen Ausgabe © 2009, Diogenes Verlag AG Zürich. Übersetzung aus dem Amerikanischen von Melanie Walz.

Anna Gavalda (*1970, Boulogne-Billancourt)
*Kleine Praktiken aus Saint-Germain*. Aus: dies., *Ich wünsche mir, dass irgendwo jemand auf mich wartet*. Erzählungen. Copyright © 2002 Carl Hanser Verlag GmbH & Co. KG, München. Übersetzung aus dem Französischen von Ina Kronenberger.

Kent Haruf (1943, Pueblo, Colorado – 2014, Salida, Colorado)
*Ein ungewöhnlicher Antrag* (Titel von der Herausgeberin). Ausschnitt aus: ders., *Unsere Seelen bei Nacht*. Titel der Originalausgabe: *Our Souls at Night*. Copyright © 2015 by Kent Haruf. Used by permission of Alfred A. Knopf, an imprint of the Knopf Doubleday Publishing Group, a division of Penguin Random House LLC. All rights reserved. Copyright der deutschsprachigen Ausgabe © 2017, Diogenes Verlag AG Zürich. Übersetzung aus dem Amerikanischen von pociao.

Kathrine Kressmann Taylor (1903, Portland, Oregon – 1996, ebd.)
*Erste Liebe*. Aus: dies., *So träumen die Frauen*. Copyright © 2015 by C. Douglas Taylor. Copyright der deutschsprachigen Ausgabe © 2016 by Hoffmann und Campe Verlag, Hamburg. Übersetzung aus dem Amerikanischen von Marion Hertle.

Guy de Maupassant (1850, Tourville-sur-Arques, Normandie – 1893, Passy, Paris)
*Im Frühling*. Aus: ders., *Das Haus Tellier*. Copyright der deutschsprachigen Ausgabe © 1983, Diogenes Verlag AG Zürich. Übersetzung aus dem Französischen von Georg von der Vring.

Carson McCullers (1917, Columbus, Georgia – 1967, Nyack, New York)

*Der Nomade.* Aus: dies., *Gesammelte Erzählungen.* Copyright © by Carson McCullers, Published 1971 by Houghton Mifflin. Copyright der deutschsprachigen Ausgabe © 2004, Diogenes Verlag AG Zürich. Übersetzung aus dem Amerikanischen von Elisabeth Schnack.

Alice Munro (*1931, Wingham, Ontario)

*Eine schwimmende Brücke.* Aus: dies., *Himmel und Hölle.* Neun Erzählungen. Copyright © Alice Munro, 2001. Copyright der deutschsprachigen Ausgabe © S. Fischer Verlag GmbH, Frankfurt am Main 2004. Übersetzung aus dem Englischen von Heidi Zerning.

Haruki Murakami (*1949, Kyoto)

*Wie ich eines schönen Morgens im April das 100%ige Mädchen sah.* Aus der gleichnamigen Erzählsammlung. Copyright der deutschsprachigen Ausgabe © 2007 DuMont Buchverlag, Köln, S. 9–13. Übersetzung aus dem Japanischen von Nora Bierich.

Connie Palmen (*1955, Sint Odiliënberg, Limburg)

*Füreinander geboren* (Titel von der Herausgeberin). Ausschnitt aus: dies., *I.M. Ischa Meijer – In Margine. In Memoriam.* Copyright © 1999, Diogenes Verlag AG Zürich. Übersetzung aus dem Niederländischen von Hanni Ehlers.

John Updike (1932, Reading, Pennsylvania – 2009, Danvers, Massachusetts)

*Dein Liebhaber hat eben angerufen.* Aus: ders., *Der weite Weg zu zweit. Szenen einer Liebe.* Copyright © 1983 Rowohlt Taschenbuch Verlag GmbH, Reinbek bei Hamburg. Übersetzung aus dem Amerikanischen von Karin Polz.

Benedict Wells (*1984, München)

*Die Muse.* Aus: ders., *Die Wahrheit über das Lügen.* Copyright © 2018, Diogenes Verlag AG Zürich.

# Bernhard Schlink
## *Olga*

Roman

Ein Dorf in Pommern am Ende des 19. Jahrhunderts. Olga ist Waise, Herbert der Sohn des Gutsherrn. Sie verlieben sich und bleiben gegen den Widerstand seiner Eltern ein Paar, das immer wieder zueinanderfindet, auch als Olga Lehrerin wird und er zu Abenteuern nach Afrika, Amerika und Russland reist. Vom Kampf gegen die Herero zurückgekehrt, voller Träume von kolonialer Macht und Größe, will er für Deutschland die Arktis erobern. Seine Expedition scheitert, und die Bemühungen zu seiner Rettung enden, als der Erste Weltkrieg ausbricht. Olga sieht ihn nicht wieder und bleibt ihm doch auf ihre eigene Weise verbunden. Erzählt wird die Geschichte einer starken, klugen Frau, die miterleben muss, wie nicht nur ihr Geliebter, sondern ein ganzes Volk den Bezug zur Realität verliert. Es wird die Frage ihres Lebens: Warum denken die Deutschen zu groß? Wieder und wieder?

»Einer der erfolgreichsten und einer der vielseitigsten deutschen Schriftsteller der Gegenwart.«
*Volker Hage / Der Spiegel, Hamburg*

# Jardine Libaire
## *Uns gehört die Nacht*

Roman. Aus dem Amerikanischen
von Sophie Zeitz

Als Elise Perez an einem trostlosen Winternachmittag in New Haven den Yale-Studenten Jamey Hyde kennenlernt, ahnt keiner, dass hier und jetzt ihrer beider Schicksal besiegelt wird. Was als obsessive Affäre beginnt, wird zu einer alles verändernden Liebe. Doch Elise ist halb Puerto-Ricanerin, ohne Vater und Schulabschluss aufgewachsen, und Jamey der Erbe einer sagenhaft reichen Familie von Investmentbankern. Wie weit sind sie bereit zu gehen?

»Jede Seite dieses Romans knistert vor Intensität, Raserei, Lust und dem wahnsinnigen Gefühl der ersten Liebe. Jardine Libaire hat die Chronik einer obsessiven Liebesbeziehung geschrieben, großartig!«
*Nathan Hill, Autor von ›Geister‹*

»Vor dem Hintergrund der amerikanischen Klassengesellschaft ergründet Jardine Libaire in ihrem Roman *Uns gehört die Nacht* die Frage, wie viele Gegensätze die Liebe wirklich verträgt.«
*Claire Beermann / Zeit Magazin, Berlin*

»Intensiv, liebevoll und verstörend – ein wunderbares Buch.« *Elle, München*

## Ferien-Anthologien
## im Diogenes Verlag

»Auf den Diogenes Verlag ist Verlass, der eigens für die Gelegenheiten am Strand oder in den Sommerferien Lektüre publiziert, die die Urlaubszeit vergoldet.« *suite101.de*

»Das ist die Zeit der dicken Sommerhitze. Das Thermometer kocht. Die Sonne strahlt … Man hat nur faul den faulen Tag gerochen …« *Kurt Tucholsky*

*Balkonlesebuch*
Erzählungen und zwei Gedichte

*Landleben*
Ein Sehnsuchts-Lesebuch

*Strandlesebuch*
Sonnige und coole Geschichten

*Gartenglück*
Ein Lesebuch. Mit Zeichnungen von Jean-Jacques Sempé

*Kreuzfahrt-Lesebuch*
Mit Zeichnungen von Loriot, Bosc, Jean-Jacques Sempé und anderen

*Endlich Ferien*
Geschichten für die schönste Zeit des Jahres

*Strandkorb-Lesebuch*

*Faulenzer-Lesebuch*
Geschichten und Gedanken zum Entspannen

*Fahrradfreunde*
Ein Lesebuch. Mit Zeichnungen von Jean-Jacques Sempé

*Happy Landing*
Literarische Himmelsstürmer

*Endlich Sommer!*
Ein Lesebuch

*Gefährliche Ferien – Italien*
mit Donna Leon, Andrea De Carlo, Carlo Lucarelli und anderen

*Gefährliche Ferien –*
*Südfrankreich*
mit Martin Walker, Bernhard Schlink, Paulo Coelho, Jean-Claude Izzo und anderen

*Gefährliche Ferien –*
*Die Alpen*
mit Donna Leon, Wolfgang Herrndorf und Alex Capus

*Gefährliche Ferien –*
*Nordsee, Ostsee*
mit Bernhard Schlink, Henning Mankell und Nis-Momme Stockmann

*Gefährliche Ferien –*
*Griechenland*
mit Petros Markaris, Vea Kaiser, Jeffrey Eugenides und anderen

*Gefährliche Ferien – Irland*
mit Donal Ryan, Sebastian Barry und Tomi Ungerer